Dostojewski war Deutschland zeitlebens eng verbunden; Reisen führten ihn nach Wiesbaden, Baden-Baden, Dresden, Bad Homburg und Bad Ems. Seine teils mehrmonatigen Aufenthalte fanden Niederschlag in seinen Romanen, Tagebüchern und Briefen. In Wiesbaden schrieb er *Schuld und Sühne* und ernährte sich zeitweise fast nur von Tee; in Dresden war er begeistert von der Gemäldegalerie, und in den Casinos von Baden-Baden und Bad Homburg verspielte er sein letztes Geld. Wir erleben den großen russischen Autor als erholungsuchenden Kurgast, als leidenschaftlich Liebenden und als in seiner Spielsucht gefangenen Menschen. Und ganz nebenbei entsteht eine Art Kulturgeschichte des glanzvollen Bade- und Vergnügungsbetriebs im Deutschland des 19. Jahrhunderts.

Fjodor Michailowitsch Dostojewski wurde am 11. November 1821 in Moskau geboren und starb am 9. Februar 1881 in St. Petersburg. Zu seinem Hauptwerk zählen unter anderem die Romane *Schuld und Sühne* (1866), *Der Idiot* (1868) und *Die Brüder Karamasow* (1880).

Die Herausgeberin, Karla Hielscher, ist Slawistin und Literaturwissenschaftlerin. Sie lebt als freie Publizistin und Funkautorin in der Nähe von München.

insel taschenbuch 4872
Dostojewski in Deutschland

Fjodor Michailowitsch Dostojewski
Fotografie von N. Lorenkowitsch (1878)

Dostojewski in Deutschland

Von Karla Hielscher

Mit zahlreichen Abbildungen

Insel Verlag

Erstmals erschienen 1999 als insel taschenbuch 2576.

Erste Auflage 2021
insel taschenbuch 4872

Vertrieb durch den Suhrkamp Taschenbuch Verlag
Umschlag: hißmann, heilmann, hamburg
Umschlagfoto: Dresden, Blick von der Carolabrücke auf das Terrassenufer, ca. 1895/1900, akg-images, Berlin
Druck: CPI books GmbH, Leck
Printed in Germany
ISBN 978-3-458-68172-4

Inhalt

Einleitung

»Eins ist schlecht – daß wir nicht in Rußland sind.« Dostojewskis Reisen nach Westeuropa

»Es ist nicht zu fassen, daß ich nun endlich Europa zu Gesicht bekomme, ich, der ich fast vierzig Jahre lang vergeblich von Europa geträumt habe [...] Jetzt komme ich also auch in dieses ›Land der heiligen Wunder‹, in das Land meiner so lang gehegten Sehnsüchte und Träume...« So beschreibt Fjodor Michailowitsch Dostojewski in den Reiseskizzen *Winteraufzeichnungen über Sommereindrücke* den Beginn seiner ersten Reise nach Westeuropa im Sommer 1862.

Der große russische Schriftsteller hatte zu dieser Zeit schon eine gewichtige Phase seines Lebens und seiner geistigen Entwicklung hinter sich. Wie damals für jeden gebildeten Russen selbstverständlich, war er mit westeuropäischer Literatur und Philosophie aufgewachsen. Er war geprägt von einem Milieu, in dem die deutsche idealistische Philosophie und die Gedankenwelt der deutschen Romantik von der intellektuellen Jugend breit diskutiert wurde. Er las Honoré de Balzac und George Sand, Victor Hugo und Alexandre Dumas, Johann Wolfgang von Goethe und Heinrich Heine. Besondere Bedeutung hatte für ihn die Gestalt und das Denken Friedrich Schillers, von dem er sagt, daß er der »russischen Gesellschaft tatsächlich in Fleisch und Blut übergegangen« sei.

Dostojewskis Interesse an den Ideen der französischen utopischen Sozialisten hatte den jungen Schwarmgeist in den vierziger Jahren in konspirative revolutionäre Kreise geführt, und er mußte bitter dafür zahlen. 1849 verhaftet, zum Tode verurteilt und erst auf dem Schafott vom Zaren begnadigt, durchlitt er zehn Jahre Zwangsarbeit und Verbannung in Sibirien und kam als ein anderer Mensch aus dem »Totenhaus« zurück. Seine hier gewonnene tiefe orthodoxe Religiosität, sein Glaube an das russische Volk, seine geistigen Werte und seine Mission für die Welt vertiefte sich mit den Jahren immer mehr, und er machte die Auseinandersetzung mit den vom Westen ausgehenden revolutionären Ideen und der bourgeoisen Zivilisation überhaupt zu seiner Lebensaufgabe.

In der Zeitschrift *Die Zeit*, die er gemeinsam mit seinem Bruder Michail herausgab, entwickelte er zu Beginn der sechziger Jahre in einer Reihe von Artikeln über russische Literatur – in Polemik vor allem mit der russischen revolutionär-demokratischen Bewegung – die »russische Idee«, seine Ideologie der »Bodenständigkeit« (»Potschwennitschestwo« von »potschwa« – der Boden).

Die ersten, 1861 erschienenen Artikel des Zyklus stellen gleichsam das Programm dieses Ideensystems dar. Begeistert und bewegt von der in diesem Jahr durch den Reformzar Alexander II. dekretierten Abschaffung der Leibeigenschaft in Rußland, sieht er die Zeit gekommen, sich endlich vom Einfluß Westeuropas zu befreien und den Traditionen der eigenen Heimat zuzuwenden. Zu einer Zeit, da in Rußland gerade ein großes Reformwerk seinen Anfang nahm, während zugleich die revolutionäre Bewegung immer bedrohlicher anwuchs, suchte er für sein Land eine andere Perspektive als das Vorbild des Westens.

Die Bedeutung der europäischen Zivilisation für Rußland sei »historisch abgeschlossen«, nun beginne eine andere Epoche, die der Rückkehr zum »heimatlichen Boden«, heißt es in diesen Artikeln des Jahres 1861. Es geht ihm um den Beweis der Andersartigkeit und Eigenständigkeit der russischen Kultur gegenüber der westeuropäischen.

»Ja, wir glauben, daß die russische Nation eine ungewöhnliche Erscheinung in der Geschichte der ganzen Menschheit ist. Der Charakter des russischen Volkes hat so wenig Ähnlichkeit mit dem Charakter aller europäischen Völker unserer Zeit, daß ihn die Europäer bis heute nicht begreifen.« Allein der russische Volkscharakter habe den »Instinkt für das Allmenschliche« sowie durch seine »ausgeprägte synthetische Begabung« die »Fähigkeit zur Allaussöhnung und Allmenschlichkeit«. Die europäisierte, vom heimatlichen Boden losgelöste russische Oberschicht, der »gebildete Stand«, müsse zu den »Quellen des Volkes« zurückkehren und sich »mit den Volksgrundlagen versöhnen«.

»Wir kehren zu unserem Boden zurück mit der bewußt am Leben gehaltenen und von uns angenommenen Idee unserer allmenschlichen Bestimmung. Zu dieser Idee hat uns die Zivilisation selbst gebracht, die wir in ihrer ausschließlich europäischen Form ablehnen.«

Die Grundzüge von Dostojewskis »russischer Idee«, die er dann in seinen großen Romanen und vor allem in seiner späten Publizistik immer weiter ausarbeitete, ist also in den Grundzügen schon entfaltet, bevor er Westeuropa zum ersten Mal zu sehen bekam.

Europa war für ihn 1862 in Wirklichkeit längst nicht mehr das »Land der heiligen Wunder«. Damit stellt sich Dostojewski sehr bewußt in die slawophile Denktradition, in der seit den vierziger Jahren die orthodox religiöse, vergeistigte, von Gemeinsinn geprägte Kultur Rußlands der materialistischen, egoistischen des Westens wertend gegenübergestellt wurde. (»Das Land der heiligen Wunder« ist ein Zitat aus einem Gedicht des Slawophilen Alexander Chomjakow, dessen letzte Zeile lautet: »Erwache, schlafender Osten!«)

Schon auf seiner ersten Fahrt nach Westeuropa ist Dostojewskis Sicht also stark geprägt durch seine »russische Idee«. Auf dieser Reise eilt er in wenigen Wochen durch Deutschland, Frankreich, England, die Schweiz und Italien und gesteht ein, daß es in dieser

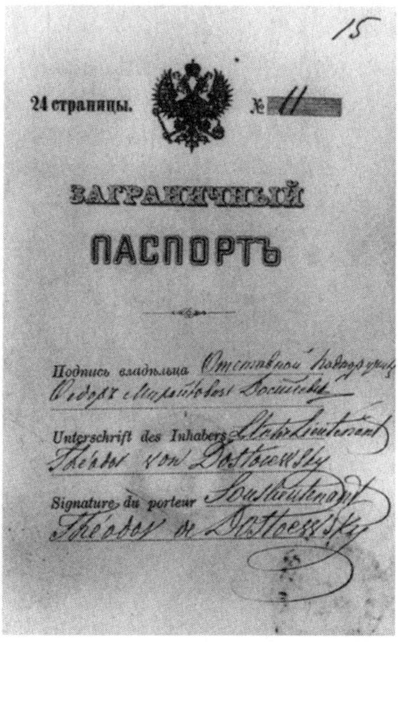

Der Auslandspaß des »Unter-Lieutnant Theodor von Dostoievsky« für seine erste Auslandsreise 1862

Zeit unmöglich sei, »irgendetwas ordentlich in Augenschein zu nehmen«. In London besucht er den berühmten russischen Emigranten Alexander Herzen, der über ihn schrieb: »Gestern war Dostojewski hier – er ist ein naiver, etwas wirrer, aber sehr lieber Mensch. Er glaubt mit Enthusiasmus an das russische Volk.«

Dostojewskis faszinierender und gerade in seinem scharfsichtigen Rigorismus äußerst aktueller Reiseessay *Winteraufzeichnungen über Sommereindrücke*, in dem er die Erfahrung dieser ersten Westeuropa-Reise verarbeitet, ist eine radikale Abrechnung mit der bürgerlich-kapitalistischen Zivilisation und eine sarkastische Kritik der »gedankenlosen sklavischen Anbetung der europäischen Formen der Zivilisation« durch die russischen »Westler«.

Er ist entsetzt über den krassen Gegensatz von Arm und Reich; er konfrontiert den Typus des Bourgeois, der »das Geld zur höchsten menschlichen Tugend und Pflicht« proklamiert hat, mit dem Elend der Bettler und Kinderprostituierten auf den Straßen von London und Paris. Die Bilder des »Kristallpalastes« der Londoner Weltausstellung, wie auch der »menschlichen Herde« und des »Ameisenhaufens« werden für ihn zu Metaphern für die westliche Zivilisation. Dostojewski kennzeichnet damit sowohl den Kapitalismus wie auch die revolutionären Utopien des Kommunismus, die er nicht als unversöhnliche Gegensätze ansah, sondern als zwei Ausprägungen der einen säkularisierten, materialistischen Zivilisation. Deutschland spielt in diesen Essays in der Tradition der Heineschen Reisebilder nur eine Nebenrolle. Es finden sich einige köstliche, ebenso genaue wie boshafte Beobachtungen über Köln, Berlin und Dresden, die jedoch hier durch Witz und Selbstironie relativiert werden.

Der Grundakkord von Dostojewskis Verhältnis zu Deutschland und zum Westen überhaupt ist in diesem Werk schon angeschlagen. Überzeugt von der moralischen Überlegenheit Rußlands und seiner künftigen Mission, widersetzt er sich bewußt den überwältigenden Eindrücken des Westens und seiner materiellen Errungenschaften. Angesichts des protzenden Kristallpalastes der Weltausstellung in London – für ihn »ein biblisches Bild, etwas Babylonisches, eine Prophezeiung aus der Apokalypse« – formuliert er: »Sie spüren, daß es großer, in Jahrhunderten gereifter geistiger Gegenwehr und Verneinung bedarf, um standzuhalten, um nicht dem Eindruck zu erliegen, um nicht vor dem Faktum das Haupt zu beugen und Baal anzubeten, das heißt, um nicht das Bestehende als das Ideal zu betrachten.«

Dostojewskis Gegenwehr, sein utopisches Ideal, ist das Bild des geistigen Rußland, für das er einen eigenständigen, weder revolutionären noch kapitalistischen Weg predigt.

Trotzdem ist der große Schriftsteller, gehetzt von seiner Arbeit und Geldnot, getrieben von seinen Leidenschaften, geplagt von seiner »heiligen Krankheit«, der Epilepsie, gejagt von seinen Gläubigern, immer wieder nach Westeuropa gereist und hat viele Jahre hier gelebt. Aber es war eben von Anfang an weniger Zuneigung und Verbundenheit, auch nicht unvoreingenommene Neugier oder touristisches Interesse, was ihn zu diesen Reisen trieb, sondern es waren seine extrem schwierigen Lebensumstände, seine Schulden, seine Besessenheit vom Schreiben und seine Leidenschaften.

So war es Spielsucht, die ihn auf den folgenden Reisen 1863 und 1865 ruhelos in den deutschen Casinos umtrieb, und seine leidenschaftlich qualvolle Liebe zu Polina Suslowa, der er nachjagte. Die Reise 1867 mit seiner Frau gleich nach ihrer Hochzeit war vor allem eine Flucht vor seinen Gläubigern, und es lag nicht an ihm, daß sich der Aufenthalt schließlich auf fast vier Jahre ausdehnte, ehe er 1871 endgültig nach Rußland zurückkehren konnte. Und was er 1869 aus Florenz an seine Nichte Sonja schreibt, wiederholt sich in ähnlichen Formulierungen immer wieder: »Noch drei Monate, dann leben wir bereits seit 2 Jahren im Ausland. Meines Erachtens ist das schlimmer als eine Verbannung nach Sibirien. Ich sage das im Ernst und ohne Übertreibung. Ich verstehe die Russen im Ausland nicht.« Als er dann in den siebziger Jahren noch viermal nach Bad Ems fuhr, immer voll Unlust und Trennungsschmerz, trieb ihn allein die Hoffnung, seine Gesundheit und Leistungskraft noch für einige Zeit zu retten.

So häufen sich von Anfang an in den Briefen die Äußerungen des Mißvergnügens und der gereizten Verweigerung gegenüber seinen

Gastländern. Dostojewski lebte im Ausland immer sehr zurückgezogen und isoliert. Die meiste Zeit ist er in seine Arbeit vergraben, liest fast nur russische Zeitungen und hat nie auch nur den geringsten Kontakt zum literarischen Milieu oder Schriftstellerkollegen im Westen. Er verkehrt praktisch nur mit Landsleuten und ist ständig mit seinen Gedanken in der Heimat.

Dazu kommen – gerade in Deutschland – die Grenzen des Verstehens durch die Sprachbarriere. Ständig berichtet er aggressiv und gereizt von Verständnisproblemen im Alltag – auf der Straße, in Geschäften und Restaurants – und lastet dies der Dummheit und Begriffsstutzigkeit der Deutschen an. »Das ist immer so bei den Deutschen, nie verstehen sie etwas.« Aus den Tagebüchern von Anna Grigorjewna geht jedoch deutlich hervor, daß Dostojewskis Deutschkenntnisse recht mangelhaft waren. Und es mutet angesichts dieser Schwäche schon komisch an, wenn er in seinem ideologischen Artikel über den Russen und dessen angeborene »Allmenschlichkeit« behauptet:

»Sogar in seinen physischen Fähigkeiten ist der Russe den Europäern unähnlich. Jeder Russe kann alle Sprachen sprechen und den Geist jeder Sprache bis in die Feinheiten erfassen, als sei es seine eigene Muttersprache, eine Fähigkeit, die – verstanden als eine die Nation auszeichnende Begabung – den europäischen Völkern abgeht.«

Und trotzdem ist Dostojewskis gewaltiges Werk ohne die Aufenthalte in Europa und Deutschland kaum zu denken. Hier in Deutschland, in Wiesbaden, entstanden der Plan und die ersten Kapitel von *Verbrechen und Strafe*. Sein in einem deutschen Spielort angesiedelter Roman *Der Spieler* ist die Frucht seiner Spielcasinoerfahrungen in Baden-Baden, Homburg und Wiesbaden. In Dresden schrieb er den Roman *Der ewige Gatte* und große Teile der *Dämonen*. In Bad Ems arbeitete er an seinem Roman *Der Jüngling*; hier entstanden gewichtige Teile seines *Tagebuchs eines Schriftstellers*; hier schloß er einen Schlüsseltext seines großen Vermächtnisromans *Die Brüder Karamasow* ab, das Kapitel »Ein russischer Mönch«. In Deutschland hat Dostojewski mit der Erfahrung seiner

Eduard Gaertner: Berlin. Unter den Linden mit Denkmal Friedrichs II.

unbezähmbaren Spielsucht und seiner quälerischen Leidenschaft Abgründe der menschlichen Seele und demütigende Erniedrigungen am eigenen Leibe durchlitten, die vor ihm noch keiner zu beschreiben wagte. Gerade hier hat er es verstanden, aus seelischen Qualen und dramatischen Notsituationen schöpferische Kreativität zu gewinnen und damit seine dünnhäutige Empfindlichkeit, Anspannung und Erregbarkeit ins unvergängliche literarische Wort zu bannen. Gerade hier hat der geniale Schriftsteller auch den so übersensibel erlebten Gegensatz zwischen Rußland und dem Westen, sein Leiden daran künstlerisch fruchtbar gemacht wie kein anderer.

Aus Winteraufzeichnungen über Sommereindrücke (1863)
Berlin zum Beispiel machte auf mich einen denkbar sauertöpfischen Eindruck, und ich habe dort alles in allem nur einen Tag und eine Nacht zugebracht. Heute weiß ich, daß ich Berlin Unrecht getan habe und daß ich nicht wagen kann, mit Bestimmtheit zu behaupten, Berlin mache einen sauertöpfischen Eindruck. Zumindest ist der Eindruck süßsauer und nicht einfach sauertöpfisch. Und

Köln mit Dom und Rheinbrücke

woher rührte mein verhängnisvoller Irrtum? Ganz entschieden daher, daß ich, krank, leberleidend, wie ich bin, zwei Tage und zwei Nächte durch Regen und Nebel auf der Eisenbahn nach Berlin rollte und dort, verschlafen, gelb, übernächtigt, zerschlagen, plötzlich auf den ersten Blick feststellte, daß Berlin und Petersburg sich unglaublich ähnlich sehen. Dieselben schnurgeraden Straßen, dieselben Düfte, dieselben ... (doch wozu alles aufzählen!). Herr im Himmel, dachte ich mir, habe ich mich zwei Tage und zwei Nächte im Zug durchrütteln lassen, um genau dasselbe wiederzufinden, was ich hinter mir gelassen hatte? Nicht einmal die Linden gefielen mir, und doch würde der Berliner zu ihrer Erhaltung alles, auch das Teuerste, hingeben, vielleicht sogar seine Konstitution; was aber wäre dem Berliner teurer als seine Konstitution? Zu all dem sahen die Berliner einer wie der andere so durch und durch deutsch aus, daß ich, ohne auch nur einen Blick auf die Kaulbachschen Fresken geworfen zu haben (wie schrecklich!), eiligst nach Dresden entwischte, tief in meinem Innersten überzeugt, daß man sich an den Deutschen erst einmal gewöhnen muß und daß er, solange man noch nicht an ihn gewöhnt ist, in großen Massen schwer zu ertragen ist. [...]

Der Kölner Dom um 1860

Mit solchen tröstlichen Gedanken reiste ich nach Köln. Vom Dom hatte ich, ehrlich gesagt, viel erwartet; voller Ehrfurcht hatte ich ihn in meiner Jugend, als ich noch Architektur studierte, gezeichnet. Auf meiner Rückreise über Köln, das heißt einen Monat später, als ich auf dem Rückweg aus Paris den Dom zum zweitenmal sah, hätte ich ihm am liebsten »kniefällig Abbitte geleistet«, weil mir, genau wie Karamsin, der aus dem gleichen Grunde vor dem Rheinfall auf die Knie sank, beim erstenmal seine Schönheit nicht aufgegangen war. Nichtsdestoweniger hatte mir der Dom bei dieser ersten Gelegenheit überhaupt nicht gefallen: Er war mir vorgekommen wie lauter Spitzen, Spitzen und nichts als Spitzen, ein Zierstück in der Art eines Briefbeschwerers für den Schreibtisch, an die siebzig Faden hoch.[...]

Der zweite Umstand, der mich in Harnisch brachte und ungerecht sein ließ, war die neue Kölner Brücke. Die Brücke ist natürlich großartig, und die Stadt ist mit Recht stolz auf sie, doch, wie mir schien, machten sie gar zuviel davon her. Natürlich ärgerte mich das sogleich. Außerdem hätte der Mann, der am Eingang zu der herrlichen Brücke den Mautgroschen erhob, diesen sehr vernünftigen Zoll von mir keineswegs mit einer Miene kassieren müs-

Die neue Rheinbrücke in Köln um 1859

sen, als belege er mich mit einer Geldstrafe für ein Vergehen, von dem ich selber keine Ahnung hatte. Ich weiß nicht, aber mir war so, als werfe sich der Deutsche mächtig in die Brust. Sicher hat er gemerkt, daß ich Ausländer bin, und zwar Russe, dachte ich bei mir. Wenigstens schienen mir seine Augen sagen zu wollen: Da siehst du unsere Brücke, du armseliger Russe – du bist ein Wurm im Vergleich zu unserer Brücke und im Vergleich zu jedem Deutschen, denn solch eine Brücke gibt es bei euch nicht. Sie werden mir beipflichten, daß einen so etwas wurmt. Der Deutsche hat natürlich nichts von all dem gesagt, und vielleicht hat er auch gar nichts dergleichen im Sinn gehabt, aber das ist ja einerlei: Ich war damals überzeugt, daß er gerade das sagen wollte, und das brachte mich vollends in Rage. Zum Teufel noch mal, dachte ich, wir haben schließlich den Samowar erfunden … bei uns gibt es Zeitschriften … bei uns werden Offiziere ausstaffiert … bei uns – mit einem Wort, mich packte der Zorn, ich erwarb eine Flasche Eau de Cologne (um die nun einmal nicht herumzukommen war) und machte mich unverzüglich auf den Weg nach Paris, in der Hoffnung, die Franzosen würden sich als weitaus netter und unterhaltsamer erweisen.

Wiesbaden

»Genauso war es auch in Wiesbaden,
als mir nach dem Verlust im Spiel der Einfall zu
Verbrechen und Strafe kam.«

Totalansicht von Wiesbaden

Wiesbaden hat Dostojewski schon auf seiner ersten Auslandsreise, die ihn nach Deutschland, Frankreich, England, der Schweiz und Italien führte, im Sommer 1862 besucht. Nach den 10 Jahren im »Totenhaus« Sibiriens hatte er gerade wieder Fuß gefaßt im literarischen Leben seines Landes und konnte sich endlich den langgehegten Traum einer Westeuropareise, für einen gebildeten Russen ein obligatorisches Unternehmen, erfüllen.

Zumindest in seinen offiziellen Gesuchen und Anfragen um Auslandspaß, Visa und Unterstützungen stand als wichtigster Grund für diese Reise die Wiederherstellung seiner Gesundheit im Vordergrund. Aber auch in einem Brief an seinen in Jekaterinoslawl lebenden Bruder Andrej schrieb er am Vorabend seiner Abreise Mitte Juni, erklärend und sich rechtfertigend: »Ich bin ein kranker, ein ständig kranker Mann. [...] Meine Gesundheit ist so zerrüttet, daß ich nun (und zwar morgen) bis zum September ins Ausland fahre, um mich zu kurieren. Ich habe die Fallsucht und darüber hinaus eine Menge anderer kleinerer Leiden, die sich in Petersburg entwickelt haben.« Und in der Ausreiseerlaubnis des Innenministeriums wird seine schlechte Gesundheit und die Notwendigkeit von Bädern als Reisegrund angegeben.

Der elegante Badeort Wiesbaden an den Ausläufern des Taunus, in dem Goethe und Richard Wagner, Mendelssohn-Bartholdy und Honoré de Balzac sowie viele andere geweilt hatten – damals Residenz des Herzogtums Nassau –, wurde schon in den vierziger Jahren des 19. Jahrhunderts auch von russischen Aristokraten viel besucht. Das beweist u. a. Iwan Turgenjews Roman *Frühlingsfluten*, dessen Handlung, die durchaus autobiographische Züge trägt, zu einem großen Teil in Wiesbaden angesiedelt ist.

In den sechziger Jahren stand Wiesbaden auf dem Höhepunkt seines Ruhms als »Weltkurstadt«. Gerade wieder im Frühjahr 1862 war in den »Sankt Petersburger Nachrichten« mehrfach annonciert worden, daß der Kursaal »Wiesbadener Brunnen« am 1. April seine Pforten öffnet, und es wurde Reklame gemacht für die Heilkraft der Quellen, die malerische Lage des Kurorts sowie

Reichard's
Passagier auf der Reise
in
Deutschland und der Schweiz,
nach
Amsterdam, Brüssel, Kopenhagen, London, Mailand, Paris, St. Petersburg, Pesth, Stockholm, Venedig und Warschau.

Mit besonderer Berücksichtigung der vorzüglichsten Badeörter und Gebirgsreisen, der Donau- und Rheinfahrt.

Ein Reisehandbuch für Jedermann.

Dreizehnte Auflage.

Von Neuem durchgesehen, berichtigt und ergänzt
von
F. A. Herbig.

Erster Theil.

Nebst einer neuen, sauber illuminirten Postkarte, zwei kleinen Kärtchen und Städte-Plänen.

Berlin, 1846.
Verlag von Friedrich August Herbig.

Reichard's Reiseführer, mit dem Dostojewski unterwegs war Abb. rechts: Kursaal »an den Mineralbrunnen«

»alle Vergnügungen, die den Aufenthalt in der Badestadt verschönern«.

Und in *Reichard's Passagier auf der Reise in Deutschland, der Schweiz usw.* (Berlin, 19 Auflagen von 1803 bis 1861), dem von Dostojewski benutzten populären Reiseführer, den er auch seinem Freund und Kollegen Nikolai Strachow, mit dem er sich kurz darauf in der Schweiz traf und gemeinsam durch Italien reiste, empfahl, heißt es über Wiesbaden: »Das Bad anbelangend dürfte in Deutschland kein zweites Etablissement bestehen, welches von der Natur so begünstigt und mit trefflichen Einrichtungen versehen, soviel vereinigte, wie dieses. Frequenz an 15000 Kurgäste und 7-8000 Durchreisende.« Im »Reichard« findet sich auch der lakonische und für Dostojewski so schicksalhafte Hinweis: »Hazardspiele aller Art sind vorhanden.«

Außer der Nennung von Wiesbaden bei der Aufzeichnung seiner Reiseroute in den 1863 erschienenen Reiseskizzen *Winteraufzeichnungen über Sommereindrücke* gibt es keine direkten Zeugnisse von Dostojewskis erstem Aufenthalt in dem Kurort. Seine Briefe von der

Reise 1862 sind bis auf einen – jenen Brief an Strachow aus Paris – nicht erhalten.

Die Route dieser ersten Auslandsreise konnte jedoch von russischen Dostojewski-Forschern vor allem aufgrund der sorgfältigen Auswertung seines Reisepasses mit all seinen Visa und Stempeln ziemlich genau rekonstruiert werden.

1862 hat er sich nur als »Durchreisender« von Frankfurt aus einen Tag lang in Wiesbaden aufgehalten, ganz offensichtlich, um in aller Eile sein Glück im Spiel zu versuchen. Eine Eintragung in der Kur- und Fremdenliste fehlt.

Daß Dostojewski in der Tat schon im Juni 1862 in Wiesbaden Bekanntschaft mit dem Roulette machte, läßt sich aus zwei Briefen seines Bruders Michail an ihn erschließen. Da heißt es: »Hör um Gottes willen auf zu spielen. Wo soll das hinführen, wenn Leute mit unserem Glück spielen.« Und einen Monat später beklagt sich Michail bitter: »Nach Deinem kurzen Aufenthalt in Wiesbaden haben Deine Briefe einen geschäftsmäßigen Ton angenommen. Über die Reise, über die Eindrücke schreibst Du kein Wörtchen mehr.«

Schon bei diesem ersten Aufenthalt hatte Dostojewski, gepackt von der Spielleidenschaft, keinen Blick für die Schönheiten des mondänen Kurortes: die palastartigen, luxuriösen Hotels; das in klassizistischem Stil erbaute Kurhaus inmitten des Parks; die eleganten Kolonnaden auf beiden Seiten zur Stadt hin, in deren Boutiquen die Kurgäste modische Galanteriewaren, Spitzen und Seidenstoffe, böhmische Glaswaren und vieles andere erwerben konnten; das Theater im Kurbezirk, in dem damals Weltstars wie die Sängerin Adelina Patti auftraten; die herrlichen Kuranlagen im englischen Geschmack mit ihren Weihern, Fontänen und den beiden dreistufigen Kaskadenbrunnen, die abends von innen her mit Gasbeleuchtung illuminiert waren. All diese Sehenswürdigkeiten und die ganze Atmosphäre kultivierten Müßiggangs erwähnt er – auch in seinen späteren Briefen – mit keinem Wort.

Schon auf der ersten Auslandsreise setzte also jene Besessenheit von der Spielleidenschaft ein, jenes ständige Kreisen um die Mittel zum Weiterspielen oder zur Abreise, die panischen Bitten um Geld, die alle anderen Reiseeindrücke überlagerten.

In seinem Brief an Nikolai Strachow schwärmt er allerdings von der Schönheit des Rheins. Dostojewski hat schon in diesem, allerdings kalten und regnerischen Sommer, Teile seiner Reiseroute mit der »Köln-Düsseldorfer Rhein-Dampfschiffahrts-Gesellschaft« per Schiff zurückgelegt, von Mannheim über Mainz nach Köln, und – nach der Rückkehr aus Paris und London noch einmal von Düsseldorf nach Mainz, von wo aus er weiter in die Schweiz reiste, um sich dort mit seinem Freund zu treffen. Über das erste Erlebnis des Rheines heißt es in dem Brief an diesen enthusiastisch: »Von den Wundern der Natur habe ich nur den Rhein mit seinen Ufern gesehen. (Nikolai Nikolaitsch! Das ist wirklich ein Wunder).« Auch im Jahr darauf macht er diese Schiffsreise und schreibt begeistert an seinen Bruder Nikolai: »Am Rhein, wo ich mich ein bißchen länger aufgehalten habe, war das Wetter wunderbar, und was ist das für eine Gegend!« Eine Dampferfahrt auf dem Rhein gehörte in diesen Zeiten der Rhein-Romantik zum Pflichtprogramm jedes Deutschlandtouristen. Das geht auch aus dem Reichardschen Reiseführer

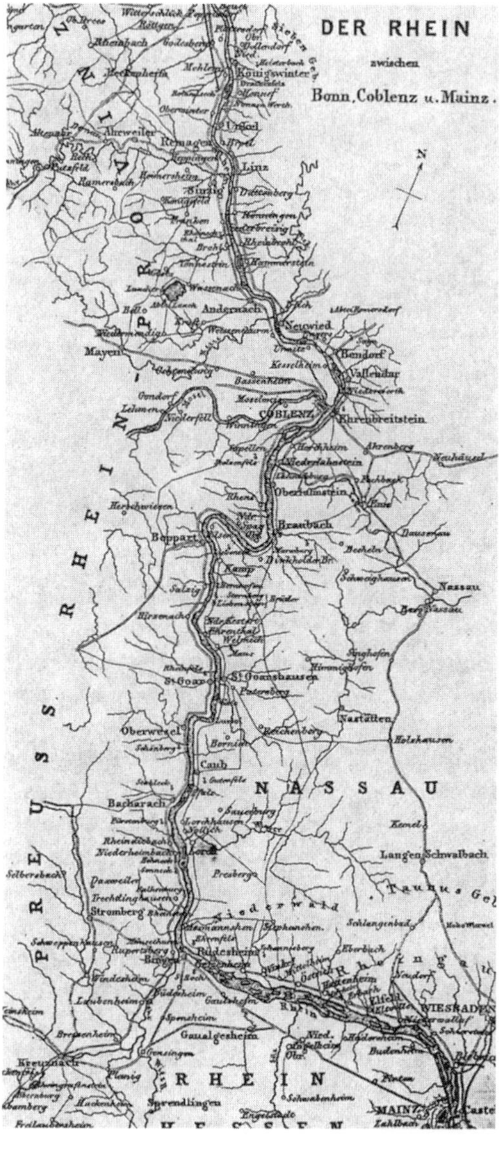

Rheinkarte aus Reichard's Reiseführer

Feste Ehrenbreitstein bei Koblenz

hervor, nach dem sich Dostojewski in der Planung seiner Reiseroute hauptsächlich richtete.

In seinen großartigen Reiseskizzen über diesen ersten Aufenthalt im Ausland, den *Winterlichen Aufzeichnungen über sommerliche Eindrücke*, in denen er sich kritisch mit der Welt des Westens auseinandersetzt, kommen seine Erfahrungen mit dem Roulette und die deutschen Spielorte Wiesbaden, Baden-Baden und Homburg nicht vor.

Schon ein Jahr später, im Sommer 1863, besucht er auf seiner zweiten Auslandsreise, für die er – um sich den »Rat europäischer Spezialisten für Epilepsie« einzuholen – ein Darlehen von der »Gesellschaft zur Unterstützung notleidender Schriftsteller und Wissenschaftler« in Petersburg bekam, wiederum diese deutschen Kurorte, jedoch offenbar mit einem einzigen Ziel – zu spielen. Ein Jahrzehnt lang ist er von dieser Sucht besessen, von der er nicht nur die Erlösung aus seiner ewigen Geldnot erhofft, sondern aus deren zerstörerischer Faszination er auch eine eigentümliche Antriebskraft für seine Kreativität gewinnt. »Immer und in allem muß ich bis an die äußerste Grenze gehen, mein Leben lang habe ich diese Linie wieder und wieder überschritten«, schreibt er später in einem Brief aus Baden-Baden.

Es sind immer wieder extreme Lebenssituationen, die das schriftstellerische Genie dieses chronisch kranken, übererregbaren, ewig gereizten und hypersensiblen Menschen zur Entfaltung bringen. Das läßt sich gerade an seinen Aufenthalten in Wiesbaden gut nachvollziehen. In Wiesbaden nahm seine Spielleidenschaft ihren Anfang, und Wiesbaden ist auch der Ort, wo er sie fast zehn Jahre später endlich überwindet.

Es sind Grenzsituationen seines Lebens, die er in Wiesbaden durchlebt und durchleidet. Im Sommer 1863 treffen zwei destruktive und für ihn letztlich doch fruchtbare Leidenschaften hier zusammen: eine peinvolle, verbotene Liebe und seine Spielsucht. Der unglücklich verheiratete Schriftsteller, der seine todkranke, in Rußland von ihm getrennt lebende Frau Marja Dmitrijewna trotz allem innig liebt und achtet, ist auf dem Weg nach Paris zu seiner Geliebten Apollinarija (Polina) Suslowa, mit der ihn seit etwa zwei Jahren eine leidenschaftliche Beziehung verbindet. In Wiesbaden macht er im August vier Tage lang Station in der Hoffnung auf den großen Gewinn.

Das wichtigste Zeugnis über seinen Wiesbadener Aufenthalt von 1863 ist ein Brief an die Schwester seiner Frau, Warwara Dmitrijewna Konstant, in der er diese bittet, seinen in Wiesbaden gemachten Spielgewinn an seine Frau weiterzuleiten. Kurz darauf schon sendet er verzweifelte Hilferufe an seine Freunde und muß seine Schwägerin beschämt um die Rücksendung des nach Rußland geschickten Geldes bitten.

Noch komplizierter und glückloser verläuft die Geschichte seiner Leidenschaft für Polina Suslowa, einer exzentrischen, impulsiven jungen Studentin, einer der frühen emanzipierten Frauen der Generation der sechziger Jahre. Als er bei ihr in Paris eintrifft, kommt er zu spät. Sie hat sich inzwischen in einen jungen spanischen Medizinstudenten unglücklich verliebt, und Dostojewski bleibt auf der folgenden gemeinsamen Reise über Baden-Baden nach Italien nur die qualvolle Rolle des brüderlichen Trösters. Aus dem von Polina überlieferten Tagebuch, das die peinigende, quälerische Seite ihrer Beziehung deutlich offenbart, erfahren wir denn auch einiges über diese Reise von 1863.

In einem Brief an seinen Bruder Michail, der über sein Verhältnis zu Polina Suslowa Bescheid weiß, deutet Dostojewski seine Gewissensbisse und seelischen Qualen an: »Du fragst, warum ich Paris so schnell verlassen habe. Erstens ekelt es mich an und zweitens mußte ich mich nach der Person richten, mit der ich reise. [...] Es gab genügend Abenteuer, aber es ist schrecklich traurig und langweilig, trotz A(pollinarija) S(uslowa). Hier nimmst du auch das Glück schwer, weil du dich von allen getrennt hast, die du bisher geliebt und um derentwillen du vielmals gelitten hast. Das Glück zu suchen, indem man alles stehen und liegen läßt, sogar das, womit man nützlich sein könnte, ist Egoismus, und dieser Gedanke vergiftet nun mein Glück (Wenn es dies denn überhaupt gibt).«

Das folgende Jahr in Rußland wird zu einer Zeit schwerster Prüfung für Dostojewski. Seine Frau und sein geliebter Bruder sterben, und dem Schriftsteller bleibt nach dem Zusammenbruch der mit dem Bruder herausgegebenen Zeitschrift ein unübersehbarer Schuldenberg und die Sorge für die Familie des Bruders sowie für den mißratenen Stiefsohn Pascha aus der ersten Ehe seiner Frau.

Von der Geliebten Polina Suslowa, dieser »kranken Egoistin«, wie er sie in einem Brief an deren Schwester nennt, versucht er loszukommen. Trotzdem ist er 1865 auf seiner dritten Auslandsreise noch einmal mit Polina in Wiesbaden. Und Wiesbaden, wo er wegen seiner Spielschulden fast zwei Monate steckenbleibt, ist dann auch auf dieser verunglückten Reise die einzige Station in Deutschland.

Wie die »Wiesbadener Kur- und Fremdenliste« vom 3. August 1865 ausweist, ist er einen Tag zuvor dort im Hotel Victoria angekommen. Das – im Zweiten Weltkrieg zerbombte – Hotel Victoria befand sich an der Ecke Rheinstraße/Wilhelmstraße, also so nah am Casino, daß er mehrmals täglich zu Fuß hin- und herhasten konnte. Sehr schnell steht er nach kleinen Erfolgen im Spiel wieder vor dem nackten Nichts und sitzt in seinem Hotel fest. Die beiden Briefe aus Wiesbaden an die gerade nach Paris abgereiste Polina mit der Bitte um Hilfe sind erschütternde Dokumente der Erniedrigung und Demütigung, des verletzten Stolzes, aber auch des unerschütterlichen Versuchs, in einer beklagenswerten Lage Würde und Selbstachtung zu bewahren. Verzweifelte Hilferufe gehen an Iwan Turgenjew in Baden-Baden, der ihm fünfzig Taler schickt, an Alexander Herzen, den er zunächst nicht erreicht, und dann mehrere an seinen langjährigen Freund aus der Zeit der Verbannung in Sibirien, den Baron Alexander Wrangel, der inzwischen Diplomat an der russischen Botschaft in Kopenhagen ist.

Dieser sandte ihm die gewünschte Summe, die allerdings sogleich für die aufgelaufenen Schulden draufging, und lud den alten Freund ein, ihn auf der Rückreise in Kopenhagen zu besuchen. Wrangel – erschüttert über die Spielsucht Dostojewskis, der während ihrer gemeinsamen Zeit in Sibirien die dort weit verbreiteten Glücksspielkarten nie auch nur angerührt hatte – traf den Freund »abgemagert und gealtert« wieder.

Das Geld, das es ihm schließlich Ende September 1865 endlich ermöglicht hatte, fluchtartig Wiesbaden und Deutschland zu verlassen und über Kopenhagen nach Petersburg zurückzukehren, bekam er vom Popen der Russisch-Orthodoxen Kirche in Wiesbaden, Iwan Janyschew. Das läßt darauf schließen, daß Dostojewski die 1848-1855 als Grabkirche für die nassauische Herzogin und russische Großfürstin Elisabeth Michailowna erbaute Kirche, die sich mit ihren fünf goldenen Kuppeln hoch über Wiesbaden auf dem Neroberg erhebt, besuchte. Den Geistlichen Iwan Janyschew, der im Jahr darauf Direktor der Petersburger Geistlichen Akademie wurde, achtete Dostojewski hoch, und die Schulden bei ihm, die er erst Monate später zurückzahlen konnte, haben den gläubigen Christen und gar nicht eifrigen Kirchgänger ganz besonders beschämt und gequält.

Was man nun aber unbedingt wissen muß: In dieser schrecklichen Situation der menschlichen Erniedrigung und der extremen physischen Not in Wiesbaden entsteht ein wesentlicher Teil des Romans

Wiesbaden, der Kursaal mit den Kolonnaden

Verbrechen und Strafe, seines großen Meisterwerks. In einem langen Brief an Michail Katkow, den Chefredakteur der Zeitschrift *Der russische Bote*, in der der Roman im Jahr darauf in Fortsetzungen erschien, entwirft er das Konzept dieses Buches über einen ideologisch motivierten Mord, den »psychologischen Rechenschaftsbericht eines Verbrechens«, und bittet um Vorschuß. Nun kann man vielleicht erahnen, was es bedeutete, wenn dem Nachtarbeiter Dostojewski vom Wirt des Hotels Victoria häufig sogar die Kerze verweigert wurde. Und auch die erschütternde psychologische Gestaltung der Situation Rodion Raskolnikows, der in entsetzlicher Armut in seiner sargähnlichen Dachkammer hockt, die Miete nicht bezahlen kann, und jedesmal, wenn er beim Verlassen des Hauses an der Wohnung seiner Wirtin vorbeischleicht, »eine peinigende und feige Empfindung« hat, dessentwegen er sich schämt, beruht auf tiefster eigener Erfahrung.

Dostojewski war sich über den Zusammenhang von demütigender, erniedrigender Lebenssituation und dem nachfolgenden Schub von Schreiblust und Kreativität offensichtlich selbst im klaren. Ein

Der Kursaal in Wiesbaden

paar Jahre später, im April 1868, als durch die Ehe mit seiner zweiten Frau Anna Grigorjewna schon eine neue, glücklichere Lebensphase begonnen hatte, er aber noch immer von seiner Spielleidenschaft getrieben war, schrieb er an sie aus dem Spielort Saxon-les-Bain, nachdem er wieder einmal alles verspielt hatte: »Herrgott, ja, vielleicht muß man Gott noch danken für diesen Zufall, daß er mich jetzt endgültig auf die eine Hoffnung orientiert – auf meine Arbeit. [...] Neulich hat mir dieser großartige Gedanke, der mir jetzt gekommen ist, zwar schon vorgeschwebt, doch ich hatte ihn noch nicht zu Ende durchdacht. Er kam mir schon um neun Uhr oder so, als ich im Spiel verloren hatte und durch die Alleen streifte. (Genauso war es auch in Wiesbaden, als mir nach dem Verlust im Spiel der Einfall zu *Verbrechen und Strafe* kam und ich den Gedanken hatte, Beziehungen zu Katkow anzuknüpfen. Schicksal oder Gott)«.

Die Erfahrungen mit seiner Spielsucht wie auch seine quälerisch sklavische Bindung an Polina Suslowa hat Dostojewski in seinem 1866 entstandenen Roman *Der Spieler* literarisch verarbeitet. Der Handlungsort »Roulettenburg« gibt bis heute Anlaß zum Streit,

Garten des Kursaals

welcher der deutschen Spielorte damit gemeint sei, und sowohl Wiesbaden wie Homburg und Baden-Baden bemühen sich, ihre Stadt darin zu erkennen. Diese Frage ist aus literaturwissenschaftlicher Sicht natürlich ziemlich unerheblich, da sie den fiktionalen Charakter eines literarischen Kunstwerks außer acht läßt. Sicher haben Dostojewskis Erlebnisse und Erfahrungen mit dem Spiel in allen drei Orten Eingang in den Text gefunden. Aber es spricht natürlich nichts dagegen, nach spezifischen Ähnlichkeiten in der Topographie und eventuellen Prototypen für die Figuren zu suchen.

Der Name »Roulettenburg« hat übrigens schon früher in Rußland Verwendung gefunden, und Dostojewski muß diese Bezeichnung für einen Spielort in Deutschland gekannt haben. Der Übersetzer von William Thackerays Skizze *The Kickleburys on the Rhine*, die 1851 in den *Vaterländischen Annalen* in der gleichen Nummer 6 erschien, in der auch eine Komödie von Dostojewskis Bruder abgedruckt war, hatte den dort verwendeten Namen »Rougetnoirbourg« mit »Roulettenburg« übertragen.

Wiesbaden war dann auch der Ort, wo Dostojewski im Frühjahr 1871 – also kurz vor der Rückkehr des Ehepaars Dostojewski nach Rußland zum letztenmal seiner Sucht nachgab. In der vierten Aprilwoche 1871 war der »Herr v. Dostoiesky aus Dresden«, wie das Badeblatt in seiner Fremdenliste nachweist, im – 1975 abgerissenen – Taunushotel in der Rheinstraße 3 abgestiegen. Nach den üblichen Verlusten und beschämenden Bitten um das letzte Geld von seiner geliebten Frau konnte er ihr dann eines Tages schreiben: »Mit mir ist Großes geschehen, der niederträchtige Wahn, der mich fast zehn Jahre quälte, ist verschwunden. [...] Es war *endgültig* das letzte Mal.« Anna Grigorjewna bestätigt in ihren Erinnerungen, daß Dostojewski tatsächlich danach nie wieder gespielt hat.

1863

Brief an die Schwester seiner Frau, Warwara D. Konstant

Paris, 1. September 1863

[...] Sehen Sie: unterwegs verbrachte ich an die vier Tage in Wiesbaden und spielte natürlich auch Roulette. Und was glauben Sie? Ich habe gewonnen, nicht verloren; obwohl ich nicht so viel gewann, wie ich wollte, keine 100 000, dennoch eine runde kleine Summe. (Übrigens NB. Sagen Sie keinem etwas davon, liebe Warwara Dmitrijewna. Das heißt, es gibt zwar niemanden, dem Sie es sagen könnten, da Sie kaum einen zu Gesicht bekommen, aber ich meine in erster Linie Pascha. Er ist noch dumm und setzt sich vielleicht in den Kopf, man könne sich durch Spielen seine Karriere aufbauen, verläßt sich womöglich darauf. Kam es ihm doch erst kürzlich in den Sinn, Kommis in einem Geschäft zu werden, um Geld zu verdienen, folglich brauche er nichts zu lernen, wie er mir erklärte. Nun, und da muß er nicht wissen, daß seine Papachen Roulette spielt. Deshalb kein Wort darüber.) Warwara Dmitrijewna, in diesen vier Tagen habe ich eingehend die Spieler beobachtet. Es setzen dort einige hundert Menschen, und mein Ehrenwort, mit Ausnahme von zweien habe ich keinen gefunden, der spielen konnte.

Le jeu est fait, messieurs. Rien ne va plus.

Alle verspielen Haus und Hof, weil sie nicht zu spielen verstehen. Es gab nur eine Französin und einen englischen Lord, die das Spiel wirklich beherrschten und nicht verloren, sondern im Gegenteil nahezu die Bank sprengten. Bitte denken Sie nicht, ich prahlte aus Freude, nicht verloren zu haben, wenn ich sage, ich kenne das Geheimnis, wie man gewinnt und nicht verliert. Dieses Geheimnis kenne ich tatsächlich; es ist schrecklich dumm und einfach und besteht darin, sich in jeder Minute ungeachtet aller Höhen und Tiefen des Spiels zu beherrschen und nicht in Leidenschaft zu geraten. Das ist alles, damit kann man einfach nicht verlieren, sondern nur gewinnen. Doch nicht darum geht es, sondern um die Frage, ob ein Mensch, der dieses Geheimnis erkannt hat, auch in der Lage ist, es zu nutzen? Man mag noch so klug sein und über den eisernsten Charakter verfügen, man läßt sich dennoch mitreißen. [...]

Brief an den Bruder Michail Dostojewski

Turin, 20. September 1863

[...] Du schreibst: wie kann man alles bis zum letzten verspielen, wenn man mit dem Menschen reist, den man liebt. Mischa, mein Freund: ich habe in Wiesbaden ein Spielsystem erfunden, habe es angewandt und sofort 10 000 Franken gewonnen. Am Morgen habe ich dieses System in der Aufregung abgewandelt und darauf sofort verloren. Am Abend bin ich wieder mit aller Strenge zu dem alten System zurückgekehrt und habe ohne jede Mühe wiederum ganz schnell 3000 Franken gewonnen. Sage selbst: wie sollte ich mich da nicht mitreißen lassen, wie sollte ich nicht glauben, daß ich, wenn ich mich streng nach meinem System richte, das Glück in den Händen halte. Und ich brauche das Geld, für mich, für dich, für meine Frau, für das Schreiben meines Romans. Hier werden mit Leichtigkeit Zehntausende gewonnen. Ja, ich bin hergefahren, um Euch alle zu retten und mich selbst aus der Not zu befreien. Und dann kommt da noch der Glaube an das System dazu. [...]

1865

Brief an Polina Suslowa

Wiesbaden, Dienstag 22. August 1865

Liebe Polja, erstens weiß ich nicht, wie Du angekommen bist. Zu meinem persönlichen Kummer hat sich noch die Sorge um Dich gesellt.

Wenn nun in Köln Dein Geld nicht einmal mehr für die dritte Klasse gereicht hat? Dann sitzt Du jetzt allein in Köln und weißt nicht, was Du machen sollst! Das ist entsetzlich. In Köln das Hotel, Droschken und die Reisekosten – selbst wenn es für die Fahrt gereicht hat, mußt Du doch hungrig gewesen sein. All das hämmert in meinem Kopf und läßt mir keine Ruhe. [...]

Unterdessen hat sich meine Situation unwahrscheinlich verschlechtert. Kurz nachdem Du weggefahren warst, tags darauf, erklärte man mir am frühen Morgen im Hotel, man habe An-

Apollinaria (Polina) Suslowa
Abb. rechts: Victoria-Hotel und Badehaus

weisung, mir weder Mittagessen noch Tee oder Kaffee zu servieren. Ich verlangte eine Erklärung, worauf mir der dicke deutsche Wirt sagt, Mittagessen »verdiente« ich nicht, er werde mir lediglich Tee schicken lassen. So habe ich seit gestern kein Mittag gegessen, ernähre mich nur von Tee. Und auch der ist abscheulich zubereitet, ohne Samowar, meine Kleider und Stiefel werden nicht gereinigt, auf mein Läuten erscheint niemand, und die Bediensteten begegnen mir mit einer unsagbaren, zutiefst deutschen Verachtung. Es gibt für den Deutschen kein größeres Verbrechen, als ohne Geld zu sein und nicht pünktlich zu zahlen. All das wäre lächerlich, nichtsdestoweniger ist es auch sehr unangenehm. Deshalb muß ich mich, falls Herzen nichts schickt, auf noch größere Unannehmlichkeiten einstellen, und zwar: sie könnten meine Sachen einbehalten und mich davonjagen oder noch Schlimmeres. Gemeinheit.

Wenn Du in Paris angekommen bist und auf irgendeine Weise von Deinen Freunden und Bekannten etwas bekommen kannst, so schicke es mir – im Höchstfall 150 Gulden, oder doch wenigstens

soviel Du willst. Wenn es 150 Gulden wären, könnte ich diese Schweine bezahlen und in ein anderes Hotel ziehen, um auf Geld zu warten. Denn es kann gar nicht anders sein, als daß ich bald welches erhalte, und auf jeden Fall werde ich es Dir lange vor Deiner Abreise aus Frankreich zurückzahlen. Erstens schickt man mir *bestimmt* spätestens in 10 Tagen aus Petersburg (von der *Lese-Bibliothek*) auf den Namen Deiner Schwester Geld nach Zürich, und zweitens ließe Herzen sich doch, selbst wenn er nicht in Genf wäre und Genf für längere Zeit verlassen hätte, die auf seinen Namen eingehenden Briefe nachsenden; sollte er hingegen nicht für lange weggefahren sein, wird er wohl sofort nach seiner Rückkehr antworten, so daß ich folglich in jedem Fall bald eine Nachricht von ihm bekomme. Mit einem Wort, sofern Du etwas für mich tun kannst, doch ohne daß es Dich allzusehr belastet, dann tue es. Meine Adresse ist unverändert, Wiesbaden, Hotel Victoria.

Auf Wiedersehen, meine Liebe, ich kann nicht glauben, daß ich Dich vor Deiner Abreise nicht mehr sehen sollte. Über mich will ich gar nicht mehr nachdenken; ich sitze da und lese die ganze Zeit, um nicht durch Bewegung Appetit zu bekommen. Ich umarme Dich fest.

Zeige um Gottes willen niemanden meinen Brief und erzähle nichts davon. Zu scheußlich.

Ganz Dein F. D.

Brief an Polina Suslowa

Wiesbaden, Donnerstag, 24. August 1865

Ich fahre fort, Dich mit (auch weiterhin unfrankierten) Briefen zu bombardieren. Hast Du mein Schreiben von vorgestern (von Dienstag) bekommen? Bist Du selbst schon in Paris? Ich hoffe immer, heute eine Nachricht von Dir zu erhalten.

Um meine Angelegenheiten ist es schlecht nec plus ultra bestellt; schlechter kann es nicht mehr werden. Dann könnte nur noch eine andere Strähne von Unglück und Gemeinheiten kommen, von der ich mir noch keinen Begriff machen kann. Von Herzen ist noch nichts eingetroffen, keinerlei Antwort oder Reaktion. Heute ist genau eine Woche vergangen, seit ich ihm geschrieben habe. Heute ist auch die Frist abgelaufen, die ich noch am Montag meinem Wirt für die Bezahlung genannt habe. Was werden soll – ich weiß es nicht. Jetzt ist es gerade erst ein Uhr früh. [...]

Mich quält die Tatenlosigkeit, die Ungewißheit des Wartens ohne feste Hoffnung, der Zeitverlust und das verfluchte Wiesbaden, das mir derart zuwider ist, daß ich die Augen gar nicht aufmachen möchte. Unterdessen bist Du in Paris, und ich kann Dich nicht sehen! Außerdem belastet mich der Gedanke an Herzen. Wenn er meinen Brief erhalten hat und *nicht* antworten *will* – wie demütigend für mich und wie häßlich von ihm! habe ich das etwa verdient, womit denn? Durch meine Liederlichkeit? Ich gebe zu, ich war liederlich, doch was ist das für eine bürgerliche Moral! Er könnte doch wenigstens antworten, oder habe ich keine Unterstützung »verdient« (wie bei dem Hotelwirt das Mittagessen). Doch es kann nicht sein, daß er mich ohne Bescheid läßt, sicher ist er nicht in Genf. [...]

Wiesbadener
Kur- und Fremdenliste.

№ 64. Donnerstag den 3. August 1865.

Café restaurant de Paris.
v. Lossberg, Hr., Gutsbes., Mannheim
Mayer u. Müller, 2 Hrn. Kfl., Frankfurt

Pariser Hof.
van Son, Hr. Part., Holland
Woog, Hr. u. Fam., Genf
Bouboa, Hr. Part., Brüssel
v. Boldéreff, Fr. General., Petersburg
v. Reinfeldt, Hr., Petersburg
de Volka-Elliva m. Fam., Berlin

Römerbad.
Hesse, Fr., Offenbach
Kamp, Hr. Kfm., Wetzlar
Pohse Hr., Königsberg

Rose.
Pilhington, Hr. u. Fr., England
Baltine, Hr., England
de Smeth, Baron u. Fam. Chambellan, Haye
Bigge, Hr., England
Wigg, Hr., England
Christie, Hr. Rent., England
Johnstone, Hr. m. Fam., England
Dunant, Hr. Rent., Genève
Smith, Hr., England
van Hoegaerden, Hr. m. Fam., Brüssel
Noel, Hr., London
Ker, Hr. Rent., Edinburgh
Fenwick, Hr. u. Fr., England

Weisser Schwan.
Hiebahn, Hr. Pfarrer, Geborth
Scholz, Hr. Rent., Berlin
Fillaun, Fr. u. Tochter, Bensheim
Elfenbein, Hr. u. Fr., Riga

Spiegel.
Sinagorski, Graf, Paris
Deutsch, Hr. m. Fr., Berlin
Bürgem, Hr., Gaualgesheim

Stern.
du Bourjal, 2 Dam., Rent., Paris
v. Müller, Fr. m. Fam., General., Petersbg.
Miller, Hr. Rent., Bonn
v. Kirschenstein, Hr. Dr., Heidelberg
Kuhnert, Hr. Redact., Berlin
Köhl, Hr., Saarbrücken
Batta, Hr., Paris

Tannenbaum.
Ludovlin, Mad., Moskau
Gaddschin, Hr. Rent., Moskau
Schöninger, Hr. Kfm., Thann

Weisse Taube.
Damm, Hr., Niederems
Scheurer, Hr., St. Goarshausen
Bestand . 20261
Zugang . 220
20481

Taunushôtel.
Engels, Hr. m. Fam., Kfm., Mühlheim
Stucken, Hr. Kfm., Frankfurt
Weber, Hr. Kfm., Bourgonville
Cheveux, Hr., Bourgonville
Wentz, Hr., Lübeck
Drouven, Hr., Coblenz
Rabenheim, Hr. Rent., Petersburg
Reinhard, Hr. Stadtger.-Rath, Magdeburg
Hirsch, Hr., Rechtsanw., Bangwitz
Raffel, Hr. Kfm., Coburg
Müller, Hr., Oberger.-Anw., Hannover
Römer, Hr. Kfm., Granow
Palonis, Hr. Kfm., Granow
Bodin, Hr., Paris
Hoffmann, Hr. Dr. phil., Berlin

Hôtel Victoria.
Gutsienion, Hr., Paris
Bald, Hr. m. Fam., England
de Cassin, Hr., Frankreich
Stamm, Hr., Crefeld
v. Kingerwald, Hr. Rillerg.-Bes., Kingenwald
de Solrann, Baron, Frankreich
Destolevsky, Hr. Rent., Russland
Clark, Hr. Rent., England
Boncemby, Hr. Rent., England
v. Waldorf, Hr. Elberfeld
Spiro, Rent., Aachen

Auszug aus der Kur- und Fremdenliste vom 3. August 1865. Dostojewski wohnte im Hotel Victoria

Ich esse weiter nicht zu Mittag und lebe schon den dritten Tag von Tee morgens und abends – und seltsam: Ich habe gar kein großes Bedürfnis zu essen. Schlimm ist nur, daß man mir zusetzt und mir manchmal abends die Kerze verweigert, besonders wenn vom Vortag noch ein winziger Stummel übriggeblieben ist. Ich verlasse übrigens jeden Tag um drei Uhr das Hotel und kehre um sechs zurück, damit man nicht merkt, daß ich überhaupt nicht zu Mittag esse. Was für eine Chlestakowerie!

Zwar bleibt mir noch eine vage Hoffnung: Ich werde in einer Woche oder spätestens in zehn Tagen etwas aus Rußland erhalten (über Zürich). Bis dahin aber komme ich ohne Unterstützung nicht hin.

Ich will übrigens nicht glauben, daß ich nicht nach Paris fahren und Dich vor Deiner Abreise nicht sehen sollte. Das kann nicht sein.

Spielsaal im Kurhaus zu Wiesbaden

Aber beim Nichtstun entfaltet sich die Phantasie so stark. Und ich bin absolut untätig.

Leb wohl, meine Liebe. Wenn nicht etwas ganz Besonderes geschieht, schreibe ich nicht mehr. *Auf Wiedersehen.*

Ganz Dein Dos

PS. Ich umarme Dich noch einmal, ganz fest. Ist Nadeshda Prokofjewna angekommen, und wann? Grüße sie.

4 Uhr

Meine liebe Freundin Polja, gerade in diesem Moment ist Herzens Antwort eingetroffen. Er war in den Bergen, und deshalb kam der Brief so spät. Geld hat er nicht geschickt; er sagt, mein Schreiben hat ihn gerade in einem Augenblick erreicht, da er selbst über keinerlei finanzielle Mittel verfügt, 400 Florins kann er nicht erübrigen, anders wäre es mit 100 oder 150 *Gulden*, und falls mir damit gedient gewesen wäre, hätte er sie mir geschickt. Dann bittet er, ihm nicht böse zu sein und dergleichen. Seltsam ist jedoch eins: Weshalb hat

Der Kursaal in Wiesbaden

er die 150 Gulden nicht beigelegt? wo er doch selbst sagt, diese Summe könne er schicken. Er hätte mir die 150 senden und sagen sollen, daß er zu mehr nicht in der Lage ist. So hätte es sich gehört. Hier aber ist offensichtlich: entweder ist er selbst knapp bei Kasse, d. h., er hat kein Geld, oder es tut ihm leid darum. Und dabei hat er keinen Grund, daran zu zweifeln, daß er es von mir zurückbekommt: er ist ja im Besitz meines Briefes. Ich bin doch kein ehrloser Mann. Sicher hat er selbst nicht viel.

Ihn noch einmal zu bitten ist meines Erachtens unmöglich! Was soll ich nun tun? Polja, meine Freundin, hilf mir, rette mich! Treib irgendwo 150 Gulden auf, mehr brauche ich nicht. In 10 Tagen wird *ganz bestimmt* von Woskoboinikow Geld auf den Namen Deiner Schwester in Zürich eintreffen (vielleicht auch schon eher). Selbst wenn es nicht viel ist, so doch kaum weniger als 150 Gulden, dann gebe ich sie Dir zurück. Keinesfalls will ich *Dich* in eine unangenehme Situation bringen. Das kommt gar nicht in Frage. Berate Dich mit Deiner Schwester. Aber antworte auf jeden Fall bald.

Ganz Dein F. Dostojewski

Jetzt weiß ich überhaupt nicht mehr, was mit mir werden soll.

Brief an Alexander J. Wrangel

Wiesbaden, 5. September 1865

[...] Hier gibt es einen Geistlichen, Janyschew, der in Kopenhagen war. Zufällig wurde ich hier, in Wiesbaden, mit ihm bekannt und erfuhr, daß er Sie kennt. Unter anderem hat er mir erzählt, daß Sie, als Sie in diesem Sommer nach Rußland fahren wollten, *gesagt hätten, Sie würden zum September wieder zurückkehren* nach Kopenhagen. Dies gab mir so viel Hoffnung, daß ich Ihnen erneut schreibe, und vielleicht trifft Sie diesmal mein Brief in Kopenhagen an.

Ich werde dieses Mal nur von mir selbst schreiben, und zwar nur über eine Angelegenheit. Berichten Sie niemandem, was ich Ihnen schreibe, denn ich fühle, daß es mich teilweise diskreditiert. Doch da in einem solchen Fall Phrasen ganz nutzlos sind und schwerfallen, gestehe ich Ihnen geradeheraus – obwohl mich das Gewissen drückt –, daß ich, durch meine Dummheit, vor zwei Wochen *alles verspielt habe*, d. h. alles verlor, was ich bei mir trug.

Ich hatte auch zuvor gespielt, gleich nach meiner Ankunft in Wiesbaden, jedoch mit Glück, und ich gewann sogar bedeutend (relativ gesehen), doch in meiner Dummheit schnappte ich über und verspielte in drei Tagen alles, und jetzt sitze ich in der schlimmsten Patsche, die man sich nur ausdenken kann, und kann aus Wiesbaden nicht abreisen.

Ich habe nach Rußland an einen mir ergebenen Menschen geschrieben (an Miljukow) und ihm aufgetragen, sich bei irgendeinem der Verleger um Vorschuß für mich zu bemühen, als Anzahlung für künftige Werke. Er besorgt das unbedingt, und vielleicht hilft er auch selbst aus, aber Brief und Geld von ihm kann ich meiner Rechnung nach nicht eher als in zwei Wochen erwarten (vom heutigen Datum), und das frühestens. Inzwischen sitze ich ohne einen Groschen da, und was das schlimmste ist, ich habe im Hotel Schulden. Und das ist das allerschlimmste.

Deshalb also, gütiger Freund, mein Entschluß, mich an Sie zu wenden. Retten und erlösen Sie mich aus dem Unglück: schicken Sie mir für ganz kurze Zeit 100 Taler. Damit bezahle ich hier und fahre sofort nach Paris, wo ich zu tun habe und wo ich eine Person

Griechische Kapelle bei Wiesbaden

aufsuchen werde (die sicherlich dort ist), die mir sogleich helfen wird. Dann gebe ich es Ihnen unverzüglich zurück.

Brief an Alexander J. Wrangel

Wiesbaden, 28. September 1865

[...] Ihre hundert Taler haben mir einen begrenzten Teilnutzen gebracht. Weil Frau Brinken selbst (gestern) abends in unser Hotel kam und mich nicht zu Hause antraf, konnte sie dem Wirt erzählen, daß sie mir einen Brief mit Geld übergeben möchte. Infolgedessen hat der Wirt, nachdem ich heute zu ihr ging und es selbst ausgehändigt bekam, von dem Geld gewußt und mir fast *alles* abgenommen, so daß mir nur anderthalb Zehner von den Gulden geblieben sind. So sind hier die Sitten, dabei habe ich eine Schuld und eine Ausgabe (die Auslösung des Pfandes), die mich schrecklich beunruhigen. Aber egal: Vielleicht bekomme ich bald mein Geld, und dann ist das, was ich dem Wirt gegeben habe, schon bezahlt. [...]

Der Bahnhof von Wiesbaden

Übrigens wird der Roman, den ich jetzt schreibe, vielleicht das Beste, was ich je geschrieben habe. Wenn man mir nur die Zeit gibt, ihn zu vollenden. Oh, mein Freund! Sie können sich nicht vorstellen, was für eine Qual es ist, auf Auftrag zu schreiben. Aber was soll ich machen: ich habe 15 000 Schulden, während ich vor einem Jahr zu dieser Zeit nicht eine Kopeke Schulden hatte. Ich habe nicht nur für die Familie meines Bruders meine eigenen 10-Tausende geopfert, sondern auch Wechsel ausgestellt und die Wechsel meines Bruders auf meinen Namen überschrieben. Und nun werde ich für fremde Schulden ein paar Jahre im Gefängnis sitzen. Und was soll aus meinem armen Pascha werden? Und aus meinem kranken Bruder Kolja? Da bin ich nun ins Ausland gefahren, um meine Gesundheit wiederherzustellen und irgendwas zu schreiben. Geschrieben hab ich allerdings, die Gesundheit aber ist schlechter geworden: epileptische Anfälle habe ich keine, aber mich verbrennt ein inneres Fieber, jede Nacht Schüttelfrost und Hitze, und ich bin schrecklich abgemagert. Und muß mich erkältet haben. Auf Wiedersehen mein Freund. Meine Adresse ist die gleiche: Wiesbaden, poste restante. Bitte, poste restante.

Ganz der Eure Dostojewski

Wenn ich Ihnen das Geld nicht vor Rußland zurückgeben kann, bekommen Sie es in Petersburg, wie Sie es bestimmt haben. Ich werde sicher noch zehn Tage bis zur Antwort Katkows in Wiesbaden sein.

Aus dem Entwurf eines Briefes an Michail N. Katkow

Wiesbaden, September 1865

Kann ich darauf hoffen, meinen Roman in Ihrer Zeitschrift *Der russische Bote* zu veröffentlichen?

Ich schreibe hier in Wiesbaden schon zwei Monate lang daran, und werde ihn jetzt abschließen. [...]

Die Idee des Romans kann, wie ich annehme, zu Ihrer Zeitschrift in keinem Punkt in Widerspruch stehen; im Gegenteil. Es ist der psychologische Rechenschaftsbericht eines Verbrechens.

Die Handlung ist aktuell, spielt in diesem Jahr. Ein junger Mann, ein von der Universität ausgeschlossener Student, Kleinbürger seiner Herkunft nach, der in extremer Armut lebt, sich aus Leichtsinn, aus einer Unsicherheit in seinen Auffassungen heraus gewissen merkwürdigen, »unausgegorenen« Ideen hingegeben hatte, Ideen, die in der Luft liegen, beschloß, sich mit einem Schlag aus seiner schlimmen Lage zu befreien. Er beschloß, eine alte Frau zu ermorden, eine Titularrätin, die Geld auf Zins verleiht. Die Alte ist dumm, stocktaub, krank, gierig, nimmt jüdische Zinsen, ist böse und zehrt ein fremdes Leben auf, indem sie ihre bei sich arbeitende jüngere Schwester quält. »Sie taugt zu gar nichts«, »Wozu lebt sie eigentlich«?, »Ist sie auch nur für irgendjemanden nützlich?« usw. Diese Fragen führen den jungen Mann in die Irre. Er beschließt, sie zu töten und auszurauben mit dem Ziel, damit seine in der Provinz lebende Mutter glücklich zu machen, seine Schwester, die als Gesellschafterin bei Gutsbesitzern lebt, vor den wollüstigen Ansprüchen des Haupts dieser Gutsbesitzerfamilie zu retten – vor Ansprüchen, die sie mit Verderben bedrohen. Dann will er sein Studium abschließen, ins Ausland fahren und sein ganzes weiteres Leben ehrlich und gefestigt führen, ohne von der Ausführung seiner »humanen Pflicht gegenüber der Menschheit« auch nur einen

Schritt abzuweichen, wodurch er schließlich sein »Verbrechen wiedergutmacht«, wenn man denn diese Tat gegenüber einer dummen, tauben, bösen und kranken Alten, die selbst nicht weiß, wozu sie auf der Welt lebt und die einen Monat später vielleicht sowieso gestorben wäre, überhaupt ein Verbrechen nennen kann.

Ungeachtet der Tatsache, daß ähnliche Verbrechen schrecklich schwer auszuführen sind – d. h. fast immer hinterlassen sie grobe Spuren, Beweise usw., und furchtbar viel bleibt dem Zufall überlassen, der die Schuldigen fast immer verrät – gelingt es ihm bei einer guten Gelegenheit, sein Vorhaben schnell und erfolgreich auszuführen.

Danach verbringt er noch fast einen Monat bis zur endgültigen Katastrophe. Es gibt keinen Verdacht gegen ihn und kann es nicht geben. Doch da entfaltet sich der ganze psychologische Prozeß seines Verbrechens. Vor dem Mörder tauchen ungelöste Fragen auf, unvorhergesehene und unerwartete Gefühle quälen seine Seele. Das göttliche Recht und das irdische Gesetz fordern das Ihre, und es endet damit, daß er *gezwungen* ist, Selbstanzeige zu erstatten. Gezwungen, um – auch wenn er in der Katorga umkommen sollte – wieder zu den Menschen zu gehören. Das Gefühl der Einsamkeit und Getrenntheit von der Menschheit, das er sofort nach der Ausführung des Verbrechens fühlte, hat ihm keine Ruhe gelassen. Das Gesetz der Gerechtigkeit und die menschliche Natur nahmen sich ihr Recht. [...]

Der Verbrecher beschließt selbst, die Qualen auf sich zu nehmen, um seine Tat zu büßen. Übrigens fällt es mir sehr schwer, meinen Gedanken in seiner ganzen Fülle zu erklären. [...] In meinem Roman steckt außerdem der Hinweis darauf, daß die auferlegte juristische Strafe für das Verbrechen den Verbrecher sehr viel weniger schreckt, als die Gesetzgeber annehmen, zum Teil auch deshalb, weil er diese auch selbst moralisch fordert.

Das habe ich sogar bei ganz unentwickelten Menschen gesehen, bei völlig unbedachten Taten. Darstellen wollte ich es gerade an einem entwickelten Menschen, einem aus der neuen Generation, damit der Gedanke klarer und deutlicher sichtbar wird. Einige

Fälle, die sich in der letzten Zeit zutrugen, haben mich davon überzeugt, daß mein *Sujet* überhaupt nicht exzentrisch ist. Nämlich, daß der Mörder ein entwickelter junger Mensch, sogar ein Mensch mit guten Neigungen ist. [...] Es gibt viele Spuren in unseren Zeitungen, die auf ein ungewöhnliches Schwanken der sittlichen Begriffe, die zu schrecklichen Taten führen können, hindeuten. Mit einem Wort, ich bin überzeugt, daß mein Sujet zum Teil durch unsere Gegenwart bestätigt wird.

1871

Brief an seine Frau nach Dresden

Wiesbaden, Freitag, 28. April 1871

Anja, um Christi willen, um Ljubas willen, um unserer ganzen Zukunft willen, beunruhige Dich nicht, rege Dich nicht auf und lies den Brief bis zum Schluß, aufmerksam. Am Ende wirst Du sehen, das Unglück lohnt eigentlich nicht eine solche Verzweiflung, im Gegenteil, etwas wird gewonnen, das bei weitem mehr wert ist, als dafür bezahlt wurde! Also beruhige Dich, Engel, und höre, lies zu Ende. Um Christi willen, richte Dich nicht zugrunde.

Meine Teure, mein ewiger Freund, mein himmlischer Engel, Du verstehst natürlich – ich habe alles verspielt, alle 30 Taler, die Du mir geschickt hast. Denke daran, Du bist meine einzige Retterin, und es gibt niemanden auf der ganzen Welt, der mich liebt. Denke auch daran, Anja, es gibt Unglück, das die Sühne in sich selbst trägt. Ich schreibe und denke: Was wird mit Dir geschehen? Wie wird es auf Dich wirken; wenn nur nichts passiert! Aber falls Du mich in diesem Augenblick bemitleidest, laß es sein, ich habe Schlimmeres verdient!

[...]

Anja, ich liege zu Deinen Füßen und küsse sie, und ich weiß, Du hast das volle Recht, mich zu verachten und folglich auch zu denken: Er wird wieder spielen. Wie kann ich Dir nur schwören, daß ich es *nicht tun werde* – ich habe Dich ja schon belogen. Aber, mein

Engel, begreife: Ich weiß doch, Du stirbst, wenn ich wieder verlieren würde! Ich bin doch nicht ganz verrückt! Ich weiß, daß ich dann selbst verloren bin. Ich werde es nicht tun, nein, nein, und *sofort kommen!* Glaube mir. Glaube mir *zum letztenmal*, Du wirst es nicht bereuen: Jetzt werde ich für Dich und für Ljubotschka arbeiten, ohne die Gesundheit zu schonen, Du wirst es sehen, wirst es sehen, das ganze Leben, und ich werde mein *Ziel erreichen!* Ich werde für Euch sorgen. [...]

Denke nicht, ich sei verrückt, Anja, mein Schutzengel! Mit mir ist Großes geschehen, der niederträchtige Wahn, der mich fast zehn Jahre *quälte*, ist verschwunden. Zehn Jahre lang (oder besser gesagt, seit dem Tode meines Bruders, als mich plötzlich die Schulden erdrückten) habe ich immer davon geträumt, im Spiel zu gewinnen. Ich habe ernsthaft, leidenschaftlich davon geträumt. Jetzt aber ist alles vorüber! Es war *endgültig* das letzte Mal! Glaubst Du, Anja, daß jetzt meine Hände frei sind; das Spiel hatte mich gefesselt, nun werde ich an die Arbeit denken und nicht ganze Nächte hindurch vom Spiel träumen, wie das der Fall war. Und folglich wird die *Arbeit* besser und schneller vonstatten gehen, und Gott wird sie segnen!

Aus den »Erinnerungen« von Anna Grigorjewna

Fjodor Michailowitsch sprach mit mir oft über das sichere »Zugrundegehen« seines Talents, und ihn quälte der Gedanke, wie er seine Familie ernähren solle, die ihm so teuer war; und manchmal war ich ganz verzagt, wenn ich ihm zuhörte. Um seine unruhige Stimmung zu zerstreuen und die bösen Gedanken, die ihn an der Arbeit hinderten, zu bannen, bediente ich mich eines Mittels, das ihn stets ermutigte und in bessere Stimmung versetzte. Ich benützte die Gelegenheit, daß wir zu jener Zeit etwas Geld übrig hatten (dreihundert Taler), und brachte einmal das Gespräch auf das Roulette. Ich meinte, ob er nicht noch einmal sein Glück versuchen wolle, und da es ihm ja doch auch schon gelungen sei, zu gewinnen, warum sollte es nicht jetzt wieder glücken? Natürlich rechnete ich keinen Augenblick darauf, und mir war auch sehr leid, hundert Taler zu opfern, aber ich wußte aus Erfahrung, daß Fjodor Michailowitsch nach den stürmischen Eindrücken des Spieles und nach Befriedigung seiner Spielleidenschaft beruhigt zurückkehren und dann imstande sein werde, mit neuer Kraft an die Arbeit zu gehen und in zwei bis drei Wochen alles Verlorene wiederzugewinnen. Mein Plan kam dem Verlangen meines Mannes allzusehr entgegen, als daß er sich lange geweigert hätte. Er nahm hundertzwanzig Taler mit, und wir vereinbarten, daß ich ihm, falls er verliere, das für die Heimreise notwendige Geld übersenden würde. Dann fuhr er nach Wiesbaden und blieb eine Woche dort. Wie vorausgesehen, hatte das Roulettespiel einen kläglichen Erfolg, und die Auslagen, die Reise inbegriffen, betrugen hundertachtzig Taler, ein Betrag, der für uns keineswegs belanglos war. Die grausamen Qualen Fjodor Michailowitschs während dieser Woche, als er sich vorwarf, das Geld seiner Familie – mir und dem Kinde – entzogen zu haben, wirkten auf ihn so stark, daß er beschloß, *niemals* mehr zu spielen.

[...]

Ich konnte nicht sofort glauben, daß ich wirklich so glücklich sein sollte, die Abkehr Fjodor Michailowitschs vom Spiel zu erleben! Er hatte mir schon öfters versprochen, nicht mehr zu spielen, hatte aber sein Versprechen noch niemals gehalten. Doch diesmal war es zum Glück kein bloßes Versprechen mehr, es war tatsächlich das *letzte* Mal gewesen, daß er Roulette spielte. Während seiner späteren Auslandsreisen (1874, 1875, 1876, 1879) fiel es Fjodor Michailowitsch kein einziges Mal ein, einen Ort aufzusuchen, wo gespielt wurde; zwar wurden bald darauf in Deutschland alle Roulettes geschlossen, aber in Saxon-les-Bains und in Monte Carlo blieben sie geöffnet. Die Entfernung hätte meinen Mann nicht gehindert, wenn er zu spielen gewünscht hätte; aber das Spiel lockte ihn nicht mehr. Es schien, daß diese »fixe Idee«, am Roulette zu gewinnen, von der er sich so plötzlich und für immer geheilt fühlte, eine Schicksalsfügung war. Mein Mann kehrte aus Wiesbaden heiter und ruhig zurück. Er ging sofort an die Fortsetzung der *Dämonen*.

Bad Homburg

»Hier könnte man leben,
wenn das verdammte Roulette nicht wäre.«

Stadtansicht von Bad Homburg

»In der Tat, man sagt ja, es sei ein schlechtes Omen, wenn man zweimal an ein und demselben Tisch sein Glück versucht«, heißt es im Roman *Der Spieler*. Das mag auch eine Erklärung dafür sein, daß Dostojewski immer wieder die Strapazen langer nächtlicher Zugreisen auf sich nahm, nur um ein paar Stunden oder ein, zwei Tage in einer der Roulette-Hochburgen zu verbringen.

In dem Kurstädtchen Homburg vor der Höhe, Residenz der kleinen Landgrafschaft Hessen-Homburg, das damals noch nicht offiziell Bad Homburg hieß, weilte Dostojewski mindestens dreimal: 1863, 1867 und 1870. Es wird jedoch von russischen Forschern als wahrscheinlich angesehen, daß er schon am Ende seiner ersten Auslandsreise im Spätsommer 1862 – nachdem er endlich in Dresden das von seinem Bruder mehrfach erbetene Geld vorfand – schnell noch für einen Tag nach Homburg zum Spielen fuhr.

Über seinen Aufenthalt in dem berühmten Kurort im Jahr 1863 wissen wir aus dem Tagebuch seiner Geliebten Polina Suslowa; in der Fremdenliste taucht sein Name nicht auf. In diesem dramatischen Sommer seines Lebens, als Polina ihn wegen ihrer neuen Passion zurückgewiesen hatte und seine qualvolle Leidenschaft zu ihr unerfüllt blieb, scheint das Spielen eine Art Ersatzbefriedigung gewesen zu sein. Sie waren trotzdem zu einer gemeinsamen Italienreise aufgebrochen und hatten gleich in Baden-Baden Station gemacht um zu spielen. Auf dem Heimweg Ende Oktober 1863 – Polina war wieder nach Paris zurückgekehrt – reiste Dostojewski über Homburg, vielleicht in der Hoffnung, daß sein Unglück in der Liebe ihm wenigstens Glück im Spiel bescheren müsse. Das Ergebnis war wie zu erwarten. Und so zwiespältig, ungut und manchmal sogar berechnend und perfide sich das Verhältnis Polinas zu Dostojewski auch in ihrem Tagebuch darstellt, sie hat ihm doch sogleich aus seiner Not herausgeholfen. »Gestern erhielt ich einen Brief von Fjodor Michailowitsch. Er hat im Spiel verloren und bittet, ich möge ihm einen Betrag schicken. Ich hatte kein Bargeld, da ich eben Rechnungen beglichen hatte, und entschloß mich, meine Uhr und die Kette zu versetzen. Ich ging, mich mit T. zu beraten, der sich bereit erklärte, jenen Betrag, der mir noch fehlen sollte, bei M. auszuleihen und mir außerdem seine eigenen Mittel zur Verfügung zu stellen. Madame M. lieh mir die ganzen 300 Franken für einen Monat. Mit der Übersendung des Geldes hatte ich viel zu schaffen, obgleich man mir erklärt hatte, wie ich es machen sollte«, heißt es in ihrem Tagebuch am 27. Oktober 1863. Aus der Beschreibung des Vorgangs auf der Post wissen wir, daß die Geldüberweisung an Dostojewski nach Homburg ging.

Das schwierige, peinigende Abhängigkeitsverhältnis Dostojewskis zu der exaltierten und ihre Macht ausspielenden Polina, unter dem offenbar beide sehr gelitten haben, und das sich auf seiten Polinas immer mehr in Haß verwandelte, dauerte noch bis ins Jahr 1865. Die wiederholten Heiratsanträge Dostojewskis nach dem Tod seiner Frau Marja Dmitrijewna im April 1864 wies sie zurück.

Eine wesentliche Form der inneren Befreiung von dieser belastenden Beziehung stellt sein Roman *Der Spieler* dar, in dem er ihre faszinierende Gestalt – sogar unter dem Namen Polina – künstlerisch verarbeitete. Und es ist sicherlich kein Zufall, daß sich in der Handlung dieses Romans Spielsucht und unglückliche, verzehrende Liebesleidenschaft miteinander verquicken.

Anna Grigorjewna Dostojewskaja, geb. Snitkina

Mit der Entstehungsgeschichte dieses Romans nun ist bekanntlich die große Wende in Dostojewskis Leben verbunden. Als er – unter furchtbarem Zeitdruck aufgrund des unredlichen Vertrags mit dem Verleger Stellowski – in wenigen Wochen im Herbst 1866 diesen Roman zu Papier bringen mußte, fand er die Frau seines Lebens. Die junge Anna Grigorjewna Snitkina war ihm als Stenographin empfohlen worden, und mit ihrer Hilfe gelang es ihm, das Buch im Laufe von sechsundzwanzig Tagen zum Abschluß zu bringen. Sehr schnell entstand aus der gemeinsamen Arbeit Liebe, und schon wenige Wochen später, im Februar 1867, heiratete der 46jährige die um beinahe 25 Jahre jüngere Anna Grigorjewna, und reiste – um den Forderungen der Gläubiger und dem Druck der mißgünstigen Verwandten zu entgehen – sogleich mit ihr ins Ausland.

Als er im Mai 1867 wiederum in Homburg weilt, ist er gerade drei Monate verheiratet und läßt seine junge Frau allein in dem fremden Dresden zurück. Ihr Briefwechsel allerdings ist ein tief berührendes Zeugnis der langsam wachsenden und später immer unverbrüchlicheren Liebe zwischen den Eheleuten. Und es ist vor allem die junge Anna Grigorjewna, die eine bewundernswerte, beispiellose menschliche Größe und Lebensklugheit gegenüber ihrem kranken, gejagten und der Spielleidenschaft verfallenen Gatten beweist. Ihre Briefe selbst sind leider nicht erhalten, dafür jedoch ihr Tagebuch aus dem Jahr 1867, in dem sie mit großer Aufrichtigkeit in Kurzschrift, also auch für ihren Mann nicht lesbar, über alle Details ihres Lebens in der Fremde und die Freuden und Leiden ihres jungen Ehealltags Buch führt. Dieses unersetzliche, bewegende Dokument zeigt sie als eine starke und wahrhaft liebende Frau. Ihre große Liebe befähigt sie dazu, diesen schwierigen, oft unerträglichen genialischen Menschen zu verstehen und immer für ihn dazusein, ohne ihre innere Unabhängigkeit zu verlieren oder sich selbst als Person aufzugeben.

Dabei wußte sie von Dostojewskis Leidenschaft des Spielens und den Qualen seiner Liebe zu Polina Suslowa sicher vor allem aus dem Roman *Der Spieler*. Anna Grigorjewna hat Polina Suslowa, mit der ihr Mann weiterhin Briefe wechselte und die er noch in einem Brief aus Dresden als seine »ewige Freundin« bezeichnete, zu dieser Zeit durchaus als gefährliche Nebenbuhlerin angesehen. Die Reise Dostojewskis nach Homburg nutzte sie etwa dazu, einen neuangekommenen Brief Polinas zu entsiegeln, zu lesen und geschickt wieder zu verschließen sowie in seinem Koffer erbittert nach weiteren Briefen zu kramen. Um so beeindruckender ihre souveräne, großherzige und verständnisvolle Haltung gegenüber ihrem Gatten.

Die neun langen Briefe Dostojewskis aus Homburg markieren den Beginn ihres Zusammenwachsens in einer Ehe, die sie bis zu seinem Tode vierzehn Jahre später in inniger körperlicher Liebe, familiärer Vertrautheit in der Sorge um die geliebten Kinder und gemeinsamer Arbeit verband.

In der Homburger Kur- und Badeliste vom 16. Mai 1867 findet sich für das Victoria-Hotel die Eintragung »Dostojewsky, Rtr [Abkz. für Rentier], Russland«. Zehn Tage lang lebte er in diesem Hotel in der Louisenstraße, an dessen Stelle heute das Kaufhaus Hertie steht, und schrieb jeden Morgen, ehe er im nahen Kursaal an den Spieltisch eilte, den obligatorischen Brief an Anja. Die Post befand sich schräg gegenüber dem Hotel, und wie gut sie funktionierte, beweist, daß Anna Grigorjewna alle Briefe schon einen Tag später in Dresden in Händen hatte.

Homburg vor der Höhe erlebte seit den fünfziger Jahren des 19. Jahrhunderts eine glanzvolle Blütezeit als Spiel- und Kurort, es war – wie es in Reichards Reiseführer von 1858 heißt – »in neuerer Zeit sehr in Aufnahme gekommen«. Das verdankte es zum einen seinen Mineralquellen, insbesondere der neuentdeckten Elisabethenquelle, die Homburgs Ruf als Heilbad und Trinkkurort begründeten. Vor allem aber war es die seit Anfang der vierziger Jahre von den Pariser Spielbankpächtern, den Brüdern Blanc, mit großem Geschick betriebene Spielbank, die Homburg zu einem in ganz Europa berühmten florierenden Modebad machte. Die Spielbank war es auch, die prominente Gäste von weit her anzog und den rasanten wirtschaftlichen Aufschwung des Städtchens begründete.

1860 war die Eisenbahnlinie nach Frankfurt eröffnet worden, wodurch der Kurort noch schneller erreichbar wurde, so daß bald ganz Homburg vom Kur- und Spielbetrieb lebte. Die Mehrzahl der Gäste waren Engländer und Russen. Das ist z. B. auch aus William Thackerays Reiseskizze von 1850 *The Kickleburys on the Rhine* abzulesen. Das hier beschriebene »Rougetnoirbourg« mit seinem das Städtchen überragenden großen weißen Turm ist – auch aufgrund der Zeichnungen des Verfassers – eindeutig als Homburg zu identifizieren, und es ist natürlich kein Zufall, daß dieser Text schon 1851 in einer russischen Zeitschrift übersetzt erschien. Das Interesse der russischen Aristokraten an den deutschen Kur- und Spielorten war enorm, und die Zahl russischer Kurgäste auch in Homburg nahm beständig zu. Es ist anzunehmen, daß Dostojewski Thackerays Text kannte, da – wie schon gesagt – in der gleichen Nummer der *Vaterländischen Annalen* ein Drama seines Bruders abgedruckt war.

Als Dostojewski Anfang der sechziger Jahre nach Homburg kam, dessen Landgrafen übrigens schon sehr lange Beziehungen zum russischen Hof pflegten, stand das Residenzstädtchen auf dem Höhepunkt seines Ruhms als Spielort. Bertha von Suttner, die gerade in diesen Jahren in dem »fashionablen Badeort« weilte, erinnert sich in ihren Memoiren: »Ich sehe es so vor mir: eine lange, breite Straße, die von der Eisenbahn bis in die Unendlichkeit führt und auf der rechten Seite von einem Platz unterbrochen wird, wo der Kursaal steht; der Straße entlang sind die Häuser entweder Hotels, die üblichen: Englischer, Russischer oder sonstiger Hof, oder sie tragen ein Plakat ›Appartements meublés‹. Wenn der Kursaal überschritten ist, so nehmen die Hotels ab, und die zur Unendlichkeit führende Straße nimmt den Charakter der Kleinstadt an, und es münden darein auch die kleinen Gassen und Gäßchen, die zur Residenz des regierenden Landgrafen von Hessen-Homburg gehören.«

Das Kurhaus, in dem Dostojewski spielte, wird in Reichards Reiseführer als »eins der elegantesten Deutschlands, geziert durch Fresken und Bildhauerwerke Münchener Künstler, mit Speise-, Lese- und Spielsälen« beschrieben. 1861-63 war es nach einem

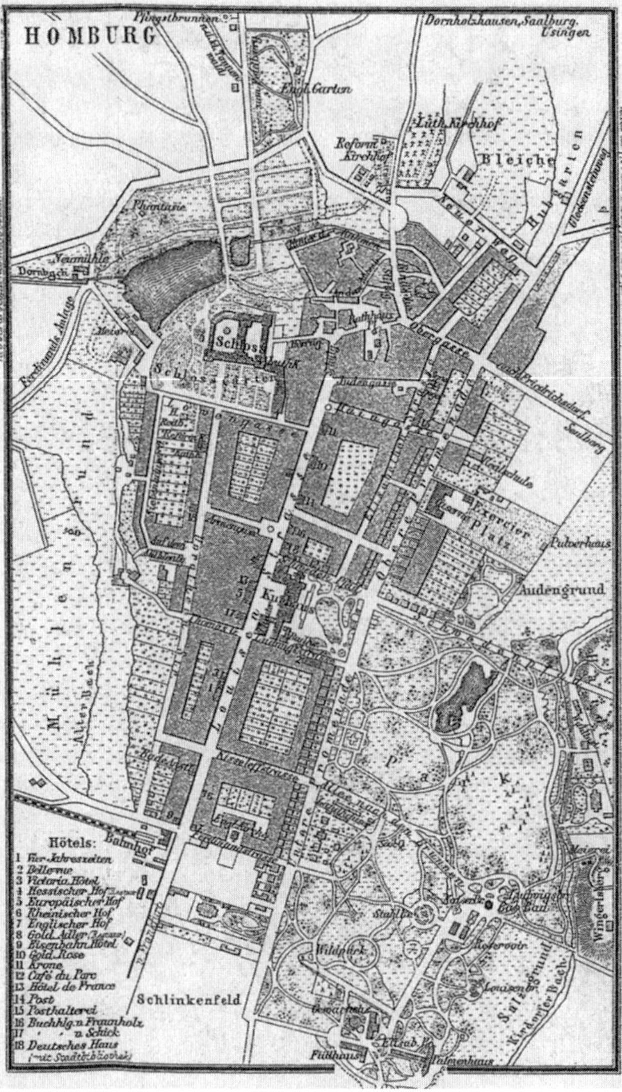

Stadtplan von Bad Homburg von 1871

Das Kurhaus von Homburg um 1866

Brand gerade wieder noch luxuriöser und prächtiger ausgestattet, mit einem wunderschönen Theater im Seitenflügel, wiederaufgebaut worden. Noch kurz vor Kriegsende 1945 wurde das Kurhaus durch Bomben zerstört, und von alldem ist heute leider nichts mehr zu sehen. Jedoch das sogenannte »Brunnensälchen« im Park, in dem die erste Spielbank der Brüder Blanc eingerichtet war und wo sich auch heute wieder das Spielcasino befindet, gehört zu den erhalten gebliebenen Gebäuden, die zu Dostojewskis Zeit das Bild Homburgs prägten.

Auch in Homburg hat Dostojewski von dem vornehmen Luxusleben mit Theater, Kurkonzerten, dem eleganten Publikum auf den gepflegten Promenaden, kaum etwas mitbekommen. Im herrlichen Kurpark, der von dem berühmten Gartenarchitekten Peter Josef Lenné gestaltet wurde, ist er aber spazierengegangen und hat Anna Grigorjewna so viel davon vorgeschwärmt, daß diese – wie sie im Tagebuch noch in Dresden festhält – den Park auf der Durchreise nach Baden-Baden im gleichen Jahr unbedingt sehen wollte. Offensichtlich ist aber aus diesem gemeinsamen Abstecher nach Homburg, bei dem Dostojewski auch seine im Frühjahr versetzte Taschenuhr wieder auslösen wollte, nichts geworden.

Die Gräfin Kisselew, Prototyp der Babuschka aus dem Roman *Der Spieler*

Drei Jahre später – 1870 – wiederum im kalten Vorfrühling – war Dostojewski das letzte Mal in Homburg. Er stieg im eher bescheidenen Hotel du Parc, in der Nähe des Kursaals, Schwedenpfad 8 ab, dessen Gebäude heute noch leicht verändert erhalten ist.

Die große Zeit Homburgs als Spielort neigte sich da schon ihrem Ende zu. Nachdem Homburg mit der Rheinprovinz 1866 an Preußen gefallen war, wurde den rheinischen Spielbanken durch Bundesgesetz von 1868 nur noch eine Übergangszeit bis zur endgültigen Schließung 1872 gewährt. Und auch die Lebensphase Dostojewskis, die von seiner Spielsucht bestimmt war, kam wenig später zum Abschluß.

Ein unvergänglicher Gewinn aus Dostojewskis Spielleidenschaft ist sein Roman *Der Spieler*. Das letzte Kapitel des Romans spielt sogar direkt in Homburg, und der Name Homburg wird zehnmal ausdrücklich genannt. Topographische Einzelheiten des Städtchens sind allerdings im Text kaum zu erkennen.

Ein sehr wesentliches Element des Romans geht jedoch sicherlich auf Dostojewskis Erlebnisse in Bad Homburg zurück: Es ist die Gestalt der Babuschka, jener beeindruckenden alten Erbtante, mit deren jeden Augenblick zu erwartendem Tod und dem damit verbundenen Geldsegen die ganze in Roulettenburg auf großem Fuße lebende russische Familie samt Anhang fest rechnet und die dann unerwartet anreist und in kurzer Zeit selbst ihr gesamtes Vermögen verspielt. Prototyp dieser Figur ist die schwerreiche russische Gräfin Sophie Kisselew (gestorben 1875), leidenschaftliche Spielerin und Besitzerin von vielen Spielbankaktien, die sich deshalb in Homburg niedergelassen hatte. Die finanzkräftige Frau baute hier – auf dem Weg zu den Brunnen – mehrere Häuser, und diese schon 1862 nach ihr benannte Straße trägt noch heute ihren Namen. Die auffallende, stadtbekannte Persönlichkeit, die wegen ihres Beinleidens immer in einem rollstuhlähnlichen Gefährt gefahren oder getragen wurde, verbrachte täglich zwölf Stunden am Roulettetisch. Sie muß auch Dostojewski sehr beeindruckt haben.

1867

Aus den »Erinnerungen« Anna Grigorjewnas

So vergingen drei Wochen unseres Aufenthaltes in Dresden, als Fjodor Michailowitsch einmal vom Roulette zu sprechen begann; oft erinnerten wir uns der gemeinsamen Arbeit an dem Roman *Der Spieler*, und er meinte, er wäre ganz bestimmt zum Roulette gefahren, wenn er jetzt allein in Dresden wäre. Diese Bemerkung machte mein Mann später noch zweimal, und da ich ihm in keiner Weise hinderlich sein wollte, fragte ich ihn einmal, warum er denn jetzt nicht fahren könne, worauf sich Fjodor Michailowitsch auf die Unmöglichkeit berief, mich allein zu lassen, während hingegen die Reise zu zweit zuviel kosten würde. Ich redete ihm zu, für einige Tage nach Homburg zu fahren, und versicherte ihm, es werde mir in seiner Abwesenheit nichts zustoßen. Fjodor Michailowitsch wollte sich selbst davon abreden, aber der Wunsch, sein Glück zu erpro-

Die Gartenseite des Kurhauses von Homburg

ben, überwog, er willigte ein und fuhr nach Homburg, nachdem er mich der Hausfrau anvertraut hatte. Trotz aller Selbstbeherrschung fühlte ich mich, als der Zug sich in Bewegung setzte, gänzlich verlassen, ich vermochte meinen Kummer nicht zu beherrschen und brach in Tränen aus.

Brief an Anna Grigorjewna

Homburg, Freitag, 17. Mai 1867
½ 12 Uhr morgens

Sei gegrüßt, mein lieber Engel.
Ich umarme und küsse Dich fest, so fest. Die ganze Reise über habe ich an Dich gedacht.

Soeben bin ich angekommen. Jetzt ist es ½ 12. Ich bin etwas müde und beginne einen Brief. Man hat mir Tee und Waschwasser gebracht. Unterdessen will ich Dir ein paar Zeilen schreiben. In Leip-

Hotel Victoria in der Luisenstraße

zig mußte ich von ½ 6 bis 11 Uhr nachts warten, aber so ist das mit dem Schnellzug KA-2. Ich saß im Wartesaal, habe etwas gegessen und Kaffee getrunken. Immerzu bin ich durch den riesigen Saal gegangen, in dem der von Bierdunst durchtränkte Rauch in Schwaden wallte. Der Kopf schmerzte, und alles ging mir auf die Nerven. Immerzu dachte ich an Dich und fragte mich: Warum habe ich meine Anja verlassen? [...]

Eine Dummheit begehe ich, eine Dummheit, und vor allem eine Schlechtigkeit, und schwach bin ich, aber hier ist eine winzige Chance und ... Doch hol's der Teufel, ich höre auf!

Endlich stiegen wir ein und fuhren los. Der Wagen voll besetzt. Die Deutschen sind überaus höflich, wenngleich äußerlich schrecklich roh. Stell Dir vor: Nachts war es so kalt wie bei uns im Oktober, bei Regenwetter. Die Scheiben liefen an – und ich mit meinem leichten Mantel und in Sommerhose. Ich war ganz durchgefroren; etwa drei Stunden konnte ich schlafen – vor Kälte bin ich aufge-

HOMBURGER
Kur- und Bade-Liste.

№ 2.

Ausgegeben am 16. Mai 1867.

Die Liste erscheint während der Monate Mai, Juni, September und October wöchentlich 1 bis 3 mal; während der Monate Juli und August wöchentlich 5 bis 6 mal.

A. In Gast- und Badehäusern.

Goldner Adler.

Kummer, Beamter, Berlin.
Hennig, Rtr., Berlin.
Hirschhorn, Advokat, Giessen.
Bender, Hotelbes. u. Frau, Wiesbaden.
Heininger, Möbelfabr., Mainz.
Fonhoff, Rtr. u. Gatt., Berlin.
Mayer, Prvtm. u.
Jäger, Kfm., Heidelberg

Badischer Hof.

Meyer, A., Kfm., Frankfurt.
Schmidt, Arnold, Kfm., Frankfurt.
Karelsen, A., Kfm., Mannheim.

Bellevue.

Koch, Haag.
Leblanc, Rtr., Paris.
Jovreaux-Weiss u. Gattin, London.
Khost, Lyon.
Richardson, Glasgow.
Caots, Thomas G., Glasgow.

Englischer Hof.

Sexe, Mde., Kstlrn., Brüssel.
Meletta, Part. u. Frau, Mainz.
Horn, Wiesbaden.
Polasky u. Fam., Ungarn.
Tarto, Graf, Wien.
Bush u. Gattin, London.
Hildebrandt, Mde., Strassburg.

Europäischer Hof.

Robert, Rtr., London.
Outheusden, Baron, Brüssel.
Stark, Maler, Gemünden.

Stadt Frankfurt.

Mannheimer, Prvtm., Michelstadt.
Arndt, A., Schweidnitz.

Stadt Heidelberg.

Büttner u. Frau, Danzig.

Vier Jahreszeiten.

Hyland, England.
Legardeur de Tilly, Graf u. Gräfin, Saintes.
Kuper, Sir Leopold, Admiral,
Kuper, Lady und
Kuper, Miss, England.

Goldner Löwe.

Sablon, Mde., Paris.

Rheinischer Hof.

Weiss-Jung, Kfm., Baden.
Koeven, von, Rtr., Bonn.

Goldne Rose.

Baum, H., Kfm., Sauer-Schwabenheim.
Müller, Holzhdlr., Cronau.
Jaeger, S., Sarlitz.
Meyer, E., Kfm., Frankfurt.
Müller, Part., Usingen.
Scharmann, Kfm., Giessen.
Klein, J., Kfm., Wien.
Hemp, Sänger u. Frau, Usingen.
Konrad, A., Iphofen.
Weigl, G., Metzger, Ludwigsburg.

Russischer Hof.

Pennington Legh, John, England.
Matos, J., Prpr., Spanien
Bodino, L., Rtr. u. Bdg., Russland.

Victoria-Hotel.

Dostojewsky, Rtr., Russland.
Lammère, Consul u. Fam., Paris.
Martyn, J., Rtr., England.

B. In Privathäusern.

Untere Promenade.

Bei Dr. Mann (im 3. Landhaus).
Zacklicka, Ladislaus, Ritter von, Galizien.
Bei C. Birkenstock.
de la Warr, Earl u.
de la Warr, Countess und
Frank, Dr. med. nebst Dsch., England.

Obere Promenade.

Maison Voltz.
Grosse, Frl. Stephanie, Carlsruhe.
Gilbert, Frl. Louise, Carlsruhe.
Bei Perez Lissa.
Meiling, Rtr. u. Frau, Düsseldorf.
Bei Ph. Weigand.
Tillo, Andreas von u.
Tillo, Alexander, von, St. Petersburg.
Stern, Siegmund, Rtr., St. Petersburg.
Bei Chr. Maurer.
Bergmann, Hauptmann u Rttrgtsbs. mit Bdg., Schlesien.
Bei L. F. Douvillé.
Masden u. Frau, Berlin.
Bei F. Scheller.
Maier, Frankfurt.
Gassowski, Alexander, v., Dpt. de la Marne, (Frankreich).

Homburger Kur- und Badeliste vom 16. Mai 1867

wacht. Um *drei Uhr* trank ich, erstarrt, in einem Warteraum unterwegs eine Tasse Kaffee und wärmte mich zehn Minuten auf. Dann wieder in den Wagen. Gegen Morgen wurde es bedeutend wärmer. Die Gegend hier ist sehr schön, aber alles trübe, bewölkt, feucht und kalt, kälter als in Dresden. Man erwartet, daß es aufklart. In Frankfurt war ich keine zwei Minuten, ich fürchtete den Zug hierher zu verpassen – und nun bin ich hier, im Hôtel Victoria. Das Zimmer kostet *fünf* Franken den Tag – offensichtlich sind es Gauner. Doch ich werde zwei Tage, allerhöchstens drei bleiben. Anders geht es nicht – selbst wenn ich *Erfolg* haben sollte.

Warum hast Du denn geweint, Anja, Liebling, als Du mich begleitetest? Schreibe mir hierher, mein Täubchen. Schreibe [...] über jede Kleinigkeit, aber nicht *zu* lange Briefe (ermüde Dich nicht) und unterschreibe nicht mit Deinem vollen Namen (falls ich abreise und die Briefe hierbleiben).

Anja, mein Licht, meine Sonne, ich liebe Dich! Während dieser Trennung jetzt wird man alles fühlen und empfinden und selbst erkennen, wie stark man liebt. Nein, Du und ich, wir werden bereits eins. [...]

Aus Anna Grigorjewnas Tagebüchern

Dresden, 18. Mai 1867

Morgens kam Mme Zimmermann zu mir, um zu fragen, ob es mir gut ginge und ob ich nicht zu traurig sei. Ich sagte, es mache mir nichts und ich erwarte ihn vielleicht heute oder morgen. Und wirklich, selbst am Tag der Abreise habe ich ihn schon erwartet, und als abends ein Junge sehr laut an unserer Tür läutete, da schrak ich so zusammen, wurde sogar rot und lief an die Tür, weil ich glaubte, es sei Fedja (er läutet nämlich gewöhnlich sehr stark), aber er war es nicht. [...]

Um zwei Uhr ging ich zur Post. Unterwegs betete ich immerzu, es möge doch ein Brief von irgend jemand da sein, entweder von Fedja oder von Mama. Ich fragte meinen Deutschen. Er gab mir einen Brief von Fedja. Ich freute mich so sehr, daß ich beiseite ging und den Brief lange nicht entsiegeln konnte. Ich wollte das Couvert nicht beschädigen, deshalb nahm ich das Siegel ab. Schließlich las ich ihn. Ich war so glücklich über diesen Brief, daß ich nicht weiß, wie ich es ausdrücken soll. Ich las ihn zwei- oder dreimal. Wie gut kann doch Fedja Briefe schreiben! Es ist erstaunlich, einfach so, als ob man sich mit ihm unterhielte. Ich ging ganz begeistert aus dem Postamt, aber als ich erfuhr, daß heute abend Post nach Homburg abgeht, beschloß ich, dorthin zu schreiben. Nach Hause gehen wollte ich aber nicht, deshalb ging ich auf den Boulevard, setzte mich auf eine Bank und schrieb diesen Brief auf herausgerissenen Blättchen meines Tagebuchs.

Brief an Anna Grigorjewna

Homburg, Sonnabend, 18. Mai 1867
10 Uhr morgens

Ich grüße Dich, mein Engel Anja, hier noch ein paar Zeilen an Dich – tägliche Mitteilungen. Ich werde Dir vorläufig jeden Morgen schreiben; das ist mir ein Bedürfnis, weil ich jeden Augenblick an Dich denke. [...]

Gestern war es kalt und sogar regnerisch; den ganzen Tag fühlte ich mich schwach und so mit den Nerven herunter, daß ich mich kaum auf den Beinen halten konnte. Nur gut, daß ich im Zug noch recht und schlecht für etwa zwei Stunden eingeschlummert war. Am liebsten hätte ich gestern den ganzen Tag geschlafen. Aber da war das Spiel, von dem ich mich nicht losreißen konnte; Du kannst Dir vorstellen, wie aufgeregt ich war. Denk Dir: Ich hatte schon am Morgen angefangen zu spielen und gegen Mittag 16 Imperial verloren. Geblieben waren nur noch 12 und einige Taler. Nach dem Mittagessen ging ich mit dem Vorsatz hin, äußerst vernünftig zu sein, und habe Gott sei Dank alle 16 verspielten zurück und *darüber hinaus* 100 Gulden hinzugewonnen. Und ich hätte 300 gewinnen können, sie waren schon in meinen Händen, aber ich riskierte zuviel und habe sie vertan. Das ist meine endgültige Beobachtung, Anja: Wenn man vernünftig ist d. h. wie aus Marmor, kalt und *un-*

Kursaal, Salle de Jeux 1863

menschlich vorsichtig, kann man ganz gewiß, *ohne jeden Zweifel*, gewinnen, *soviel man will.* Aber man muß lange Zeit spielen, viele Tage, muß sich mit wenigem begnügen, wenn es nicht läuft, und darf sich nicht gewaltsam auf eine Chance stürzen. [...]

Ach Anja, ich brauche Dich, ich habe es gespürt! Wenn ich an Dein heiteres Lächeln denke, die freudige Wärme, die sich in Deiner Gegenwart in mein Herz ergießt, dann zieht es mich unwiderstehlich zu Dir. Anja, Du siehst mich gewöhnlich mürrisch, düster und launisch: das ist nur äußerlich; so war ich stets, vom Schicksal gebrochen und verdorben, innen aber ist es anders, glaube es mir!

Indessen hat dieser Gelderwerb ohne Gegenleistung, wie hier (nicht ganz ohne Gegenleistung: man zahlt mit Pein), etwas Aufreizendes und Betäubendes, aber wenn ich überlege, wofür wir das Geld brauchen, wenn ich an die Schulden denke und an diejenigen, die es außer mir noch brauchen, dann fühle ich, daß ich nicht weggehen kann.

Aus Anna Grigorjewnas Tagebüchern

19. Mai 1867

Von der Kirche gingen wir zur Post. Hier fand ich einen Brief von Fedja vor. Mit unruhigen Gefühlen entsiegelte ich ihn, in der Annahme, er teile mir mit, daß er alles verspielt habe. Aber es verhielt sich nicht so. So wohl mir nach dem ersten Brief ums Herz war, so große Unzufriedenheit tauchte nach diesem Brief in meiner Seele auf, so daß mich Fedjas Schreiben nicht einmal freute. Das kam daher, weil ich Fedja selbst und nicht den Brief erwartete; vielleicht war es die Furcht, daß er dort zu lange bleiben würde, ich weiß es nicht, oder auch, weil ich daran dachte, daß er nur für die Verwandten gewinnen muß, jedenfalls machte all das einen so unangenehmen Eindruck auf mich, daß ich beinahe in Tränen ausgebrochen wäre, obwohl aus diesem Brief seine Liebe zu mir deutlich spürbar war. [...]

Brief an Anna Grigorjewna

Homburg, Sonntag, 19. Mai 1867
10 Uhr morgens

Ich grüße Dich, mein lieber, teurer Engel. Ich schreibe Dir wie jeden Tag ein paar Zeilen. Vor allem über das Geschäftliche.

Der gestrige Tag war für mich miserabel. Ich habe allzuviel (relativ gesehen) verloren. Was ist zu tun: Ich mit meinen Nerven darf nicht spielen, mein Engel. Etwa zehn Stunden habe ich gespielt und am Ende verloren. Es lief den ganzen Tag sehr schlecht, ich war zwar am Gewinnen, aber da wendete sich das Glück – ich erzähle alles, wenn ich komme. Jetzt will ich mit dem Rest (sehr wenig, ein Tröpfchen) heute einen letzten Versuch machen. Der heutige Tag wird alles entscheiden, d. h., ob ich morgen zu Dir fahre oder noch bleibe. Morgen gebe ich Dir auf jeden Fall Bescheid. Ich möchte nicht gern die Uhr versetzen. Jetzt bin ich sehr knapp bei Kasse. Wie's kommt, kommt's. Ich werde mich bis zum Äußersten anstrengen. Siehst Du: meine Anstrengungen haben jedesmal Erfolg, wenn ich kaltblütig und berechnend genug bleibe, um mein System

Park mit Elisabeth-Brunnen 1863

zu verfolgen; aber kaum fange ich an zu gewinnen, gehe ich gleich Risiken ein; ich kann mich nicht beherrschen; nun, was wird der letzte heutige Versuch bringen? Wenn es nur bald soweit wäre!

[...]

Gesundheitlich geht es mir trotz allem sehr gut. Die Nerven sind zwar angegriffen, und ich werde müde (wenn ich so auf der Stelle sitze), aber trotzdem bin ich in guter, *sogar sehr* guter Verfassung. Ein erregter, unruhiger Zustand – aber meine Natur verlangt das hin und wieder. Was für ein herrlicher Tag gestern war; ich bin trotz allem ein wenig im Park spazierengegangen. Man muß schon sagen, die Gegend hier ist bezaubernd. Der Park ist großartig, der Kursaal auch, die Musik sehr schön, besser als die in Dresden. Hier könnte man leben, wenn das verdammte Roulette nicht wäre. [...]

Aus Anna Grigorjewnas Tagebüchern

20. Mai 1867

Heute morgen stand ich auf, zog mich rasch und fröhlich an, um zur Bahn zu gehen. Der Tag war wunderbar, ich ging über die Terrasse und kam gegen halb zwölf dort an, noch rechtzeitig zum Berliner Zug. Dann wartete ich auf den Zug aus Leipzig. In der Zwischenzeit schaute ich zu, wie sie auf den Gleisen mit den Zügen rangierten, z. B. wenn sie einen Waggon in die Remise fahren mußten. Die Maschine fährt volle Fahrt rückwärts, dann wird der Waggon schnell abgekoppelt und noch einmal angestoßen und fährt dann so lange weiter, bis er an seinen Platz gekommen ist. Dann sah ich, wie sie Waggons umkehren. Dafür gibt es eine große Scheibe, die gedreht werden kann. Auf diese Scheibe stellen sie den Waggon und drehen sie vorsichtig. Doch dann kam der Zug, aber Fedja war nicht dabei. Ich sah noch, wie der Postwagen wegfuhr, und ging absichtlich langsam, um nicht früher als er anzukommen. Schließlich kam ich zur Post und bekam einen Brief von Fedja, fragte dann, ob auch eingeschriebene Briefe da seien, und mir wurde noch ein Brief von Mama ausgehändigt. Beide Briefe waren wenig erfreulich. Fedja schrieb, daß er fast alles verspielt hatte, und Mama schickte nur 35 Rubel. Das erbitterte mich sehr, ich ging nach Hause und weinte. Ich weinte lange und viel, aber dann schrieb ich an Fedja und bat ihn, doch eher zurückzukommen, und brachte den Brief noch zur Post. Zugleich schrieb ich auch an Mama und bat sie, insgeheim meine Pelzsaloppe zu verpfänden und das Geld zu schicken.

Brief an Anna Grigorjewna

Homburg, Montag, 20. Mai 1867
10 Uhr morgens

Ich grüße Dich, meine Liebe, Teure, *Einzige*, mein Schatz und meine Freude. Mein lieber Freund, der gestrige Tag hat wiederum nichts entschieden [...]. Ich trete noch immer auf der Stelle, halte mich mit Mühe und Not und habe bislang noch kein Resultat erzielt, so daß ich wieder nicht abreise; was wird der heutige Tag brin-

Der Ludwigsbrunnen

gen? Vielleicht kommt es zu einer Entscheidung. Auf jeden Fall erhältst Du morgen von mir genaue Nachricht, d. h., ob ich abreise oder nicht.

Mein Engel, Du glaubst nicht, wie ich mich gefreut habe und mit welchem Glücksgefühl ich auf der Post Deine beiden winzigen Briefchen auf den zwei Blättchen gelesen habe. Ich habe sie geküßt und war so froh, so froh über Deine Liebe. Sie spricht aus jeder Zeile, aus jeder Wendung; [...]

Meine Liebe, wirst Du mir je verzeihen, daß ich Dich so quäle, Dich verlassen habe und nicht komme! Dein Brief hat mir in dieser Hinsicht gestern richtige Pein bereitet, obwohl Du mir mit keinem Wort, mit keinem Gedanken einen Vorwurf machst und mich sogar ermutigst und tröstest. [...]

Du wirst es nicht glauben: Ich habe gestern alles verspielt, bis zur letzten Kopeke, bis zum letzten Gulden, und deshalb wollte ich Dir möglichst schnell schreiben, damit Du mir Geld für die Fahrt schickst. Da fiel mir die *Uh*r ein, und ich ging zum Uhrmacher, um sie zu verkaufen oder zu versetzen. Hier ist so etwas gang und gäbe,

Der Spieltisch in Bad Homburg

d. h. in einer Stadt mit Spielbank. Es gibt ganze Gold- und Silberwarengeschäfte, die sich nur damit befassen. Stell Dir vor, wie niederträchtig diese Deutschen sind: Er kaufte mir die Uhr ab, mit Kette (sie hatte mich mindestens 125 Rubel gekostet), und gab mir dafür nur 65 Gulden, d. h. 43 Taler, d. h. längst nicht halb soviel. Aber ich habe sie mit der Bedingung verkauft, daß er mir eine Woche Frist gibt, und wenn ich im Laufe der Woche komme und sie einlöse, er sie mir überläßt, natürlich abzüglich seiner Prozente. Und stell Dir vor, für dieses Geld habe ich gewonnen, und heute gehe ich sofort die Uhr einlösen. Danach bleiben mir 16 Friedrichsdor. Ich habe sie dadurch zurückgewonnen, daß ich mich gestern bezwang und mich einfach nicht hinreißen ließ. Das läßt mich hoffen. [...]

Gestern war Sonntag, und alle diese Homburger Deutschen mit ihren Frauen (die alle) erschienen nach dem Mittagessen im Spielsaal. Wochentags spielen gewöhnlich die Ausländer, und es herrscht kein Gedränge. Nun aber – Gedränge, stickige Luft, Geschubse, Grobheit. Ach, wie niederträchtig sind diese Deutschen. Leb wohl, Anja, leb wohl, meine Freude, sei fröhlich und glücklich. Liebe mich. Bis morgen.

Aus Anna Grigorjewnas Tagebüchern

Dienstag, 21. Mai 1867

Schließlich wählte ich ein Kästchen Zigarren für Fedja (7 ½ Sgr.), kaufte es und ging trotz des Regens zur Bahn. Da kamen mir lauter Wagen entgegen, mit Reisenden überfüllt. Ich sah sie genau an, weil ich hoffte, Fedja unter ihnen zu finden. Am Bahnhof erfuhr ich aber, daß erst der Berliner Zug eingetroffen war und der Zug aus Leipzig gleich kommen würde. Ich war mir auch ganz sicher, daß Fedja heute nicht kommen würde. Wenn ich dennoch zur Bahn gegangen war, so nur, um mich endgültig davon zu überzeugen. Von dort ging ich zur Post, erhielt einen Brief und war sehr erbittert – wieder Verluste. Aber was sollte man tun? Ich beschloß, ihm einen Brief zu schreiben, nach Hause wollte ich dazu aber nicht, so ging ich in die Bibliothek, um zu fragen, ob neue russische Bücher gekommen seien. [...]

Brief an Anna Grigorjewna

Homburg, Dienstag, 21. Mai 1867
10 Uhr morgens

Mein lieber Engel, gestern habe ich schreckliche Qualen durchgemacht: Ich ging, als ich den Brief an Dich beendet hatte, zur Post, und plötzlich antwortet man mir, von Dir sei *kein* Brief da. Die Beine versagten mir den Dienst, ich wollte es nicht glauben. Weiß Gott, was mir in den Sinn kam, ich schwöre Dir, größere Qual und Furcht habe ich noch nie empfunden. Ich bildete mir immerzu ein, daß Du krank bist, stirbst. Etwa eine Stunde lief ich durch den Garten, am ganzen Leibe bebend; schließlich ging ich zum Roulette und habe alles verspielt. Meine Hände zitterten, die Sinne schwanden mir, und selbst als ich verlor, war ich fast froh und sagte mir: Sei's drum. Endlich, als ich total blank war (und das wunderte mich in diesem Augenblick nicht einmal), ging ich zwei Stunden durch den Park, Gott weiß, wohin ich geriet; meine Hilflosigkeit wurde mir bewußt; ich beschloß, wenn morgen, d. h. heute, kein Brief von Dir kommt, unverzüglich zu Dir zu fahren. Aber wovon? Da kehrte ich um und versetzte erneut die Uhr (die ich auf dem Weg zur Post hatte einlösen können), verpfändete sie demselben wie vorgestern, und plötzlich kam mir ein Gedanke: Du konntest mir doch im Grunde gar nicht schreiben, d. h. den Brief bis Montag nicht schicken. Am Sonnabend hattest Du meinen ersten Brief erhalten, hast mir gleich auf der Post geantwortet, *danach hast Du am Sonnabend nicht mehr geschrieben*, weil Du schon am Morgen auf der Post (mit den beiden lieben Schriebseln) geantwortet hattest. Deshalb hast Du mir am Sonntag keinen Brief gesandt; am Sonntag aber, als Du meinen Brief (den zweiten) erhalten hattest, hast Du mir am selben Tag geantwortet und konntest ihn erst am Montag abschicken, folglich kann ich ihn vor Dienstag (d. h. heute) auch nicht erhalten. All das wurde mir schließlich klar, und glaubst Du, glaubst Du – mir war, als sei ich von den Toten auferstanden. Jetzt schreibe ich Dir und zittere am ganzen Leibe: Wenn ich mich aber nun getäuscht habe und heute kein Brief von Dir kommt? Was dann? Verhüt's Gott! Jetzt eile ich zur Post. Anja, meine Liebe, was bedeutest Du mir bloß, daß ich so leide? Denn ich habe mich noch nie, niemals so gequält und solche Angst ausgestanden wie gestern, in jener schrecklichen Stunde! Nein, Anja, man muß heiß lieben, um so zu fühlen! Herrgott, wenn ich auch heute nichts bekomme? Ich will diesen Brief schnell beschließen und loseilen. Wenn von Dir wieder kein Brief da ist, was dann: Ich muß fahren, habe aber kein Geld. Auch das Pfandgeld für die Uhr ist fast verspielt, ich besitze jetzt ganze fünfundzwanzig Florin, aber ich muß die Hotelrechnung begleichen, muß die Fahrt bezahlen. Herrgott! Jetzt sind fast alle meine gestrigen Ängste wieder da.

Wenn Du nicht krank bist und alles seine Ordnung hat, dann, mein Freund, befasse Dich nach Erhalt dieses Briefes sogleich und schnellstens mit meinen Angelegenheiten. Hör zu: Das Spiel ist aus, ich möchte schnellstens zurückkommen; schicke mir doch umgehend, sofort wenn Du diesen Brief bekommst, *zwanzig* (20) Imperial. Umgehend, am selben Tag, in derselben Minute, wenn möglich. Verliere keinen Augenblick. Das ist meine größte Bitte. Erstens muß ich die Uhr einlösen (sie kann doch nicht für 65 Gulden verloren sein), dann im Hotel bezahlen, dann die Fahrt, was übrigbleibt, bringe ich alles mit, beunruhige Dich nicht, jetzt werde ich nicht mehr spielen. Vor allem aber, schicke es umgehend. Morgen oder übermorgen geben sie mir im Hotel die Rechnung, und wenn dann noch kein Geld von Dir da ist, muß ich zum Wirt gehen und mich entschuldigen, und der wird vielleicht zur Polizei laufen: Erlöse mich von dieser Qual, d. h., schicke es möglichst schnell ab. Und erledige das alles selbst, allein, sage der Wirtin nichts. d. h., berate Dich nicht mit ihr; sie brauchen von unseren Angelegenheiten nichts zu wissen. Es ist gar nicht schwer: Gehe zu einem möglichst guten Bankier, ins Kontor (nach dem Bankier erkundige dich vielleicht auf der Post, bei dem Beamten, der die Briefe ausgibt), wenn Du ins Kontor des Bankiers kommst, bringe ihm 20 Imperial mit und frage, ob sie das Geld sofort nach *Homburg* überweisen können. [...] Gib um Gottes willen dem Bankier die Adresse ganz genau an, *Homburg* und nicht *Hamburg*, schreibe die Adresse auf ein Stück Papier. Ich werde voller Ungeduld warten. Sowie ich es in der Hand habe, komme ich. [...] Sei nicht böse wegen dieses konfusen Briefes; ich bin in größter Eile, um schnell, schnell mein Schicksal auf der Post zu erfahren, d. h., ob ein Brief von Dir da ist oder nicht. Ich zittere jetzt sogar am ganzen Leibe. Erhalte ich einen Brief, dann bin ich glücklich! [...]

Aus Anna Grigorjewnas Tagebüchern

Mittwoch, 22. Mai 1867

[...] Ich brachte die Briefe zur Post und ging zum Bahnhof. Aber auch diesesmal hatte ich mich getäuscht. Er kam nicht. Ich sah zu, wie der gelbe Postwagen (hier gehen alle Postmänner in gelber

Am Spieltisch in Homburg Gräfin Kisselew

Kleidung) mit meinem Brief zur Post losfuhr, aber wie zum Trotz fuhr er sehr langsam. Unterwegs machte ich mich auf den Inhalt des Briefes gefaßt, nämlich, daß wieder alles verspielt war und ich Geld schicken mußte, so daß es mich dann gar nicht erstaunte. Aber ich war sehr froh und glücklich, daß Fedja mich so liebt, daß er derart erschrocken ist, als er keinen Brief von mir bekommen hat. Ja, man muß schon heftig lieben, um so zu fühlen. Ich hatte Geld bei mir, und weil ich es gleich erledigen wollte, ging ich zu verschiedenen Bankiers, aber keiner hatte Geschäftsverbindungen mit Homburg. So war ich fast bei allen Bankiers gewesen, hatte aber nichts erreicht. Alle rieten mir, das Geld einfach mit der Post zu schicken, behaupteten, er würde es dort ohne Schwierigkeiten bekommen, bräuchte nur seinen Paß vorzuzeigen. Leider wußte ich nicht, wie man Geld aufgibt, darum ging ich in ein Papiergeschäft; der Inhaber war so liebenswürdig, mir zu zeigen, wie es gemacht wird. Aber zu Hause mühte ich mich vollkommen vergebens damit ab, versuchte, es so gut wie möglich zu machen. Viele Kontore sind von zwölf bis drei Uhr geschlossen, so daß mir alle rieten, erst um vier Uhr hinzugehen. Aber wenn ich mich daran hielt, würde mein Brief nicht heute, sondern erst morgen abgehen, folglich würde er das Geld nicht so rasch bekommen. Schließlich fand ich in der Wilsdrufferstraße den Banker Robert Thode, der das Geld nach Frankfurt überweisen wollte und sagte, daß man seine Anweisung immer auch in Homburg annähme.

Brief an Anna Grigorjewna

Homburg, Mittwoch, 22. Mai 1867
10 Uhr morgens

Ich grüße Dich, mein lieber Engel! Gestern erhielt ich Deinen Brief und habe mich irrsinnig gefreut, zugleich aber war ich auch entsetzt. Was ist denn mit Dir los, Anja, in was für einem Zustand befindest Du Dich? Du weinst, schläfst nicht und quälst Dich? Wie war mir, als ich das las? Und das nach nur fünf Tagen, was aber ist jetzt mit Dir? Meine Liebe, mein teurer Engel, mein Schatz, ich mache Dir keine Vorwürfe; im Gegenteil, Du bist mir noch lieber, noch kostbarer mit solchen Gefühlen. Ich verstehe, daß nichts zu machen ist, wenn Du absolut nicht in der Lage bist, meine Abwesenheit zu ertragen, und Dich um mich so ängstigst (ich wiederhole: Ich mache Dir keine Vorwürfe, liebe Dich dafür doppelt, wenn das möglich ist, und weiß es zu *schätzen)*; aber gleichzeitig, mein Täubchen, stimme mir zu, was für eine Torheit ich begangen habe, als ich, ohne mit Deinen Gefühlen zu rechnen, hierhergefahren bin. Bedenke, meine Teure: Erstens hat mich schon meine eigene Sehnsucht nach Dir sehr daran gehindert, dieses verfluchte Spiel erfolgreich zu beenden und zu Dir zu fahren, so daß ich innerlich nicht frei war; zweitens aber: wie kann ich, da ich von Deiner Lage weiß, hierbleiben! [...] Der ganze Fehler war, daß wir uns getrennt haben und ich Dich nicht mitgenommen habe. Ja, ja, so ist es. Hier aber sehne ich mich nach Dir, und Du stirbst fast ohne mich. Mein Engel, ich wiederhole – ich mache Dir keinen Vorwurf, Du bist mir noch lieber, da Du Dich so nach mir sehnst. Aber bedenke, meine Liebe, was mir beispielsweise geschah: Nachdem ich den Brief mit der Bitte, Geld zu schicken, an Dich abgesandt hatte, ging ich in den Spielsaal; in meiner Tasche hatte ich alles in allem noch *zwanzig* Gulden (für alle Fälle), und ich riskierte *zehn* Gulden. Ich unternahm eine fast übernatürliche Anstrengung, um eine *ganze Stunde* ruhig und berechnend zu sein, und es endete damit, daß ich *dreißig* Goldfriedrichsdor, d. h. 300 Gulden, gewann. Ich war so froh und wollte so schrecklich, *irrsinnig* gern *heute* noch möglichst schnell alles beenden, wenigstens noch doppelt soviel gewinnen und unverzüglich von hier abreisen, daß ich mich, ohne erst auszuruhen und mich zu besinnen, auf das Roulette stürzte, das Gold zu setzen begann und *alles, alles* verspielt habe, bis zur letzten Kopeke. [...]

Leb wohl, Anja, leb wohl, teurer Engel, ich bin in schrecklicher Unruhe Deinetwegen, um mich aber brauchst Du Dir überhaupt keine Sorgen zu machen. Mein Gesundheitszustand ist *ausgezeichnet.* Diese Nervenzerrüttung, die Du bei mir befürchtest, ist nur physisch, mechanisch! Es ist doch keine moralische Erschütterung. Meine Natur fordert es geradezu, so bin ich veranlagt. Ich bin nervös, ich kann ohnehin nie ruhig sein! Zudem ist die Luft hier wunderbar. Ich bin so gesund *wie nur irgend möglich*, aber um Dich sorge ich mich entschieden. Ich liebe Dich, daher quäle ich mich. [...]

Aus Anna Grigorjewnas Tagebüchern

Donnerstag, 23. Mai 1867

Ein regnerischer, düsterer Tag, furchtbar schlechte Stimmung. Ich nähte mein lila Kleid zu Ende. Dann ging ich zur Post. Schon im voraus ahnte ich, daß mich eine noch schlechtere Nachricht erwartete. Ich ging sehr langsam, nahm meinen Brief in Empfang, las ihn und erfuhr, daß Fedja offenbar noch gerne länger bleiben und weiterspielen wollte. Ich schrieb ihm sogleich, er solle ruhig dort bleiben; ich behauptete sogar, daß ich ihn nicht vor Montag oder Dienstag erwarten würde. Ich vermute, er wird noch bleiben. Was tun? Offenbar muß das so sein. Wenn er nur dann von dieser dummen

Idee, dem Gewinn nachzujagen, abläßt! Ich war sehr niedergeschlagen.

Brief an Anna Grigorjewna

Homburg, 23. Mai 1867
10 Uhr morgens

[...] Ich schreibe nur ein paar Zeilen, in aller Eile. Bin auf dem Sprung zur Post: Vielleicht konntest Du schon das Geld an mich absenden, und ich erhalte es heute. Es wäre dringend notwendig. Ich habe keine Kopeke, und heute bekomme ich bestimmt die Rechnung vom Hotel, weil ich genau eine Woche hier bin und bei ihnen allen die Rechnungen wöchentlich vorgelegt werden. Nun, und wenn ich das Geld heute nicht erhalte, dann ist eben nichts zu machen, dann harre ich noch einen Tag aus, beunruhige Dich nicht, meine Liebe. Da ist noch etwas: Gestern wurde es plötzlich kalt, geradezu seltsam kalt. Wind und Regen den ganzen Tag. Heute regnet es zwar nicht, aber es ist trübe, windig und sehr kalt. Ich weiß nicht, wie ich gestern dazu gekommen bin, mir das Ohr zu erkälten, und gegen Abend taten mir plötzlich die Zähne weh. Etwa fünf Minuten hatte ich regelrechtes Zahnreißen. Den ganzen Abend saß und lag ich zu Hause, eingewickelt in das, was ich gerade zur Hand hatte. Heute ist zwar über Nacht der Zahnschmerz vergangen, aber das Ohr scheint noch immer nicht in Ordnung zu sein, und deshalb werden, wenn ich mich von neuem erkälte, auch die Zähne wieder schmerzen. Und darum, Liebling: Selbst wenn ich heute das Geld erhalte, werde ich vielleicht doch noch nicht abreisen. Ich fürchte mich, mein Täubchen. Als ich hierherfuhr, hatte ich eine qualvolle Nacht verbracht, wegen der Kälte, im Wagen mit meinem leichten Mantel. Und jetzt ist es noch kälter. Laß uns ein bißchen abwarten, mein Engelchen. Sonst erkälte ich mir die Zähne ganz und gar, für mehrere Jahre. Erlaube mir, noch abzuwarten, Liebling, murre nicht über mich, sei nicht böse. Ich liebe Dich unendlich, aber was wird, wenn ich stöhnend und jammernd nach Hause komme? Im übrigen hoffe ich, daß sich die Zähne jetzt ganz beruhigt haben und nicht wieder anfangen. Gott geb's. Dann säume ich keinen Augenblick. Jedenfalls werde ich mich nach Kräften bemühen, nicht zu säumen. *Glaube mir. Glaube.* Glaube, daß ich Dich genauso gern in die Arme schließen möchte wie Du mich. Mein Engel, verzeih mir auch meinen gestrigen Brief, fasse ihn nicht im geringsten als Vorwurf auf. Leb wohl, bis bald, ich umarme Dich, küsse Dich unzählige Male.

Dein Dich unendlich liebender Mann
F. Dostojewski

Aus Anna Grigorjewnas Tagebüchern

Freitag, 24. Mai 1867

Morgens stand ich früh auf, weil ich glaubte, Fedja käme heute; ich machte mich auf zur Bahn, aber vorher ging ich, ich weiß nicht aus welchem Grund, zur Post und bekam dort seinen Brief. Er schreibt, er habe meinen Brief erhalten, aber noch nicht das von der Bank geschickte Geld, deshalb könne er noch nicht abreisen. Ich glaube, daß das nicht stimmt und daß es nur ein Vorwand ist, um länger dort zu bleiben. Er schrieb mir einen merkwürdigen Brief, in dem er über schreckliche Zahnschmerzen klagt und bittet, ich möge mich noch ein wenig gedulden. Nun, was soll ich machen? Ich schrieb ihm, wenn es denn sein solle, so möge er dort noch länger bleiben.

Brief an Anna Grigorjewna

Homburg, 24. Mai 1867

Anja, Liebe, mein Freund, meine Frau, verzeih mir, nenne mich nicht Schuft! Ich habe ein Verbrechen begangen, ich habe alles verspielt, was Du mir geschickt hast, alles, alles bis auf den letzten Kreuzer, gestern habe ich es bekommen und gestern verspielt! Anja, wie soll ich Dir jetzt in die Augen sehen, was wirst Du jetzt sagen! Eines, und *nur eines* entsetzt mich: Was wirst Du sagen, was von mir denken? Einzig Dein Urteil ist schrecklich für mich! Kannst Du, wirst Du mich jetzt noch achten! Was aber ist Liebe ohne Achtung!

Szene am Spieltisch

Geriete doch damit unsere ganze Ehe ins Wanken. O mein Freund, verurteile mich nicht endgültig! Das Spiel ist mir verhaßt, nicht erst jetzt, schon gestern, vorgestern, ich habe es verflucht. Als ich gestern das Geld erhalten und das Billett eingewechselt hatte, ging ich mit dem Gedanken hin, wenigstens etwas zurückzugewinnen, unsere Mittel wenigstens ein bißchen aufzubessern. Ich habe so fest an einen kleinen Gewinn geglaubt. Zuerst verlor ich nur wenig, doch als ich dann immer wieder verlor, wollte ich es zurückgewinnen, und als ich noch mehr verspielt hatte, spielte ich schon *notgedrungen* weiter, um wenigstens das für die Abreise erforderliche Geld zurückzubekommen, und – habe alles verloren.

[...] Aber ich habe es ja nicht aus Leichtsinn oder Habgier ausgegeben, nicht für mich, nein, ich wollte etwas ganz anderes! Aber was soll ich mich jetzt rechtfertigen. Jetzt nur schnell zu Dir. *Schicke postwendend, umgehend Geld für die Abreise, und wenn es das letzte ist.* Ich kann hier nicht mehr bleiben, will hier nicht länger sitzen. Zu Dir, zu Dir, so schnell wie möglich, Dich umarmen. Du wirst mich doch umarmen, küssen, nicht wahr?

[...] Heute ist Freitag, am Sonntag erhalte ich das Geld, und *am selben Tag geht es nach Frankfurt*, dort aber nehme ich den Schnellzug und bin am Montag bei Dir.

Mein Engel, denke nur nicht, daß ich auch dieses Geld verspiele. Kränke mich nicht so tief! Denke nicht so gering von mir. Ich bin doch auch ein Mensch! In mir ist doch auch etwas Menschliches! Laß es Dir ja nicht einfallen, wenn Du mir nicht traust, *selbst herzukommen*. Dieses Mißtrauen, ich könnte nicht kommen, würde mich töten. Ich gebe Dir mein *Ehrenwort*, daß ich sofort losfahre, mag sein, was will, selbst bei Regen und Kälte. Ich umarme und küsse Dich. Was denkst Du jetzt von mir? Ach, wenn ich Dich sehen könnte in dem Augenblick, da Du diesen Brief liest!

Dein F. Dostojewski

Aus Anna Grigorjewnas Tagebüchern

Samstag, 25. Mai 1867

Der Postmeister hatte mir gestern gesagt, daß die Briefe schon morgens früh kommen, deshalb ging ich schon um neun Uhr zu ihm, fand aber keine Briefe vor. Ich kehrte nach Hause zurück und überlegte mir, daß ich wahrscheinlich schon heute mit Fedja rechnen könnte. Um zwölf Uhr ging ich zum Bahnhof, aber Fedja kam nicht. Von dort lief ich zur Post und erriet unterwegs schon seinen Brief voraus, d. h., daß er wieder alles verspielt hatte und er um Geld bat. So kam es denn auch. Ich schrieb ihm sofort einen Brief, ging zum Bankier, aber dieser sagte mir, daß er gerade das Kontor schließe und es erst in drei Stunden wieder öffnen würde. Ich kehrte nach Hause zurück, trank unterwegs eine Tasse Kaffee, dann nahm ich das Geld und ging zur Bank. Aber vielleicht rief mein Kostüm in ihm nicht mehr solche Achtung hervor, denn er bot mir erst sehr viel später einen Platz an und brachte mich auch nicht mehr, wie noch gestern, zur Tür.

Ich brachte den Brief zur Post und ging dann auf dem Zwinger spazieren, wo ich noch nie gewesen war.

Brief an Anna Grigorjewna

Homburg, 25. Mai 1867, Sonnabend
10 Uhr morgens

Anja, mein Engel, mein *einziges* Glück und meine Freude – wirst Du mir alles verzeihen, alle Qualen und Aufregungen, die ich Dir verursacht habe? Oh, wie ich Dich brauche! Gestern saß ich den ganzen Abend allein, versuchte wieder einmal, meine drei schon gelesenen Schwarten zu lesen; im Kopf aber hämmert immer das eine, nur das eine: Wie geht es Dir? Was wird jetzt mit uns? Ich spreche nicht von der Zukunft. Sie liegt noch im Dunkeln. Aber Gott wird uns irgendwie retten. Ich habe noch nie im Leben weiter als sechs Monate vorausgerechnet, wie jeder, der fast nur von einem Tag zum andern von seiner Arbeit lebt. Eben auf die Arbeit hoffe ich auch jetzt. Verstehe, Anja: Sie muß hervorragend sein, sie muß besser sein als *Verbrechen und Strafe*. Dann habe ich das lesende Rußland und die Buchhändler gewonnen. An unsere *weitere* Zukunft glaube ich, möge Gott uns nur Gesundheit schenken (hier habe ich gar keine Anfälle). [...]

Zu Dir, zu Dir, Anja, jetzt habe ich nur den einen Gedanken, so schnell wie möglich zu Dir. Zusammen werden wir uns einigen, zusammen werden wir über alles sprechen, alles bereden. Ich fiebere dem morgigen Tag entgegen. Wie das Wetter auch sein mag, ich fahre und fange schon am Abend an mit Packen. Das Schlimme ist nur: vor zwölf Uhr werde ich den Brief bestimmt nicht erhalten (wenn es ein Geldbrief ist), vielleicht kommt er auch erst um vier Uhr. Jedenfalls reise ich ab und bleibe um keinen Preis. Da ist noch eine Sorge: Gestern gab man mir die Hotelrechnung für die Woche, eine schreckliche Rechnung, ich habe mich damit herausgeredet, daß ich am Sonntag fahre und dann alles zusammen bezahle. Sie runzelten die Stirn, schwiegen aber einstweilen. Das Schlimme ist jedoch: die Rechnung wird noch höher bis Sonntag, und ich fürchte, das überwiesene Geld wird nicht für die Fahrt und die Rechnung reichen. Ich fahre dritter Klasse. Ob ich in Frankfurt den Schnellzug erreiche? (Hier ist nichts zu erfahren.) Wenn ich nur nicht irgendwo übernachten müßte. Das Wetter ist scheußlich, kalt und regnerisch, Nächte wie bei uns im Oktober, aber es hilft nichts – ich fahre unbedingt. Ich werde doppelt Wäsche anziehen, zwei Hemden usw. Aber vielleicht geht alles gut. [...]

Auf Wiedersehen, Anja, mein Herz! Übermorgen bin ich bei Dir, in weniger als 48 Stunden! Ich zähle die Stunden. Geb Gott, daß alles klappt! Verzeih mir, Engel, verzeih, mein Herz.

Aus Anna Grigorjewnas Tagebüchern

Sonntag, 26. Mai 1867

Heute bin ich ziemlich früh aufgestanden, um zur Post und dann in die Kirche zu gehen. Ich kleidete mich an und traf dann Mme Zimmermann, der ich versprach, heute zum Mittagessen zu kommen. Auf der Post erhielt ich einen Brief, in dem Fedja versprach, morgen zu kommen. Dann ging ich in die Kirche. Wie schön singen sie hier, einfach wunderbar!

Brief an Anna Grigorjewna

Homburg, 26. Mai 1867
10 Uhr morgens

Lieber Engel, ich schreibe auf einem Zettel, Papier und Pakete sind bereits weg; ich habe welches von den Wirtsleuten genommen. Wenn ich heute das Geld von Dir erhalte, dann bemühe ich mich nach Kräften, noch heute abzureisen. Der Zug geht hier um 20 nach 3 ab, aber ob ich den Anschluß in Frankfurt erreiche, weiß ich nicht. Der Schnellzug hat keine dritte Klasse, wie man mir sagte; fahre ich jedoch dritter Klasse (nicht mit dem Schnellzug), dann muß ich unterwegs übernachten: es kommt auf dasselbe heraus. Aber der Schnellzug ist teuer. Bei den Wirtsleuten beläuft sich die Rechnung heute auf 70 Gulden. Bleiben 20, aber allein der Schnellzug kostet mindestens 20. Ohne eine einzige Kopeke in der Tasche kann ich unmöglich fahren, aber da ich *unbedingt* abzureisen wünsche, werde ich es irgendwie deichseln. Eines macht mir am meisten Sorge: *die Kälte*. Wenn ich mich erkälte, wird es noch schlechter. Nach den Zeitungen ist in Berlin die Cholera, und in Paris hatten sie vorgestern, am 24. Mai, Nachtfrost, die Äpfel und Sauerkirschen sind hin, niemand kann sich an Ähnliches entsinnen. Alles war mit Reif bedeckt, und am 24. Mai gab es tags Schnee und Hagel. Gestern gefror hier in Homburg am Tage der Atem. Ich versuche, doppelt Wäsche anzuziehen, und dann Gott befohlen, auf jeden Fall, mein Engel, beunruhige Dich nicht: Ich habe den festen *Wunsch* abzureisen! Wenn ich morgen nicht komme und Du statt meiner diesen Brief vorfindest, dann wisse, daß irgend etwas nicht geklappt hat, irgendeine Kleinigkeit, irgendein Umstand, daß ich aber trotzdem im Begriff bin *abzureisen.* Ich umarme Dich fest, mein Schatz, küsse Dich unzählige Male, liebe mich, sei meine Frau, verzeih mir, trage mir nichts nach, wir können doch das ganze Leben zusammensein. [...]

Aus Anna Grigorjewnas Tagebüchern

Montag, 27. Mai 1867

Der Zug kam, aber Fedja stieg nicht aus. Mir war sehr traurig zumute, ich ging wieder weg und schluchzte die ganze Zeit unterwegs, so daß mich die Deutschen sehr aufmerksam ansahen. [...] Ich war über Fedjas Fernbleiben so erbittert, daß ich in Tränen ausbrach. Dann bemühte ich mich, die Tränenspuren zu verwischen. Ich schrieb einen Brief an Mama, ging ein zweites Mal zum Bahnhof. [...] Aber auch mit dem Zug 15.45 Uhr kam er nicht. Ich beschloß, noch auf den Zug um sechs Uhr abends zu warten. [...] Die Zeit schien sehr rasch zu vergehen, und ich merkte gar nicht, daß der Leipziger Zug einfuhr. Ich hatte schon alle Hoffnung verloren, Fedja zu sehen, als er plötzlich in der Ferne auftauchte. Ich traute zunächst meinen Augen nicht, dann stürzte ich zu ihm und war so froh, so froh, so glücklich! Er sah ein wenig verändert und mitgenommen aus, wahrscheinlich von der Reise. Seine Kleidung war staubig, aber trotzdem begrüßten wir uns voller Freude. Wir beschlossen, eine Kutsche zu nehmen. Dazu muß man sich hier zuerst ein Billett oder eine Nummer vom Polizisten am Bahnhofseingang geben lassen, denn ohne seine Erlaubnis hat man nicht das Recht, eine Kutsche zu besteigen. Ich eilte zu ihm hin, erhielt ein Billett, suchte eine Kutsche, und wir stiegen ein.

Unterwegs erzählte mir Fedja von seinem Pech. Ich bedauerte ihn sehr wegen seines Mißerfolgs, war aber trotzdem schrecklich glücklich, weil er doch endlich bei mir war. Ida kam uns am Eingang entgegen. Wir bestellten sofort Tee. Ich konnte mich an meinem Fedja nicht sattsehen und war unendlich glücklich. [...]

Dienstag, den 28. Mai 1867

Heute sind wir ziemlich spät aufgewacht. Wir haben jetzt keine Uhr, sie ist in Homburg geblieben, und deshalb wissen wir überhaupt nicht, wie spät es ist.

1870

Brief an Anna Grigorjewna

Homburg, 29./17. April 1870
11 Uhr morgens

Meine teure Anja, ich bin eben erst an Ort und Stelle angelangt, habe noch nichts gegessen und mich noch nicht gewaschen, und meine Hand zittert: ich bin müde und schrecklich abgespannt und habe die ganze Nacht kein Auge zugetan. Hier ist es so kalt (obwohl die Sonne hell scheint), daß ich nur staunen kann. Nachts im Eisenbahnwagen (wir saßen ab Leipzig wie die Heringe) wurden wir ganz steif vor Kälte und wußten nicht, was tun. Stell Dir vor, gegen Morgen bildete sich auf den grünen Feldern Reif, und alle Felder, Wege, Wälder und Häuser waren wie von einer dicken Schneeschicht bedeckt bis um 7 Uhr. Hier ließ ich als erstes heizen. Im übrigen habe ich mich anscheinend überhaupt nicht erkältet. Schreckliche Sonne, aber draußen genau +2 Grad Reaumur. Gerade sagte man mir, in der vorigen Woche seien über 20 Grad Wärme gewesen. Das Hotel, in dem ich abgestiegen bin, heißt Hôtel du Parc und liegt in der Nähe des Kursaals. Anscheinend ist es ziemlich schlecht;

Anzeige des Park-Cafés

der Dienstmann brachte mich her. Eine Schlamperei, und das Zimmer ist recht armselig, kostet aber 1½ Florin. Ich bewohne Nummer zehn [...]. Nun, das ist vorläufig alles über mich, mein Freund. Mir ist ein wenig schwindlig, und ich bin sehr traurig. Ich werde mich waschen, etwas essen, mich ankleiden und den Kursaal aufsuchen. Als ich vorüberging, hörte ich Konzertmusik; anscheinend ist Publikum dort. [...]

Sei nachsichtig, mein liebster Engel, daß ich nur kurz schreibe: Ich sage ja, ich bin so müde, daß mir fast die Feder aus der Hand fällt. Vielleicht ziehe ich in ein anderes Hotel um – dieses hier ist doch wohl sehr schlecht. Was werde ich Dir morgen über meinen Erfolg schreiben, meine Unschätzbare? Es ist ungünstig, mit angegriffenen Nerven herzureisen. Im übrigen, wie es kommt, so kommt's; ich habe beschlossen, mich zusammenzunehmen.

Ich küsse Dich 1 000 Mal (fürs erste), Ljuba auch. Ich weiß nicht, willst Du Mamachen und Iwan Grigorjewitsch von mir grüßen? Wenn Du es nicht für unangebracht hältst, dann grüße sie. Laß das Couvert und den Brief nicht offen liegen, damit sie nicht erraten, von wo er kommt.[...]

Aus dem Roman »Der Spieler«

... und dann – dann sofort nach Homburg! Nach Roulettenburg werde ich nicht fahren, wenigstens nicht in diesem Jahr! Im nächsten – vielleicht! In der Tat, man sagt ja, es sei ein schlechtes Omen, wenn man zweimal an ein und demselben Tisch sein Glück versucht. In Homburg aber, da wird ja noch ganz anders gespielt.

[...]

Ich konnte also noch einmal spielen, nur einmal, sagte ich mir: gewinne ich, so kann ich das Spiel fortsetzen, verliere ich – so muß ich wieder Diener werden, falls ich nicht im Augenblick hier Russen finde, die gerade einen Lehrer brauchen. Mit diesen Gedanken beschäftigt, machte ich meinen täglichen Spaziergang durch den Park. Sehr oft ging ich weiter durch den Wald, bis ins nächste Fürstentum, und kehrte dann erst nach mehreren Stunden müde und hungrig nach Homburg zurück.

Baden-Baden

»... daß bei euch jetzt überall
und in allem Baden-Baden ist.«

Panorama Baden-Baden

Die berühmte »Sommerhauptstadt Europas« – schon seit Anfang des 19. Jahrhunderts beliebter Treffpunkt der russischen Hocharistokratie – war auch in Literatenkreisen hochgeschätzt. Hier hatten so bedeutende Schriftsteller wie Pjotr Wjasemski und Nikolai Gogol, Wassili Shukowski und Lew Tolstoj, Iwan Gontscharow und Iwan Turgenjew gekurt, gespielt oder gar als Dauergäste gelebt.

Dostojewski besuchte Baden-Baden – nach Reichards Reiseführer der »unstreitig besuchteste und glänzendste Badeort Deutschlands« – schon auf seiner ersten Auslandsreise 1862. In dem Reiseessay *Winteraufzeichnungen über Sommereindrücke* zählt er Baden-Baden unter den von ihm besuchten Orten auf. Die Zeit seines Besuchs Ende Juni läßt sich aus der Reiseroute, die man mit Hilfe der Stempel seines Auslandspasses rekonstruiert hat, erschließen. Er war von Wiesbaden über Heidelberg, dieses »in Windstille und Ordnung versteinerte deutsche Professorenstädtchen«, nach Baden gefahren. Die Rückreise nach Köln erfolgte dann von Mannheim aus per Dampfer auf dem Rhein. Direkte Zeugnisse über diesen kurzen Aufenthalt 1862 in Baden sind darüber hinaus nicht erhalten.

Sein Besuch des Kurorts im Jahr darauf stand unter keinem guten Stern. Der Schriftsteller kam am 5. September 1863 nach Baden und ist im Badeblatt vom 6. September als Offizier aus St. Petersburg im Hotel Stadt Paris eingetragen. Aber Dostojewski war nicht allein, sondern in Begleitung seiner Geliebten Polina Suslowa, auch wenn diese in der Liste der Gäste nicht auftaucht.

RHEIN-DAMPFSCHIFFFAHRT.
Cölnische und Düsseldorfer Gesellschaft.
Abfahrten von Mannheim vom 4. April 1863 an
täglich 5½ Uhr Morgens nach Cöln—Düsseldorf—Arnheim.
Montags, Dienstags, Donnerstags und Samstags nach Rotterdam.
Dienstags und Donnerstags nach London.
„ 1½ Uhr Nachmittags nach Bingen, im Anschluss an den Zug von Baden.
Von Mainz täglich 7¼, 9½, 11½ Uhr Morgens nach Cöln, 3 Uhr Nachmittags nach Coblenz, 5¾ Uhr Abends nach Bingen.
Mannheim, im April 1863.
Die Agentschaft:
Claasen & Reichard.
[6]

Anzeige im Badeblatt von Baden aus dem Jahr 1863

Polina hatte ihm wenige Tage zuvor bei seiner Ankunft in Paris erklärt, daß sie nun einen anderen liebe. Auch wenn dieser andere, ein spanischer Student, ihre leidenschaftliche Liebe nicht erwiderte, muß die gemeinsame Reise über Baden-Baden und die Schweiz nach Italien für Dostojewski eine einzige Qual gewesen sein. Die Tagebuchaufzeichnungen der Polina geben eine Ahnung von der unguten, demütigenden Situation des zurückgewiesenen Liebenden und zeigen, wie bewußt und infantil-skrupellos Polina ihre Macht als Frau ausspielte. Da ist es geradezu verständlich, daß sich Dostojewski in diesen Tagen hemmungslos seiner Spielleidenschaft hingab. Und nachdem er zunächst in einer Viertelstunde – wie er seinem Bruder schreibt – 600 Franken gewonnen hatte, verspielte er alles und konnte gerade noch die Wirtin und die geplante Reise bis nach Genf bezahlen. Am Tag der Abfahrt, dem 8. September, geht ein Bittbrief an seine Schwägerin, in dem er um die Rücksendung des großzügig an seine todkranke Frau gesandten Spielgewinns aus Wiesbaden fleht. In Genf mußten dann auch tatsächlich Dostojewskis Uhr und Polinas Ring versetzt werden, um die Zeit bis zur erwarteten Geldsendung aus Rußland irgendwie zu überbrücken.

Aber nicht nur in seiner Liebe und im Spiel erleidet Dostojewski in Baden-Baden Bankrott. Auch seine Arbeit als Zeitschriftenredakteur vernachlässigt er hier sträflich. Eigentlich war er nämlich noch aus einem ganz anderen Grund nach Baden-Baden gekommen. Er wollte sich mit Iwan Turgenjew treffen, mit dem er seit seinen literarischen Anfängen in den 40er Jahren in Petersburg gut bekannt war.

Turgenjew hatte der Zeitschrift *Die Zeit*, die Dostojewski gemeinsam mit seinem Bruder in Petersburg herausgab, seinen Prosatext *Visionen*, an dem er seit längerem arbeitete, zum Druck versprochen. Die Unterstützung des in Europa schon berühmten Autors war gerade jetzt, da ihre Zeitschrift wegen eines mißverstandenen Artikels zur Polenfrage von der Zensur verboten worden war und die Brüder sich verzweifelt darum bemühten, sie so bald wie möglich unter einem anderen Namen neu herauszugeben, ganz besonders notwendig und dringlich. Dostojewski hatte also seinen Besuch in Baden-Baden schon im Juni brieflich bei Turgenjew angekündigt.

Und sie trafen sich in diesen Tagen im September tatsächlich mindestens zweimal. Turgenjew, voll guten Willens, mit der Veröffentlichung seiner Erzählung auf die geplante neue Zeitschrift der Dostojewski-Brüder zu warten, übergab ihm das Manuskript zum Lesen. Dostojewski aber mußte seinem Bruder in einem Brief zerknirscht gestehen, daß er den Text wegen des Spielens ungelesen an den Autor zurückgegeben habe. Der Bruder schalt ihn deswegen tüchtig aus, und es bedurfte noch einiger schmeichelnder Bittbriefe an Turgenjew, ehe die phantastische Erzählung *Visionen* dann wirklich im Frühjahr 1864 in der neuen Zeitschrift *Unsere Epoche* erschien.

Als Dostojewski vier Jahre später, im Sommer 1867, wiederum nach Baden-Baden kam, hatte sich sein Leben von Grund auf verändert. Im Frühjahr 1864 war seine Frau Marja Dmitrijewna, mit der er sich trotz ihrer unglücklichen Ehe innig verbunden fühlte, gestorben. Sie hinterließ ihm ihren Sohn aus erster Ehe, Pascha, ein schwieriges Sorgenkind, um das sich Dostojewski sein Leben lang kümmern mußte. Im gleichen Jahr starb völlig unerwartet sein Bruder Michail, und von der gemeinsamen Arbeit an der literarischen Zeitschrift blieben nichts als Schulden, die Dostojewski – samt der Sorge um dessen große Familie – freiwillig auf sich nahm. Von Polina Suslowa, dieser »großen Egoistin«, hatte er sich nach langem vergeblichen Werben schließlich gelöst.

In dieser schweren Zeit des Unglücks aber war er der Frau begegnet, die seinem Leben allmählich eine andere Wendung geben sollte, Anna Grigorjewna Snitkina. Mit ihr kam er wenige Monate nach der Hochzeit und überstürzten Abreise aus Rußland, die eher eine Flucht vor den Gläubigern und den fordernden Verwandten war, wiederum nach Baden-Baden. Nach den ersten glücklichen gemeinsamen Wochen in Dresden machte Dostojewski mit der schwangeren Anna Grigorjewna auf der Reise in die Schweiz in Baden-Baden Station, immer noch in der trügerischen Hoffnung, durch das Spiel mit einem Schlag alle finanziellen Probleme lösen zu können.

Am 5. Juli ist »Hr. Dostoiewsky mit Gattin« im Hotel Ritter im Badeblatt eingetragen. Gleich danach suchte sich das junge Paar eine billigere Privatwohnung, und in der Haupt-Fremdenliste vom 14. Juli ist der Name »Th. Dostoiewsky, Leutnant, mit Gattin, St. Petersburg« samt der neuen Adresse Gernsbacher Straße 25 zu finden. Es handelte sich um ein kleines Haus mitten im Zentrum Badens mit einer Schmiede im Hof, unter deren Lärm schon am frühen Morgen die Eheleute sehr litten. (An dem an dieser Stelle errichteten Nachfolgebau vom Ende des vorigen Jahrhunderts sind heute eine – mit ihren Angaben über Dostojewskis Schaffen in Baden – etwas mißverständliche Gedenktafel und eine Dostojewski-Büste angebracht.)

Genau zur gleichen Zeit weilten – wie aus der Kurliste zu ersehen ist – auch Iwan Turgenjew und Iwan Gontscharow, der Autor des Romans *Oblomow*, in Baden. Gontscharow residierte im heute noch kaum veränderten vornehmen »Hotel d'Europe«, Turgenjew, der sich fest in Baden niedergelassen hatte und dessen heute noch stehende hochherrschaftliche Villa in der Thiergartenstraße noch im Bau war, wohnte in einem – inzwischen abgerissenen – Privathaus in der Schillerstraße 7.

Aus dem geplanten kurzen Abstecher der Dostojewskis zum Auffüllen der Reisekasse wurden schließlich fast zwei Monate, zwei Monate, in denen Momente des Glücks und der Verzagtheit, hoffnungsvolle Freude und tiefste Verzweiflung einander ablösten. Zeitweilig war – bis zum letzten Kleid und den Eheringen von beiden – all ihre Habe beim Pfandleiher.

Dank den detaillierten Tagebuchaufzeichnungen der Anna Grigorjewna kann man praktisch jeden Tag dieser Sommerwochen in Baden samt allen Erlebnissen, Konzerten, Spaziergängen, Einkäufen und Mahlzeiten rekonstruieren. Es entsteht ein kulturhistorisch interessantes, äußerst farbiges Bild des Alltagslebens im Baden-Baden des Jahres 1867: die liebliche hügelige Landschaft mit Altem und Neuem Schloß, die Promenaden auf der Lichtenthaler Allee,

Baden-Baden. La promenade

das Kloster Lichtenthal, die orthodoxe Kirche auf dem Michaelsberg, der Spielbetrieb im prachtvollen Conversationshaus, der vielbesuchte Lesesaal, wo selbstverständlich die verschiedensten russischen Zeitungen und Zeitschriften auslagen, die Konzerte, auf denen sich die elegant gekleideten Kurgäste unterschiedlichster Nationalität trafen, und die Gespräche mit den einheimischen Wirten, Ladenbesitzern, Pfandleihern und Dienstmädchen.

Und bei den geschilderten Szenen von Glück und Leid ihrer jungen Ehe muß man wiederum die wahrhaft souveräne Haltung der eigentlich noch ganz kindlichen Anna Grigorjewna bewundern, die ihren schwierigen, krankhaft überreizten Ehemann mit seiner unbeherrschbaren Spielleidenschaft durch ihre hingebungsvolle Liebe ganz unmerklich im Alltag zu leiten begann. Obwohl in Anna Grigorjewnas Schilderungen auch die Schönheiten Baden-Badens breiten Raum einnehmen, bleibt das Bild ihres Aufenthalts dort letztlich düster. Zu sehr ist ihr ganzes Leben von Dostojewskis destruktiver Obsession geprägt.

Geschrieben hat Dostojewski in Baden offensichtlich keine Zeile. Jedoch ist mit Baden-Baden ein für das Verständnis der russischen

Literatur- und Ideengeschichte wichtiges Ereignis verbunden. In diesem Sommer 1867 fand in dem deutschen Kurort jene interessante und bedeutsame Auseinandersetzung zwischen Dostojewski und Turgenjew statt, die weit mehr war als ein Streit zwischen zwei Personen mit unvereinbaren, gegensätzlichen Charakteren. Selbstverständlich ist der tiefe Gegensatz ihrer Herkunft und Lebensweise, die Kluft zwischen dem mittellosen Schriftsteller Dostojewski, dem »Proletarier unter den Literaten«, wie er sich selbst genannt hat, der allein vom Schreiben leben mußte, und dem wohlhabenden Gutsherrn und Aristokraten Turgenjew, der sich gerade in dem deutschen Badeort eine Villa bauen läßt, kaum zu überbrücken. Natürlich ist zu bedenken, wie peinigend die seelische Situation des hypersensiblen Dostojewski sein mußte, der Turgenjew noch vom Jahr 1865, als er in Wiesbaden wegen seiner Spielschulden festsaß, 50 Gulden schuldete und diese auch jetzt nicht zurückzahlen konnte. Der Inhalt des Streits aber, der zum Bruch und zu langjähriger Feindschaft zwischen den beiden großen Schriftstellern führte, ist alles andere als ein Zufall.

Als Dostojewski im Juli 1867 Turgenjew in dessen Wohnung in der Schillerstraße aufsuchte, kam es zu einem Streit, in dem die große Auseinandersetzung der russischen Geistesgeschichte zwischen Westlern und Slawophilen ihren sehr konkreten, zugespitzten Ausdruck fand. Denn der weltgewandte, mehrsprachige und viele Jahre in Deutschland und Frankreich lebende Turgenjew war einer der dezidiertesten und konsequentesten Vertreter des »Westlertums«, der es als die wichtigste Aufgabe der russischen Intelligenz ansah, dem rückständigen Rußland die Errungenschaften der westeuropäischen Zivilisation zu vermitteln.

Dostojewski aber – in jungen Jahren selbst ganz wesentlich von westlicher Kunst und Kultur geprägt – war aus der sibirischen Katorga als tief religiöser und von den geistigen Werten und Traditionen des russischen Volkes und seiner welthistorischen Bestimmung überzeugter Mensch zurückgekehrt, eine Überzeugung, in der er sich durch die Erfahrungen seiner Reisen nach Westeuropa voll bestätigt fühlte.

Die Richtung seiner Zeitschrift hatte er schon 1863 – gerade in einem Brief an Turgenjew – als »russisch und sogar antiwestlich« bezeichnet und darin die Ideologie des »Potschwennitschestwo«, der »Bodenständigkeit«, einer eigenen Variante des Slawophilentums, entwickelt. Die Grundzüge dieser »russischen Idee« sind die Rückbesinnung auf den heimatlichen Boden und seine Werte und Traditionen, die Versöhnung der europäisierten Oberschicht mit den Grundlagen des russischen Volkslebens, die geistige Mission Rußlands für die Welt.

Turgenjew dagegen polemisierte in der gleichen Zeit mit seinem guten Freund und ehemaligen Westler Alexander Herzen, da dieser sich – enttäuscht von der sozialen Ungerechtigkeit und den Auswüchsen des Kapitalismus im Westen – wieder Rußland zugewandt und seine revolutionären Hoffnungen nun nicht mehr auf den westlichen Weg, sondern auf den russischen Bauern gesetzt hatte. Was Turgenjew 1862 in einem Brief an Herzen schrieb, hätte er auch zu Dostojewski sagen können: »Du stellst mit außergewöhnlichem Scharfblick und Einfühlungsvermögen der modernen Menschheit die Diagnose – nur warum muß dies unbedingt die Menschheit des *Westens* sein und nicht die der ›bipèdes‹ überhaupt?

Iwan Turgenjew

Du machst es wie ein Arzt, der alle Symptome einer chronischen Krankheit analysiert hat und dann verkündet, das ganze Unglück bestehe darin, daß der Patient Franzose sei. Du [...] verneigst Dich mystisch vor dem russischen Bauernpelz und siehst in ihm den großen Segen, das Neue und die Originalität künftiger Gesellschaftsformen...«

Als Dostojewski 1867 mit Turgenjew zusammentraf, war gerade dessen in Baden-Baden entstandener und auch hier spielender Roman *Rauch* erschienen, in dem die schicksalhaften Debatten der im Westen lebenden Russen über den weiteren Weg Rußlands – allerdings mit deutlich antislawophiler Tendenz – ausführlich thematisiert werden. »Kommen [...] zehn Russen zusammen, so erhebt sich augenblicklich [...] die Frage nach der Bedeutung und der Zukunft Rußlands, und zwar in ganz allgemeinen Zügen, ab ovo, ohne alle Beweise und ohne Ende. [...] Na, und bei dieser Gelegenheit ziehen sie dann natürlich auch gleich über den verfaulten Westen her. Welch ein Rätsel, man bedenke nur: Da schlägt er uns in allen Punkten, dieser Westen – aber er ist verfault.«

Eine der Hauptgestalten des Romans, Potugin, erklärt sich ausdrücklich als »Westler«, als »Bewunderer der europäischen Prinzipien«, und legt in langen Tiraden seine Meinungen über Rußland und Europa dar. Dieser Roman, für den Turgenjew auch von anderer Seite viel böse Kritik einstecken mußte, verletzte die patriotischen Gefühle Dostojewskis tief, versetzte ihn so in Erregung, daß er noch fast zehn Jahre später einen Artikel darüber für das *Tagebuch eines Schriftstellers* plante, in dem er radikal mit dem Westlertum abrechnen wollte. Zu diesem Artikel sind allerdings nur die Aufzeichnungen erhalten. Allein schon die Tatsache, daß »über das Schicksal Rußlands unter dem russischen Baum in Baden-Baden« entschieden werden soll, hat ihn – wie eine dieser Notizen besagt – unglaublich empört. Die Meinungen Potugins, der von sich sagt, daß er Rußland leidenschaftlich liebe und leidenschaftlich hasse, identifiziert Dostojewski – nicht ganz ohne Grund – vollständig mit denen Turgenjews.

Und was dieser Romangestalt in den Mund gelegt wird, könnte

nun in der Tat in keinem größeren Gegensatz zu den Überzeugungen Dostojewskis stehen, gerade auch, weil zum Teil die gleichen Erfahrungen völlig gegensätzlich bewertet werden. Nachdem Dostojewski auf seiner ersten Auslandsreise den Kristallpalast der Londoner Weltausstellung gesehen hatte, wurde dieser für ihn zum immer wieder verwendeten Sinnbild und Symbol menschlicher Hybris, der Anbetung Baals, des allein materiellen Wohls. Turgenjew hingegen läßt Potugin sagen, daß der Kristallpalast, eine »Enzyklopädie der Menschheit« darstelle, zu der allein Rußland nichts beigetragen habe.

Der Brief Dostojewskis an Apollon Maikow mit der ausführlichen Darstellung seiner Auseinandersetzung mit Turgenjew ist ein spannendes Dokument über die bis zum Haß getriebenen gegensätzlichen Vorstellungen dieser beiden so grundverschiedenen Menschen.

Welch prinzipielle Bedeutung man in Rußland diesem so persönlichen Text jedoch beimaß, bezeugt die Tatsache, daß er sogleich in ein Literaturarchiv gegeben wurde, und es ist nur zu verständlich, daß Turgenjew sich verleumdet sah und gegen ein derartiges Bild von ihm in der russischen Literaturgeschichte protestierte.

Dostojewski hat übrigens ein paar Jahre später mit der Gestalt des Schriftstellers Karmasinow aus seinem Roman *Die Dämonen* eine sehr hämische Karikatur Turgenjews geschaffen; und ausgerechnet der – allerdings in der Tat künstlerisch nicht überzeugende – Text der *Visionen*, die er 1863 so unbedingt für seine Zeitschrift haben wollte, wird im gleichen Roman boshaft parodiert.

Bei den Feierlichkeiten zur Enthüllung des Puschkindenkmals 1880 in Moskau, wo die beiden bedeutenden Schriftsteller Reden hielten, trafen sie noch einmal zusammen. Nach dem großen Triumph, den Dostojewski mit seiner glanzvollen, berühmten Puschkinrede erlebte, in der er Rußlands große geistige Mission für die Welt beschwor, kam es zu einer demonstrativen Versöhnung zwischen ihnen. Nachdem jedoch der erste emotionale Überschwang, der alle Zuhörer von Dostojewskis Rede mitgerissen hatte, verklungen war, konstatierte Turgenjew kühl: »Da haben wir wieder den alten Dünkel unter der Maske der Demut.« Ihre gegensätzlichen Überzeugungen über den richtigen Weg Rußlands in die Zukunft waren bestehengeblieben.

Nicht zuletzt weil sein ideologischer Gegner Turgenjew jahrelang in Baden-Baden gelebt und von hier aus über Rußland nachgedacht und geschrieben hatte, blieb Baden-Baden in der Vorstellung Dostojewskis immer der symbolische Ort für die vom heimischen Boden losgelösten und das eigene Land nicht begreifenden »Westler«. Einem Kapitel seines *Tagebuchs eines Schriftstellers* von 1876, in dem er gegen Angriffe einer Petersburger Zeitung auf ihn polemisiert, gab er den Titel »Ein paar Worte über die Petersburger Baden-Badenserei«. Darin heißt es: »Und es ist nicht meine Schuld, daß euer Blick auf Rußland und auf seine Bestimmung sich schließlich in Petersburg auf die Maße irgendeines Baden-Baden verengt hat. [...] Wer ist denn schuld daran, daß bei euch jetzt überall und in allem Baden-Baden ist.«

1863

Aus Polina Suslowas Tagebuch

Baden-Baden, den 6. September 1863

Meine Reise mit F. M. verläuft ziemlich erheiternd. Beim Visieren der Reisepässe hatte er einen Konflikt mit einem Beamten der päpstlichen Gesandtschaft, während der ganzen Reise sprach er in Versen und hier endlich, wo wir erst nach großer Mühe zwei Zimmer mit zwei Betten ausfindig machen konnten, schrieb er sich in das Fremdenbuch als Offizier ein, worüber wir immer wieder lachen mußten. Er spielt fortwährend Roulette und ist überhaupt sehr sorglos. Gestern, auf der Reise, sagte er mir, er hege wieder Hoffnungen, obwohl er früher behauptet hatte, es gäbe nichts Derartiges mehr für ihn. Ich antwortete ihm nicht, wußte aber, daß daraus nichts werden könne. Es gefällt ihm, daß ich so rasch entschlossen Paris verlassen habe, aber er ist im Irrtum, wenn er darauf Hoffnungen begründen will; ganz im Gegenteil! Gestern abend sind

BADEBLATT
für die Großherzogliche Stadt Baden.

Amtliche Fremdenliste.
LISTE OFFICIELLE DES ETRANGERS.
XLIXe ANNEE.

N 141. Sonntag, den 6. September 1863.

Stadt Baden. *A la ville de Bade.*

Hr. Anstett, Prof., Lissabon.
„ Stubner, mit Gattin, Kelberg.
„ Ellis, England.
„ Baron v. Lepinaco,
„ Spoor,
„ Langenheyer und
„ Doyer, Strasburg.
„ Kellner mit Gattin, Paris.
„ Stoller, Bau-Beamter, mit Gattin, Danzig.
„ Fremel, mit Gattin, Wien.
„ Schützenberger, Strasburg.

Stadt Paris. *A la ville de Paris.*

Hr. Dostoiewsky, Offizier, St. Petersburg.
„ v. Orlando, Rittmeister, Wien.
„ Graf Serenyi, Wien.
„ Baron d'Alt, Nanzig.
„ Wilson, J., und
„ Cage, W., England.

Stern. *A l'Etoile d'or*

Hr. Doering, mit Fam., 3 Pers., Stürn.
„ Sinor, mit Fam., 3 Pers., Strasburg.
„ Zeuner, Prof., Carlsruhe.

Privathäuser.
Dans les maisons particulières.

Bei Hrn. Hoffriseur Arnold 98

Hr. Congreve Lansdale, kön. grossbrit. Gesandtschafts-Sekretär, München.

Bei Hrn. Balzer 194

Frau Ober, mit Frl. Tochter, Strasburg.

Bei Hrn. A. Brenner 52

Hr. Bauquet, Turin.
Frau Hugot-Derville und
Hr. Vanteaux, Paris.

Bei Frau Dreher 375

Hr. v. Vroye, und
„ de Coste, Paris.

Bei Hrn. Dürr, Bäcker, 457

Frl. M. Besche, Brüssel.

Bei Hrn. Gem.-Rath Feder 600

Hr. Dr. E. Schœnfeld, Professor, mit Fam., 5 P., Mannheim.
Frl. L. Hetzel,
Hr. Schœntzler, L., und
„ Kümmer, P., Strasburg.

Bei Frau Götz 68

Im Messmer'schen Hause 160

Frau Bonnat und
Frl. Charles, Paris.

Villa Montebello 312 c

Hr. Henoch, Ingenieur, Wien.

Bei Hrn. A. Rheinboldt 12 a

Hr. Clazac, Strasburg.

Bei Hrn. Dr. Scheve 30

Frau Brémond, mit Tochter, und
„ Alexis, mit Sohn, Paris.

Bei Hrn. Alois Schweizer 584

Frau Ehrmann, mit Fam., Strasburg.

Bei Hrn. A. Seiler 403

Hr. Laussol, Paris
„ d'Artagnan, Capitän, Paris.
„ Mény, mit Fam., 4 Pers., Belfort.
Frau Soubise, Paris.

Bei Frau Speck 546

Hr. Senger, Ch., Rohrwiller.
„ Hampele, M., Hatten.

Bei Hrn. Hofapotheker Stehle 419

Hr. Schürer, A., Basel.

Amtliche Fremdenliste vom 6. September 1863 (Ausschnitt)

diese seine Hoffnungen besonders deutlich zum Vorschein gekommen. Gegen zehn Uhr tranken wir Tee, und da ich diesen Tag über sehr müde geworden war, legte ich mich auf das Bett und bat F. M., er möge sich näher zu mir setzen. Es war mir sehr wohl, ich nahm seine Hand und hielt sie lange fest; er versicherte, er sitze sehr bequem und angenehm.

Ich sagte ihm, ich sei in Paris grob und ungerecht gegen ihn verfahren und es habe den Anschein gehabt, ich dächte ausschließlich an mich selbst; ich hätte aber auch an ihn gedacht, ihm jedoch nichts davon gesagt, um ihn nicht zu verletzen. Plötzlich stand er auf und wollte gehen, stolperte jedoch über einen Schuh, der vor dem Bette lag, wandte sich um und setzte sich wieder.

»Wohin wolltest du?« fragte ich.

»Ich dachte daran, das Fenster zu schließen.«

»Tu es doch, wenn du willst!«

»Nein, es ist nicht nötig«, sagte er mit sonderbarem Gesichtsausdruck, »weißt du, was eben in mir vorgegangen ist?«

»Was gibt es?« Ich sah ihm ins Gesicht und bemerkte, daß er sehr erregt war.

»Ich wollte eben deinen Fuß küssen!«

»Ach, wozu?« erwiderte ich in großer Verlegenheit, fast ängstlich, und zog geschwind den Fuß zurück.

»Ich war fest entschlossen, es zu tun!« rief er aus. Er fragte mich, ob ich mich nicht schlafen legen wolle, ich aber meinte, ich hätte Lust, noch etwas mit ihm zusammen zu sein. Als ich dann selbst daran dachte, zu Bett zu gehen und mich auszukleiden, fragte ich ihn, ob das Stubenmädchen kommen werde, das Geschirr abzuräumen. Er behauptete, sie werde nicht kommen, und sah mich so an, daß mir unbehaglich zumute wurde und ich ihm das auch sagte.

»Mir ist auch unbehaglich zumute!« meinte er mit sonderbarem Lächeln und verbarg sein Gesicht in dem Kissen. Ich fragte nun wieder, ob das Stubenmädchen kommen werde und wieder verneinte er dies.

»Nun, dann gehe in dein Zimmer«, sagte ich, »denn ich möchte mich schlafen legen.«

»Sofort!« erwiderte er, zögerte aber noch immer. Dann küßte er mich sehr heiß und zündete sich endlich eine Kerze an; die meine war schon fast ganz ausgebrannt.

»Du wirst kein Licht haben!« meinte er.

»O ja, ich habe eine ganze Kerze!«

»Die habe doch ich jetzt!«

»Ich besitze noch eine!«

»Eine Antwort läßt sich immer finden!« sagte er lächelnd und ging. Er hatte die Türe nicht geschlossen und kam bald wieder unter dem Vorwand, er wolle mein Fenster zumachen. Dann trat er zu mir und riet mir, ich möge mich nicht auskleiden.

»Ich werde mich auskleiden!« entgegnete ich und nahm eine Miene an, als wartete ich damit nur auf sein Weggehen. Nochmals verschwand er, um sogleich unter irgendeinem Vorwande wiederzukommen, und dann erst ging er endgültig und schloß die Türe hinter sich.

Heute kam er wieder auf diese Szene zu sprechen und meinte, er sei betrunken gewesen. Dann sagte er, es müsse mir wohl unangenehm sein, mich so von ihm quälen zu lassen. Ich erwiderte, ich machte davon kein Wesen, und ging nicht weiter darauf ein; somit habe ich ihm weder Hoffnungen gemacht noch solche genommen. Er äußerte, ich hätte ein sehr perfides Lächeln an mir und er müsse mir wohl recht albern erschienen sein; er gestehe seine Torheit ein, aber sie sei ihm im Augenblicke nicht bewußt gewesen.

Baden-Baden, am Abend desselben Tages

Eben mußte ich an meine Schwester denken, die mich wegen meiner Reise nach Italien wohl verdammen würde. Ich aber verurteile mich nicht, denn irgend etwas in mir drängt mich danach zu reisen, die Welt zu sehen und vieles zu erfahren. Was soll daran Unrechtes sein? Überhaupt erscheinen mir jetzt jene Lebensregeln, die ich mir selbst zurechtgelegt hatte und auf deren Erfüllung ich so stolz gewesen war, sehr eng. Das war eine Schwärmerei, die mich zur Beschränktheit und zum Stumpfsinn geführt hätte; vielleicht aber ist es nur ein Übergang zu jenem vollkommen neuen und entgegengesetzten Wege gewesen. Doch das hätte ich mir von allem Anfang an gestehen müssen; habe ich mir doch alles gut und gründlich überlegt! Dabei bin ich jetzt ruhig und bemerke, daß in meinen Gedanken ein allgemeiner Wandel vor sich geht.

F. M. hat unglücklich gespielt, und er befürchtet, das Geld für unsere Reise werde nicht langen. Er tut mir leid, und zum Teil bedrückt es mich auch, daß ich ihm seine Fürsorge auf keine Weise vergelten kann; aber was soll ich tun? Ich kann nicht! Habe ich denn irgendeine Verpflichtung? Nein, das ist ja Unsinn!

Brief an den Bruder Michail

Turin, 20. September 1863

[...] In Baden habe ich Turgenjew gesehen. Und ich war zweimal bei ihm und er war bei mir. Turgenjew hat A(ppolinarija) P(rokofjewna) nicht gesehen. Ich hab sie vor ihm verheimlicht. Er bläst Trübsal, obwohl er mithilfe Badens wieder gesund geworden ist. Er lebt hier mit seiner Tochter. Er hat mir all seine moralischen Qualen und Zweifel ausführlich erzählt. Seine philosophischen Zweifel, die lebendig geworden sind. In manchem ist er ein Laffe. Ich habe vor ihm nicht verheimlicht, daß ich spiele. Er gab mir die *Visionen* zu lesen, aber ich habe sie wegen des Spielens nicht gelesen und hab sie ihm auch zurückgegeben, ohne sie gelesen zu haben. Er sagt, daß er sie für unsere Zeitschrift geschrieben habe und daß er mir die *Visionen*, wenn ich ihm aus Rom schreibe, nach Rom schicken wird.

Brief an Iwan Turgenjew

Turin, 18. Oktober 1863

[...] Die ganze Zeit bin ich herumvagabundiert, war in Neapel, und morgen fahre ich von Turin aus direkt nach Rußland. Und ungeachtet meiner Berechnungen konnte ich die Frage nicht lösen, wie ich an die *Visionen* von Ihnen komme. An allen Orten blieb ich nur kurze Zeit, und so kam es, daß ich, wenn ich aus einem Ort abgereist bin, gewöhnlich am Vorabend noch nicht wußte, wohin ich morgen reisen werde. [...]

Es ist mir schrecklich peinlich. Schon in Petersburg hatte ich beschlossen, nach Baden zu fahren (aber nicht deshalb, weswegen ich dann hingefahren bin), sondern um Sie zu treffen und mit Ihnen zu sprechen. Und wissen Sie was: ich hatte Ihnen vieles zu erzählen und wollte vieles von Ihnen erfahren. Irgendwie hat das nicht geklappt. Darüber hinaus kam es zu diesem verfluchten »Aufruhr der Leidenschaften«. Wenn ich nicht die Hoffnung hätte, mich zukünftig vernünftiger zu verhalten, dann würde ich mich jetzt wirklich sehr schämen. Aber was soll's? Kann ich etwa mich selber um Verzeihung bitten? In Petersburg erwartet mich harte Arbeit. [...]

1867

Aus Anna Grigorjewnas Tagebüchern

3. Juli 1867

Nach Heidelberg schlief Fedja so tief ein, daß er nicht einmal hörte, wie ich aufstand und an ihm vorbeiging, als wir in Karlsruhe, der Hauptstadt Badens, ankamen. Die Sonne schien ihm direkt ins Gesicht, so daß ich schließlich den Vorhang vors Fenster ziehen mußte. Karlsruhe ist wohl ein hübsches Städtchen, das sternförmig gebaut ist, d. h. in der Mitte liegt das Königsschloß, von dem aus die Straßen strahlenförmig in alle Richtungen gehen, so daß man vom Ende einer jeden Straße das Königsschloß sehen kann. Dann kam ein Park, in dem die Menschen spazierengingen, und ich beneidete sie wahrhaftig – so kühl und angenehm schien es dort zu sein. Nach Karlsruhe weckte ich Fedja, und das war gut, weil er sehr schwere Träume hatte. Dann fuhren wir an der Festung Rastatt vorbei. In Oos mußten wir umsteigen, um nach Baden-Baden zu fahren, das nur etwa fünf Minuten weit davon entfernt liegt. Dann tauchte die Stadt auf, mit Häusern auf den Anhöhen. Auf dem Bahnhof erhielten wir unser Gepäck, das früher als wir angekommen war. Wir nahmen eine Kutsche und fuhren zu einem Hotel. Die Straßen sind erstaunlich eng, aber schön. Der Kutscher fuhr uns ziemlich lange durch die Stadt und brachte uns zu dem Hotel »Chevalier d'or«, einem Steingebäude mit Vorgarten. Als wir vorfuhren, zog der Portier an einer Glocke, und einige Bedienstete liefen herbei, um unser Gepäck zu nehmen. (Hier ist das üblich: Sobald Reisende ankommen, wird eine Glocke geläutet.) Man brachte uns in die zweite Etage und zeigte uns zwei Zimmer, eines, das wir dann nahmen, für 5 Franken, recht schön, mit zwei Betten; das andere war größer, mit Balkon, aber auch teurer und dunkler. Wir bestellten uns Tee, währenddessen wurde das Bett gerichtet. Fedja ging noch einmal fort, um Obst zu kaufen.

5. Juli 1867

[...] Ich zog mich an, und wir gingen zusammen zum Spielcasino, einem ziemlich großen Gebäude mit einem wunderschönen großen Saal in der Mitte und zwei Seitensälen. Es wird Conversationshaus genannt. Endlich sehe ich einmal das Roulette, dachte ich, als ich den Saal betrat. Ich habe es mir allerdings wesentlich großartiger vorgestellt, als es sich mir jetzt präsentierte. An einem großen Tisch, in dessen Mitte sich das eigentliche Roulette befindet, sitzen sechs Croupiers, zwei an jeder Seite des Tisches, die das Geld ausgeben, und je einer am Ende des Tisches. Aber ich werde später das Roulette besser beschreiben. Heute sahen wir nur zu. Fedja schlug mir vor, ein Fünffrankenstück zu setzen. Ich setzte seinem Rat zufolge auf impair, es kam pair heraus, und ich verlor. Dann begann Fedja zu spielen. Nach langem Spielen brachen wir auf und nahmen außer unserem Geld noch zwei Fünffrankenstücke mit. Wir gingen nach Hause essen. Fedja überlegte sich, er wolle unseren Gewinn in einer Socke aufbewahren und ihn nur anrühren, wenn wir unser ganzes Kapital verspielt hätten. Nach dem Essen begaben wir uns wieder ins Conversationshaus und tranken Kaffee, danach las Fedja die Zeitung. Dann gingen wir noch einmal in den Spielsaal. Das Glück schwankte lange, aber gegen zehn Uhr gingen wir doch mit einem Gewinn von 5 Franken nach Hause. [...] (Ich vergaß zu sagen, daß wir vor dem Essen auf Wohnungssuche in der Stadt waren. Wir fanden eine, die aus zwei Zimmern besteht und für 8 Florin in der Woche vermietet wird; wir wollen morgen umziehen.)

7. Juli 1867

Dann gingen wir in den Spielsaal. Hier begann Fedja zu spielen und verspielte alles, und als wir nach Hause kamen, beschlossen wir, morgen nach Genf zu reisen. Aber unterwegs traf Fedja Gontscharow, mit dem er mich bekannt machte. Gontscharow sagte mir, daß Turgenjew gestern Fedja gesehen habe, aber nicht zu ihm gegangen sei, weil er wisse, daß Spieler es nicht mögen, angesprochen zu werden. Da Fedja Turgenjew fünfzig Rubel schuldet, muß er unbedingt gleich morgen zu ihm gehen, sonst könnte Turgenjew denken, Fedja

Das Spielcasino (»Conversationshaus«) von Baden-Baden um 1855

komme nicht, weil er Angst habe, Turgenjew werde das Geld von ihm zurückverlangen.

8. Juli 1867

Heute ist ein trauriger Tag. Ich bin so unglücklich wie noch nie, ich weiß einfach nicht, was ich tun soll. Heute hatten wir 12 Goldstücke und 25 Taler. Fedja nahm 15 Taler und ging damit spielen. Erst ging er noch zu Turgenjew, traf ihn aber nicht an, weil er gewöhnlich nur bis zwölf Uhr mittags zu Hause ist. Dann begab er sich zum Roulette, nachdem er dort 10 Taler zurückgewonnen hatte, kam er nach Hause, so daß wir noch 35 Taler hatten. Bald darauf hatte er sie wieder verspielt und bat mich um noch 15 Taler. Ich gab sie ihm, es blieben uns nur noch 4 Taler, weil der fünfte für das Mittagessen geplant war. Nach dem Essen ging er wieder spielen, während ich auf der Post vergeblich nach Briefen fragte. Ich kaufte Couverts, dann ging ich die Lichtenthaler-Allee entlang, bis fast ganz vor die Stadt. Fedja kehrte kurz nach mir heim; ganz bleich, weil er abermals verloren hatte. Auf sein Bitten hin gab ich ihm die letzten 4 Taler, war aber überzeugt, daß er sie wieder verlieren werde, ja, daß es unvermeidlich sei.

9. Juli 1867

Heute morgen wollte Fedja Turgenjew besuchen, aber er blieb so lange im Bett liegen, daß es zu spät wurde und er den Besuch doch aufschieben mußte. Wir hatten wieder 12 Goldstücke. Fedja nahm 5 und ging zum Roulette. Als er fortgegangen war, wurde ich furchtbar traurig. Mir war völlig klar, daß er alles verlieren würde, und ich weinte bitterlich. [...]

Dann kleidete ich mich an und ging auf den St. Michaelsberg spazieren, wo sich eine russische Kirche befindet. Ich mußte über einen ziemlich steilen Weg und über einen Platz gehen, auf dem unglaublich viele Schnecken krochen. [...] Es fiel mir ziemlich schwer, auf die Anhöhe zu steigen. Außerdem schmerzten mir die Beine noch vom gestrigen Spaziergang. Doch stieg ich hinauf und besichtigte die russische Kirche, dann ging ich einen Pfad zu einem Springbrunnen und stieg dann wieder hinunter. Von der Höhe hat man einen wunderbaren Blick über die ganze Stadt. Ich war überhaupt sehr zufrieden mit meinem Spaziergang.

10. Juli 1867

Heute standen wir um zehn Uhr auf. Fedja begab sich zu Turgenjew, bei dem er anderthalb Stunden blieb, von dort zum Roulette und nahm fünf Goldstücke mit – ich hatte zu Hause noch zehn. [...] Nach dem Essen gingen wir zusammen aus, zuerst zur Post, aber es waren keine Briefe da. Fedja begab sich dann zum Roulette, und ich ging, wie er mir gezeigt hatte, links vom Spielsaal am Fluß entlang. Das Wasser des Flusses hat eine Tiefe von etwa einem Viertelarschin, die Ufer sind steil, feucht und von grünen Kletterpflanzen bedeckt. Später kam ich an leicht abfallende Ufer, die von schönem grünen Gras bewachsen waren. Ich ging sehr weit, etwa zwei bis drei Werst, und kehrte dann auf der anderen Seite nach Hause zurück. [...] Ich war schon länger als eine Stunde unterwegs, als ich zu einer dichtbepflanzten Allee gelangte, der Promenade. Ich wollte gerade abbiegen, als ich Fedja auf einer Bank sitzen sah. Er wartete schon lange auf mich, wie er mir sagte. Er erzählte mir, er sei wieder gestoßen worden und habe daher alles verspielt. Er bat mich

Die neue griechische Kapelle in Baden-Baden

um weitere fünf Goldstücke, um das Verlorene wieder zurückgewinnen zu können. Wir gingen nach Hause, natürlich gab ich ihm das Geld, obgleich ich überzeugt war, daß er es gleich wieder verspielen würde: Man kann sich auf die Beständigkeit des Glücks nicht verlassen. Und wirklich, ich saß noch nicht lange zu Hause, als Fedja zurückkam und sagte, er habe auch diese Goldstücke verspielt. Er forderte mich auf, mit ihm zum Spielsaal zu gehen. Es war noch ziemlich hell, deshalb wollte ich nicht gerne den Spielsaal betreten, wo so viele aufgeputzte Damen sind. Ich muß gestehen, daß es mir nicht angenehm ist, immer nur in meinem schwarzen Kleid herumzulaufen, das inmitten der glänzenden Garderoben längst nicht so gut wirkt. Aber eigentlich mache ich mir nichts aus dem Urteil der anderen. [...]

Als es endgültig dunkel geworden war, gingen wir zur Musik. Heute spielte nicht die gewohnte Militärkapelle, sondern ein Instrumentalorchester, das meistens Stücke für Solo-Horn oder Flöte

An der Spielbank in Baden-Baden

aufführte, lauter traurige Melodien, die meiner Ansicht nach überhaupt nicht für die Kurmusik taugen. Hier müßten fröhliche Polkas und Walzer gespielt werden, nicht Sonaten, und wenn es schon etwas Ernstes sein muß, dann hätte man wenigstens eine bessere Auswahl treffen können. Wer hat denn schon Lust, ein Solo für Horn anzuhören? Fedja und ich waren höchst unzufrieden mit der Musik, und so gingen wir nach Hause. Beim Tee erzählte mir Fedja von seinem Besuch bei Turgenjew.

11. Juli 1867

Um zehn Uhr wachte er auf und wollte nicht länger schlafen. Ich ließ uns den Tee bereiten. Da kam Marie und brachte uns ein Kärtchen von Turgenjew, der in der Kutsche vorgefahren war und, nachdem er sich vergewissert hatte, daß wir hier wohnen, das Kärtchen für uns abgegeben hatte. Offenbar wollte er vermeiden, mit Fedja zu sprechen, aber doch der Höflichkeitspflicht genügen. Seltsam: Wer macht denn schon um zehn Uhr morgens Besuche? Ob es etwa eine deutsche Sitte ist?

Ein Sommerabend vor dem Kursaal

12. Juli 1867

Fedja ging zum Conversationshaus, während ich mich zum neuen Schloßweg aufmachte und dort direkt über eine Treppe von 220 Stufen zum Neuen Schloß hinaufstieg. Wie schön ist es dort! Das Schloß hat einen kleinen, aber wunderschönen Park. Es ist ein hoch gelegenes, düsteres Schloß oben auf dem Berg, die Auffahrt ist nicht sehr groß, darüber hängt eine Lampe aus mattem Glas. Vor dem Schloß stehen dunkle Fichten und Tannen, Efeu windet sich an den Mauern empor, was ihnen einen erstaunlichen Reiz verleiht. Unweit davon ist eine Terrasse mit Blick auf die Berge. Ein wenig weiter befindet sich unter dem Schloß ein wunderschöner Garten, in dem ganze Alleen von Rosen überwuchert sind. Das gefiel mir sehr gut. Ich ging vom Neuen zum Alten Schloß, in dem ich bisher noch nicht gewesen bin. An einer Wegkreuzung steht ein Pfahl mit einem Adler darauf, der eine Taube hält. Das ist wohl ein Wappen und zeigt eine Grenze an. Bei einem Brunnen, um den eine Bank gebaut ist, setzte ich mich hin und fragte ein kleines Mädchen, das dort herumsprang, wo es zum Alten Schloß ginge. Sie wies mir den Weg und bat mich sogleich, ihr etwas zu schenken. Diese Bettelei ist hier sehr im Schwang, ständig wird man angehalten und angebettelt. Ich gab ihr einen Kreuzer. Gleich kam ein Junge herbeigelaufen und bot mir an, einen Esel zu einem Spazierritt zu mieten. Für eine Stunde verlangte er 42 Kreuzer, für zwei Stunden je 30 Kreuzer. Ich vertröstete ihn auf ein andermal.

13. Juli 1867

Ich vergaß noch zu erwähnen, daß Fedja heute, als er so viel gewann, Gontscharow begegnete, der so tat, als spiele er hier nie und Fedja fragte, was »passe« bedeute und wieviel man dabei gewinnen könne. Als ob man einem Menschen, den man zwei Stunden und länger am Roulette gesehen hat, glauben könnte, er wüßte nicht, wie das Spiel geht! Nun, er will sich wohl den Anschein geben, »unsereiner gibt sich mit so etwas nicht ab, wir überlassen es anderen, sich auf diese Weise zu ruinieren«. Gontscharow fragte Fedja, wie seine Angelegenheiten stünden. Fedja antwortete ihm, erst habe er verloren, jetzt aber habe er es zurückgewonnen, sogar mit ein wenig

Iwan Gontscharow

Gewinn, und zeigte ihm den vollen Beutel. Das wird Gontscharow sicherlich Turgenjew hinterbringen, dem Fedja ja fünfzig oder hundert Taler schuldet. Wie glücklich wäre ich, wenn es uns gelänge, Turgenjew noch hier, vor der Abreise, diese Schuld zurückzuzahlen, denn wenn wir nach Rußland zurückkehren, wird Fedja ihm das Geld nicht mehr geben können.

14. Juli 1867

Unter meinem Fenster ist ein Pferdestall, davor steht eine Kutsche, in die gewöhnlich abends ein Pferd eingespannt wird, um zur Eisenbahn zu fahren und Reisende abzuholen. Hier ist das Einspannen eine ganz einfache Sache. Ich muß dabei immer an unsere Kutscher denken, die sich so abplagen und so lange herummachen, um ihr Pferd einzuspannen. Über Lehne und Sitze der Kutschen werden hier gewöhnlich weiße und rote Decken gelegt, gestrickte oder einfach wie kleine Vorhänge, das sieht sauber aus. Das sollte auch bei uns eingeführt werden, bei unseren Kutschern, die so schmutzige Sitze haben, daß es unangenehm ist, sich hinzusetzen. Die Pferde tragen hier große weiße Ohrenklappen, was mir komisch vorkommt; ich weiß nicht, wozu das gut sein soll. Da man hier häufig durch hügeliges Gelände oder über ansteigende Straßen fahren muß, wird gewöhnlich beim Hinabfahren ein Holzklötzchen unter das Hinterrad geschoben, das mit einer Eisenkette an der Kutsche befestigt ist. So fährt sie abwärts, und wenn sie wieder auf ebenem Grund ist, wird das Klötzchen wieder weggezogen, und die Kutsche fährt frei. [...] Wir gingen dann noch spazieren. Unterwegs trafen wir Gontscharow und unterhielten uns ein wenig mit ihm. Ich weiß nicht, warum ich das Gefühl habe, daß Gontscharow im Spiel verloren hat; er sagt, er werde noch zwei Wochen hier bleiben, weil er noch jemanden erwartet. Er ist im »Hotel Europa« abgestiegen zu 2 Florin den Tag, für das Essen zahlt er auch 2 Florin und bekommt dafür offenbar acht Gänge. Wir plauderten eine Weile miteinander, dann ging jeder seines Wegs.

16. Juli 1867

Fedja wollte die Wohnung wechseln, weil ihn die Schmiede nicht schlafen lassen und die Kinder so unbarmherzig schreien, daß auch ich wirklich nicht weiß, was wir tun sollen. Abends beschwor ich Fedja, aus Baden-Baden abzureisen, aber er wollte das um keinen Preis und wurde sogar böse auf mich.

18. Juli 1867

Ach, wie dumm waren wir! Heute morgen, als wir noch 20 Goldstücke hatten, hätten wir aus Baden-Baden abreisen sollen; davon hätten wir noch in Genf leben können. Als wir nach Hause kamen, legten wir uns nebeneinander aufs Bett, und Fedja machte erneut Pläne. Er wollte sich an Aksakow wenden und ihm seine Mitarbeit vorschlagen, erst aber an Krajewski schreiben und ihn um Geld bitten mit dem Versprechen, er werde ihm bis Januar einen Roman von zehn Druckbogen Umfang schicken. Doch mir kam das einfach unmöglich vor. Das ist zuviel Arbeit, zumal er dann nicht mit dem Roman für Katkow fertig wird. Wir sprachen lange und traurig miteinander. Ich konnte Fedja kaum ansehen, und es war auch schwierig mit ihm. Wenn ich allein bin, kann ich wenigstens weinen, aber

Haus Gernbacher Straße mit angrenzender Schmiede, in dem das Ehepaar Dostojewski im Sommer 1867 wohnte

in seiner Anwesenheit versiegen mir die Tränen, ich kann nicht weinen, und das ist noch schlimmer. Wir saßen so noch bis elf Uhr und beschlossen dann, daß Fedja morgen noch einmal mit dem letzten Goldstück sein Glück versucht; vielleicht kommen wir ja irgendwie wieder auf die Beine. Ich legte mich hin und schlief zum Glück sofort ein; Fedja weckte mich um zwei Uhr, um mir eine gute Nacht zu wünschen, und ich war so froh darüber, daß es mir gelang, bald wieder einzuschlafen. Ich fürchtete, nicht schlafen zu können, weil mir traurige Gedanken durch den Kopf gehen und ich sie nicht vertreiben kann. Ich habe es die ganze Zeit als ein unendliches Glück empfunden, daß ich ihn geheiratet habe, so daß mir dies wahrscheinlich als Buße auferlegt wird. Beim Gutenachtwünschen erklärte mir Fedja, daß er mich grenzenlos liebe.

19. Juli 1867

Um ein Uhr nahm er das letzte Goldstück – ich gab ihm außerdem noch ein von mir aufbewahrtes Fünffrankenstück – und ging damit zum Roulette. Ich hatte noch 4 Florin beiseitegelegt, die gab ich ihm auch mit. So blieben uns 5 Florin übrig, aber wir hatten auch schon drei Tage die Mahlzeiten nicht mehr gezahlt, und morgen müssen wir die Wohnung zahlen, doch wovon? Fedja ging fort, kehrte aber bald zurück und hatte alles verspielt. Er hatte unterwegs noch seinen Ehering für 20 Franken verpfändet, aber wie zum Tort hatte er keinen Schlag gewonnen. [...] Danach ruhte Fedja ein wenig aus, er war sehr unglücklich, und ging dann zum Roulette, wobei er meinen Ehering mitnahm, um auch ihn zu verpfänden.

21. Juli 1867

Schließlich kam Fedja; er war sehr bleich und fiel vor mir auf die Knie. Er sagte, alles sei zu Ende: er habe alles verloren. Er hatte schon 45 Franken gehabt, war aber damit nicht zufrieden und hatte daraufhin alles verspielt. Er war furchtbar verstört – ich fürchtete schon, er bekäme wieder einen Anfall. Ich erzählte ihm von Mamas Brief und klagte ihm meinen Kummer. Darauf beschloß er, er wolle Katkow bitten, Mama Geld zu schicken, damit sie die Möbel auslö-

Das Hotel de l'Europe, in dem Gontscharow im Sommer 1867 logierte

sen, dann erneut verpfänden und uns das Geld schicken könne. Da wir jedoch jetzt überhaupt nichts mehr zum Leben hatten, mußten wir unterdessen Mama bitten, uns fünfzig Rubel zu schicken. Ich schrieb Mama, beschrieb ihr unsere schreckliche Lage und bat sie um Hilfe. Nach dem Essen legte sich Fedja ein wenig hin und überlegte, ob er sofort zu Gontscharow gehen oder bis morgen früh warten sollte, etwa gegen zehn Uhr, wenn er aufsteht, da er sonst nie zu Hause anzutreffen sei. Jetzt könnte er ihn vielleicht an der table d'hôte treffen. Fedja wollte ihn um … Goldstücke bitten. Ich riet ihm, gleich hinzugehen, bevor er sich morgen so früh die Mühe mache und ihn unter Umständen nicht antreffe. Fedja begab sich zum Hotel Europa, aber dort sagte man ihm, Gontscharow speise noch, er solle in fünfzehn Minuten wiederkommen. Fedja ging ein wenig spazieren und kam genau in dem Augenblick, als Gontscharow das Hotel verließ. Die erste Frage Gontscharows war: »Nun, wie steht's bei Ihnen? Bei mir geht es miserabel, miserabel! Gestern habe ich einem Herrn 500 Rubel geliehen, er hat sie verspielt; da habe ich für ihn gesetzt und einen ganzen Haufen Gold gewonnen, aber er hat alles gleich wieder verloren.« Da sagte ihm Fedja: »Ich habe ein Anliegen an Sie. Ich habe alles verspielt – bis zur letzten Kopeke. Vor drei Tagen hatte ich noch 160 Goldstücke, aber heute habe ich keinen Gulden mehr. Deshalb bin ich gekommen, um Sie um 3 Goldstücke zu bitten.« – »Wieviel, wieviel?« schrie Gontscharow. Fedja wiederholte die Summe. »Nun, soviel kann ich immer vorschießen – aber auf keinen Fall mehr, denn ich fahre in einer Woche nach Paris, folglich brauche ich das Geld.« Fedja antwortete, er brauche dieses Geld nur für seine häuslichen Ausgaben, bis man ihm aus Rußland Geld schicke, er werde es ihm in einer Woche sicher zurückgeben. Gontscharow zog gleich seinen Geldbeutel aus der Tasche und gab Fedja 3 Goldstücke. Sie schieden sehr verlegen voneinander. Fedja sagte, er habe ihn schon vor drei Tagen aufgesucht, aber aus einem anderen Grunde, er habe nämlich Gontscharow Geld geben und ihn bitten wollen, es Turgenjew weiterzuleiten (ach, warum hat er das nicht getan!), und nun habe er selbst nichts mehr. Gontscharow meinte, er hätte diesen Auftrag mit Vergnügen ausgeführt. Fedja bat ihn, niemandem etwas zu sagen; Gontscharow versprach ihm das natürlich.

24. Juli 1867

Abends machte ich mit Fedja einen Spaziergang (heute ist wunderbares Wetter), es war schon sieben Uhr, die Sonne ging langsam unter; wir promenierten gemächlich die wunderschöne Allee entlang, ruhten immer wieder auf einer der zahlreichen Bänke, die es hier gibt, aus und genossen den Abend. Es gibt zwei Wege: einen sanft ansteigenden, aber langgestreckten, für die Equipagen, und einen wunderschönen Weg für Fußgänger, der durch den Wald führt. An jeder Wegkreuzung befindet sich ein Stein, auf den ein Pfeil gemalt ist, der zum Alten Schloß weist. Wir begegneten vielen Fußgängern, die schon von dort zurückkamen. Wir waren lange gegangen – es hatte sogar schon acht geschlagen – und waren immer noch nicht am Schloß, dabei wird es hier sehr früh dunkel. Da kam uns eine Deutsche entgegen, die ein Lied singend den Berg hinunterlief. Erst hielten wir sie für betrunken, aber dann erwies sie sich doch als sehr nett. Sie sagte uns, wir seien nicht mehr weit vom Schloß. Wir kamen an einer Quelle vorbei, die angenehm in der Stille des Waldes rauschte, und gelangten schließlich über einen steilen Weg zum Schloß. Die ganze Zeit stützte ich mich auf Fedjas Arm und wir küßten uns oft. [...]

Schließlich kamen wir zum Schloß. Am Tor befindet sich eine Aufschrift mit der Mahnung, keine Zigarrenstummel in den Wald zu werfen, um Waldbrände zu vermeiden. Wir glaubten zuerst, es werde Eintrittsgeld verlangt und wollten deshalb nicht hineingehen, aber dann taten wir es doch. Auf dem Platz vor dem Eingang sind Tische aufgestellt. Es ist also ein Restaurant da, wo man essen kann. Sicherlich verdienen sie hier gut, es ist ja fast der einzige Ausflugsort, und jeder will doch hier irgend etwas essen oder trinken. Ich bedauerte sehr, daß wir kein Geld hatten, ich hätte gerne Bier oder etwas anderes getrunken, denn nach einem solchen Spaziergang wird man sehr durstig. Über einen zweiten Hof gelangten wir in einen großen Saal, den Fedja auch für einen Hof hielt, der mir aber der größte Saal des Schlosses zu sein schien, weil es keinen anderen gab, wo die Bewohner sich hätten versammeln können. An der einen Wand befand sich eine Vertiefung, hier war wahrscheinlich ein geheimer Zugang. Mitten im Saal stand eine Säule; ob sie hierhin gehörte, weiß ich nicht, ich vermute, sie diente zur Verzierung des Saals. Endlich bin ich in einer richtigen Ritterburg, die im 10. Jahrhundert errichtet worden ist! [...] Daß viele Jahre vergangen sind, seitdem das Schloß verlassen wurde, kann man schon daran sehen, daß inmitten der Kammern große Bäume, Linden und Ulmen, wachsen. Böden gibt es hier nicht, nur die bloße Erde. Wir stiegen über eine schmale Treppe in den zweiten Stock, von dort führt eine neu errichtete breite und bequeme Treppe weiter. Über verschiedene Gänge kamen wir schließlich auf den Turm und hatten von dort einen herrlichen Blick über die Berge, schade nur, daß es bereits halb neun und die Sonne schon untergegangen war, so daß wir alles nur im Dunst sehen konnten. In der Ferne schlängelte sich ein großer Fluß durch die Landschaft, vielleicht war es der Rhein, aber ich kann mich auch täuschen. Von weitem schimmerten Berge

Baden-Baden. Altes Schloß

herüber, die französischen Vogesen, die nicht sehr hoch sind. Wir beschlossen, noch einmal am Tage hierherzukommen; der Weg durch den Wald ist angenehm kühl, und dann könnten wir alles besser sehen.

27. Juli 1867

Heute sind wir auf den Tag fünf Monate verheiratet, und obwohl wir so wenig Geld haben, bestellten wir doch zu Ehren dieses Festtags Wein. Wir aßen früher als gewöhnlich, aber das Essen war heute ziemlich schlecht, es gab nur Speisen, die ich nicht mag. Danach machten wir uns sofort auf den Weg zum Alten Schloß. Wir gingen zuerst über die steile Stiege zum Neuen Schloß, dort machte ich Fedja darauf aufmerksam, daß seine Absätze schiefgetreten waren. Er wollte sie auf der Treppe nach der anderen Seite abtreten, machte aber dabei so komische Bewegungen, daß ich furchtbar lachen mußte.

[...] Bei einer Quelle, »Sophienruhe« genannt, setzten wir uns ein wenig. [...] Wir kamen zum Schloß. Auf der Terrasse speisten viele

Menschen, darunter auch Russinnen; sie tranken Champagner und waren in bester Stimmung. Einer der Kavaliere, möglicherweise ein Vicomte, war dermaßen widerwärtig und dabei so von sich eingenommen, daß man ihn nicht ansehen mochte. Wegen des Menschenandrangs mußten wir lange warten, bis wir unseren Kaffee bestellen konnten. Fedja mußte zweimal ins Hotel gehen, bevor man ihn uns brachte; wir bekamen außerdem noch zwei Stücke Brot und ein winziges Stückchen Butter, ohne daß wir das bestellt hätten. Das scheint hier wohl der Brauch zu sein, oder sie machen es, um mehr dafür verlangen zu können. Ich hatte große Angst, man würde uns zuviel abnehmen, bei unserem jetzigen Geldmangel müssen wir jede Kopeke sparen. Wir tranken den Kaffee, der nicht allzu gut war, und zahlten. Es kostete 30 Kreuzer, was in Baden ein ansehnlicher Betrag ist. So haben wir also unseren Hochzeitstag sehr schön gefeiert. Nach dem Kaffee begaben wir uns zum Turm und stiegen immer höher. An einigen Stellen waren Rahmen aufgestellt, in die Saiten gespannt waren; das müssen Äolsharfen sein, wenn ich mich nicht täusche. Ganz oben auf den Turm durften wir nicht steigen, die Tür war verschlossen; beim Hinuntergehen begegneten wir einem Wächter mit einem Schlüssel, man kann also nur auf den Turm gelangen, wenn man gezahlt hat. Ach, diese Deutschen, nichts zeigen sie einem umsonst, für alles muß man zahlen! Der Blick von hier ist einfach wunderbar.

29. Juli 1867

Als er aufstand, gingen wir zuerst zur Post, von dort in die Lesehalle. Es waren viele Menschen dort, auch Damen. Aber es roch furchtbar nach Kohl, ich weiß nicht warum. Am Tisch war kein Platz mehr, so setzten wir uns ans Fenster. Der Portier brachte Fedja sogleich russische Zeitungen, und wir machten uns an die Lektüre, aber als es dunkel wurde, setzten wir uns an den Tisch, über dem eine Lampe hing. Dann kam ein Engländer und setzte sich zum Lesen, aber er rutschte dauernd herum und ging einem furchtbar auf die Nerven, weil er Lärm in dem Raum machte, wo sich alle bemühen, möglichst leise zu sein. Ich las die *Moskauer Nachrich-*

Baden-Baden. Der Lesesaal

ten, dann die *Nördliche Biene*. Endlich setzte sich der unruhige Engländer an einen anderen Platz, worüber ich sehr froh war. [...]

30. Juli 1867

Auf dem Postamt fragte der Postmeister erst gar nicht nach meinem Namen, sondern sagte mir gleich, es seien keine Briefe für uns da. Von dort gingen wir auf der Lichtenthaler Allee spazieren. Fedja scherzte darüber, daß wir hier so lange bleiben und meinte, wenn ich nach Rußland zurückkomme, müsse ich den Leuten vorlügen, wo ich überall gewesen sei, denn es sei einfach eine Schande, einzugestehen, ich hätte außer Berlin, Dresden und Baden-Baden nichts gesehen. Wir gingen ziemlich weit; dann begab sich Fedja in die Lesehalle; ich ging noch weiter, fast bis zum Landhaus, und kehrte von dort über die Schillerstraße, in der Turgenjew wohnt, nach Hause zurück. Es ist eine hübsche Straße, mit schönen Gärten, aber doch ein wenig langweilig.

1. August 1867

Fedja bat mich, nicht zu weit zu gehen, ich versprach es ihm, hielt aber mein Wort nicht. Ich ging die große Allee, die nach Gernsbach führt, dann bog ich auf einen kleinen Weg in Richtung Teufelskanzel, Wolfsschlucht und Ebersteinburg ab. [...] Ich beschloß, einfach weiterzugehen, ging um den großen Felsen herum und erfuhr, das sei wirklich die »Teufelskanzel Amondeas«. Ich lief weiter und fragte unterwegs immer wieder, wie weit es noch bis Ebersteinburg sei. Ich erhielt immer die Antwort, eine halbe Stunde, obwohl ich doch inzwischen schon ein gutes Stück gelaufen war; die Frauen nannten mir sogar die doppelte Zeit. Schließlich kam ich zu einem Wegweiser, der nach Gernsbach, Baden, der Wolfsschlucht, dem Mercuriusberg und endlich auch nach Ebersteinburg wies. Ich schlug den Weg dorthin ein und ging bis zu einem gipsernen Kruzifix, das an der Kreuzung der Wege nach dem Alten Schloß und nach Ebersteinburg stand. Dann kam ich in ein kleines Dorf desselben Namens. Mir liefen ein paar kleine, recht hübsche Kinder entgegen, die alle hellblond waren, beinahe wie Stroh und Flachs. Eines der vielen Kinder, ein kleiner Knirps, zog ein am Kopf und an den Beinen zerbrochenes Holzpferdchen hinter sich her. Ich durchlief den ganzen Ort, der aus etwa achtzig Häusern und drei Gasthöfen besteht. Die Kirche hat eine Uhr, aber ohne Uhrzeiger. Schließlich stieg ich auf den Berg und kam an ein hochgelegenes Gebäude. Das war die Ebersteinburg. [...] In den mittelalterlichen Räumen des Schlosses befindet sich ein kleines Gasthaus. Ich ging hinein und fragte, ob man hier Milch bekommen könne, worauf mir mitgeteilt wurde, ein halber Krug koste 6 Kreuzer. Ich fürchtete schon, man werde mir kalte Milch geben, wodurch ich mich hätte erkälten können, da ich furchtbar erhitzt war, aber die Milch war lauwarm, so, wie ich sie gerne mag. Ich trank den Krug mit großem Genuß aus und fragte die Wirtin dann, ob man hier auch Kaffee bekommen könnte. Sie sagte, heute sei es nicht möglich, sonst aber wohl, eine Portion mit Brot und Butter koste 12 Kreuzer. Ich gab den Krug zurück und besichtigte dann das Schloß, aber mir folgte ein Wächter. Als ich über die Treppe zur höchstgelegenen Tür kam,

Die Ebersteinburg

fand ich sie versperrt. Das ist hier immer so. Der Wächter öffnete sie, und über eine Holztreppe stiegen wir ganz nach oben. Der Ausblick ist wirklich herrlich! Der Rhein ist ganz klar zu sehen, obwohl es bis dorthin, wie mir der Wächter sagte, zwei Stunden Fußmarsch sind. Man sieht auch die Festung Rastatt. Jenseits des Rheins sind die Vogesen, die jedoch im Dunst verhüllt waren. Auf der anderen Seite liegen kleine Städte, Siegbach und Rothenfels, und ringsum der Schwarzwald mit seinen schönen, bläulich schimmernden Bergen – ein wunderbarer Blick, an dem ich mich eine Weile erfreute. Dann beschloß ich zurückzukehren.

2. August 1867

Wie habe ich mich heute über die Hauswirtin geärgert! Ich begegnete ihr im Flur, und da hielt sie mir vor, ich hätte ihr doch gesagt, in zwei Tagen würden wir Geld bekommen. Ich antwortete ihr, ich hätte einen Brief erhalten, in dem das Geld für heute angekündigt

Promenade vor dem Kurhaus

sei. Da sagte sie mir, daß die Wohnungen im August immer teurer seien, weil im Winter niemand hier wohne, folglich müßten sie im Sommer mehr verlangen. Und da sie im vergangenen Sommer 12 Gulden bekommen habe, wolle sie uns die Wohnung jetzt für 11 Gulden die Woche überlassen. Ist das nicht unerhört? Wie gemein von ihr! Sie weiß genau, daß wir kein Geld haben und nutzt das sofort aus und bedrängt uns! Wenn wir Geld hätten, würden wir sofort umziehen, auch wenn wir woanders ebenfalls 12 Gulden zahlen müßten! Sie sagte dann noch etwas darüber, daß Fedja spielt; ich weiß nicht, woher sie das wissen will, und ich verstand auch nicht recht, wovon sie sprach. Ich bedauere, daß wir so wenig Geld haben und keine Möglichkeit sehen, abzureisen, das wäre für sie die beste Strafe, denn ich bin überzeugt, daß niemand ihre Wohnung beziehen wird: die meisten Menschen suchen doch Ruhe, und hier ist die Schmiede im Haus. Nur wir waren so unvernünftig, die Wohnung zu nehmen, ohne uns klarzumachen, wie laut es ist, andere sind sicher klüger als wir. Überdies schreien die Kinder unerträglich, wecken uns jeden Tag um sechs Uhr, und ich kann danach nicht wieder einschlafen.

3. August 1867

Fedja kehrte wieder zurück, und wir gingen zum Conversationshaus, dort spielt heute eine österreichische Kapelle, wahrscheinlich dieselbe, die die erste Goldmedaille beim Pariser Wettbewerb erhalten hat. Jetzt ist sie auf der Rückreise und gibt hier ein Konzert. Die Damen waren alle besonders herausgeputzt und trugen helle, wunderschöne Kleider; die ganze Stadt, sämtliche Stutzer von Baden eilten zum Conversationshaus. Wir gingen auch dahin. Mitten auf der Wiese war eine Bühne errichtet, mit Flaggen und Kränzen geschmückt und mit vielen bunten Tüchern behängt. Die vielen Österreicher in ihren weißen Uniformen machten sich gut darauf. Das Publikum war in Massen erschienen, man hätte nicht einmal mehr einen Apfel fallen lassen können. Wir promenierten ein Weilchen auf der Seitenallee – auf die Hauptallee konnten wir wegen meiner schlechten Kleidung nicht gehen.

4. August 1867

Mir wurde so bitter zumute, daß ich in Tränen ausbrach. Ich sagte ihm, ich müsse bei dem Gedanken weinen, daß wir monatelang nicht aus Baden-Baden fortkämen, sondern immer nur spielen und auf den großen Gewinn warten und so sicher noch mindestens vier Monate hier bleiben würden, weil wir auch das Geld von Katkow noch verspielen würden. Vielleicht habe ich das alles ein wenig heftig gesagt, aber was sollte ich denn machen? Hatte ich doch den ersten Monat durchgehalten und kein Wort darüber verloren, nicht einmal bei den letzten Groschen; aber damals hatte ich auch immer noch die Hoffnung, Mama könnte helfen, und außerdem könnten wir unsere Kleider und Goldsachen verpfänden. Aber jetzt war doch alles schon verpfändet und konnte wahrscheinlich nicht mehr ausgelöst werden, und ich hätte mich geschämt, Mama noch einmal zu bitten. Deswegen war ich vielleicht ein wenig ungeduldig, weil ich verzweifelt war, daß Fedja immer noch nicht von dem Gedanken lassen konnte, er könne Tausende gewinnen. Es ist doch klar, daß das unmöglich ist; würden wir uns nur mit 2 Talern zufriedengeben, dann könnten wir wenigstens unsere

Sachen auslösen und uns irgendwie aus diesem verfluchten Sumpf befreien.

5. August 1867

In der Nähe des Conversationshauses traf ich Fedja. Er hatte bereits verloren und war, als er mich nicht in der Lesehalle angetroffen hatte, nach Hause gegangen, um sich Geld zu holen und weiterzuspielen. Aber es gelang mir, ihn zu einem Spaziergang umzustimmen, obwohl er unbedingt noch einmal sein Glück versuchen wollte. Er erzählte, er habe schon 4 Taler gewonnen, dann aber mehr gewollt und natürlich alles verloren. Ich fürchtete schon, sein Drang zu spielen könnte obsiegen und wir müßten heimkehren und Geld für diesen Zweck holen. Wir hatten aber nur noch 20 Taler, und davon mußten für Kaffee, Zigarren und Kerzen 2 Taler, für den Schuster 1 Taler und für die Wäscherin 1 Taler abgezogen werden; also waren es nur noch 16 Taler. Wenigstens sind der Paletot und die zwei Kleider ausgelöst, das ist schon ein großer Fortschritt bei unserer Situation. Ich suchte Fedja möglichst weit wegzulocken und bat ihn, mir die Aussicht zu zeigen, die ihm neulich so gut gefallen habe. Unterwegs dorthin scherzten wir, Fedja malte sich aus, wie wir hier fünf Jahre durch das Spielen aufgehalten und dabei alt und hutzelig würden, so häßlich wie die Deutschen, und daß man uns schließlich, wenn wir nach Rußland zurückkehrten, nicht mehr erkennen würde. Trotz seiner schlechten Verfassung war er heiter und führte mich zu der Stelle, von wo aus man den herrlichen Blick auf Schloß und Berge hat. Er geriet dabei in Begeisterung und meinte, das sei so schön, gerade wie auf ein Tablett gemalt.

7. August 1867

Wir traten gerade aus dem Haus, um zur Lesehalle zu gehen, als es plötzlich anfing zu regnen. Fedja wollte sofort umkehren, er fand es nicht gut, im Regen hinzugehen. Ich überzeugte ihn aber, daß niemand unserem Kommen Aufmerksamkeit schenken würde, auf alle Fälle sei es besser zu lesen, als zu Hause zu sitzen und nicht zu wissen, was man anfangen solle. In der Lesehalle waren wenig

Leute, aber gegen Abend füllte sie sich. Mein Gott, was für ein Volk kommt in die Lesehalle! Anständige Menschen sieht man fast überhaupt nicht, denn sie spielen entweder Roulette oder holen sich die Zeitung in den Hotels, wo sie abgestiegen sind; sie haben also keinen Grund, hierherzukommen. Hierher kommen gewöhnliche Baden-Badener, ungebildete Leute.

10. August 1867

Abends schlug ich Fedja einen Spaziergang vor. Wir begaben uns zur Lichtenthaler Allee, die wunderschön ist und zu dem etwa anderthalb Werst entfernten Lichtenthaler Kloster führt. Hier wird vor allem promeniert oder Kutsche gefahren. Unwillkürlich erfreuten auch wir uns an dem herrlichen Blick auf die Berge, aufs Schloß und auf die Stadt. Wir liefen munter voran, d. h. Fedja war unglücklich, während ich ohne Unterlaß wohl gut zwei Stunden redete, ohne ihn aber dadurch ablenken zu können. Schließlich erreichten wir das Kloster und betraten den Hof. An der Hauswand sah ich zum ersten Mal in meinem Leben einen Rebstock mit Trauben, das sieht sehr hübsch aus. Auch hingen so viele Pflaumen und

Kloster Lichtenthal

Birnen an den Bäumen, wie ich es noch nie gesehen hatte. In der Klosterkirche war gerade Messe, die Jungen und Mädchen des hiesigen Waisenhauses sangen, aber sie sangen nicht richtig zusammen, so daß es die Andacht eher störte als förderte. Später wurden sie von der Orgel begleitet, und das war wirklich schön. Am Eingang der Kirche befindet sich eine Darstellung des gekreuzigten Christus mit der Inschrift: »Wer hier im Laufe von fünf Jahren regelmäßig kniend das Vaterunser betet und dazu noch zwei andere Gebete spricht, dem werden die Sünden erlassen.« Ein großer Brunnen mit dunklem Wasser steht mitten auf dem Hof, über den eine Buchenallee führt.

12. August 1867

Heute begegnete ich unserer Wirtin und bat sie, sich noch etwas zu gedulden, ich wollte gerade einen Brief nach Rußland aufgeben; als ich zurückkehrte, traf ich sie noch einmal, zeigte ihr den soeben erhaltenen Brief und sagte, in einigen Tagen erhielten wir Geld. Ich ging dann wie gestern auf der Allee spazieren. Am Tag ist es hier angenehm, man trifft nur wenige Menschen, und die Luft und der Schatten sind köstlich. Unterwegs setzte ich mich mehrmals hin, dann begab ich mich auf der großen Straße zur Villa Menschikow, wo ich mich auf der kleinen Bank neben dem Eingangstor ausruhte. Wir machten dann noch einen großen Spaziergang, bogen in Richtung Gunzenbach ab und kamen an die Villa Gagarin. Wie es scheint, haben hier alle Russen eine Villa, in der sie den Sommer verbringen. Aber es lohnt sich eigentlich nicht, ich finde, es gibt sehr viel schönere Orte als diesen. [...] Heute standen wir voll Sorge auf, wie wir nur wieder zu Geld kommen könnten. Wir essen schon den vierten Tag, ohne zu bezahlen, und müssen heute unbedingt zahlen, sonst geben sie uns wohl kein Essen mehr. Dann müssen wir eben mein lila Kleid verpfänden, das einzige, was uns zum Verpfänden geblieben ist, mehr haben wir nicht, die Ressourcen sind erschöpft. Ich wollte nicht, daß Fedja wieder zu Weißmann geht; ich ziehe es vor, selbst hinzugehen, natürlich ohne ihm meinen Namen zu nennen, damit er nicht erfährt, daß ich Fedjas Frau bin. Wir strit-

Lichtenthaler Allee

ten lange darüber, aber Fedja entschied, wie schwer und ärgerlich es auch für ihn war, doch selbst das Kleid zum Verpfänden zu bringen. Wir mußten nur irgendwie vor unserer Wirtin verheimlichen, daß wir etwas wegtragen. Deshalb faltete ich das Kleid zusammen, so daß Fedja es unter dem Paletot, den er über dem Arm trug, verbergen konnte, obwohl ihm das sehr unangenehm war. [...] Wir erhielten 100 Rubel, das sind 156 Florin. [...] Später, auf dem Spaziergang, überlegten wir uns, was wir jetzt wieder auslösen sollten, aber als wir alles zusammen zählten, mußten wir feststellen, daß uns nichts mehr übrigbliebe, wenn wir jetzt alles auslösten. Fedja schlug vor, sogleich zu Moppert oder, wie er ihn nennt, Bender zu gehen und die Ohrringe und die Ringe auszulösen. Da ich befürchtete, das Geld ginge uns doch wieder aus, hielt ich es für sehr viel sicherer, wenn wir die Sachen auslösten, und stimmte Fedja folglich gleich zu.

16. August 1867

Heute war ein Unglückstag für uns. Das ahnte ich schon, als ich morgens zum Glockenturm hinübersah (auf dem benachbarten Glockenturm steht eine Figur des Apostels Petrus als Windfahne). Der Apostel Petrus wandte uns nämlich den Rücken zu, und ich hatte schon früher bemerkt, wenn er uns die Vorderseite zukehrt, mit dem Schlüssel in der rechten Hand, so ist das ein gutes Zeichen, und unsere Angelegenheiten gehen gut; als es uns dagegen am schlechtesten ging und wir von der Hand in den Mund lebten und unsere Sachen verpfänden mußten, wandte er uns den Rücken zu. So war es auch heute. Fedja machte sich auf den Weg und nahm 20 Zweiguldenstücke mit. Er bat mich, das Haus nicht zu verlassen, obwohl ich eigentlich spazierengehen wollte. Wir hatten beschlossen, mit vier von den Friedrichsdor unsere Sachen auszulösen, das hätte uns etwas beruhigt; aber Fedja wollte den Freikauf bis zwei Uhr aufschieben, weil er fürchtete, die Pfandleiher zu Hause nicht anzutreffen. Er ging also zum Roulette und verlor. Dann holte er sich von mir noch einmal 4 Goldstücke (mir blieben noch 4) und verspielte auch die. [...] Mein Gott, warum fahren wir bloß nicht aus diesem verfluchten Baden-Baden ab, wie bin ich diese abscheuliche Stadt leid, die uns so viel Unglück beschert hat!

17. August 1867

Heute am frühen Morgen brachte die Wäscherin unsere Wäsche. Entgegen meinen Berechnungen mußte ich außer den 3 Florin 31 Kreuzer zahlen. Sie haben unerhörte Preise: Ein Nachthemd kostet 7 Kreuzer, ein Beinkleid 6 Kreuzer, ein Rock 30 Kreuzer usw. Es ist einfach entsetzlich, wie teuer alles ist. Das also soll die deutsche Ehrlichkeit sein! Sie behaupten, in Baden-Baden wären nur im Sommer Gäste da, im Winter hätten sie keine Arbeit, deshalb müßten sie uns soviel wie möglich abverlangen, um sich für den Winter zu versorgen. (Ich vergaß zu vermerken, daß vor drei Tagen die Glocken den ganzen Tag über zum Fest von Mariä Himmelfahrt läuteten. Mir ging dieses Glockenläuten furchtbar auf die Nerven, ganz anders als bei uns in St. Petersburg: Wenn bei uns die Glocken läuten, dann weitet sich einem das Herz. Hier klingt es so, als wären die Glocken nicht aus Kupfer, sondern aus Blech gegossen. Richtig unangenehm ist das fürs Ohr, eben der deutsche Klang.)

18. August 1867

Später ging Fedja zum Roulette und forderte mich auf, zu beten, daß er nicht verlieren möge. Um zwei Uhr kehrte er zurück und hatte 30 Gulden gewonnen. Ich freute mich sehr darüber, weil unser Kapital ein wenig größer geworden war. Und damit er nicht gleich wieder zum Roulette ging, schlug ich ihm vor, spazierenzugehen. Erst wollte er nicht, aber dann gingen wir doch. Er wollte mir direkt beim Conversationshaus einen Zitronenbaum (oder einen Orangenbaum) zeigen, mit Früchten, die hell in der Sonne glänzten. Das habe ich zum ersten Mal in meinem Leben gesehen. Von da begaben wir uns zur Lichtenthaler Allee, setzten uns aber zwischendurch öfters auf eine Bank. Wir kamen auch am Schillerdenkmal vorbei. Was sind die Deutschen doch für schlaue Leute! Um nur ja nicht hinter allen Städten der aufgeklärten Welt zurückzustehen und zu zeigen, daß auch sie sich für den Genius interessieren und ihn ehren wollen, haben sie hier ein Schillerdenkmal errichtet. Um sich aber nicht allzusehr in Unkosten zu stürzen, haben sie beschlossen, sparsam vorzugehen: Mitten im Park lag nämlich

Das Schiller-Denkmal in Baden-Baden

ein großer unbehauener Stein, der zu nichts nutze war; es wäre sehr mühsam gewesen, ihn an einen anderen Ort zu tragen, aber wenn er einfach mitten im Park lag, störte er den Anblick. Gleich hatten diese schlauen Leute eine Idee, um sich aus der Affäre zu ziehen: sie vergeudeten keinen Pfennig für die Bearbeitung des Steins, sondern meißelten nur mit ein paar Goldbuchstaben, wie sie auf Grabsteinen üblich sind, eine Inschrift in den Stein: »Dem unsterblichen Schiller – die Stadt Baden-Baden«. Und um die Häßlichkeit dieses Steins etwas zu verbergen, pflanzten sie ringsherum Flieder, der ihn von drei Seiten verdeckt, so daß nur der Teil offen sichtbar bleibt, auf dem die Inschrift steht. Ein schlauer Einfall, den auch nur die Deutschen haben konnten! Die Sache ehrt sie, ist billig, der Stein beleidigt das Auge nicht sehr, mit einem Wort, sie haben drei Fliegen mit einer Klappe geschlagen.

21. August 1867

Ich vergaß noch zu erwähnen, daß wir außer den von Mama geschickten 234 Florin noch 400 Gulden hatten, so daß wir über mehr als 1 300 Franken verfügten. Jetzt hätten wir abreisen sollen! Aber wir sind eben Phantasten, das ist ja zur Genüge bekannt, nie können wir aufhören, müssen immer bis zum äußersten gehen, und so haben wir diese echte Chance, die sich uns bot, um aus unserer traurigen Lage herauszukommen, nicht genutzt. Gott hat uns 400 Florin gegeben, wir hätten sofort abreisen sollen; dann wären wir mindestens für drei Monate gesichert gewesen, danach hätte man weiterüberlegen können, wie wir zu Geld kommen. Aber wir sind eben Phantasten, wie hätten wir denn begreifen können, wann man aufhören muß?

22. August 1867

Als Fedja gegen acht Uhr nach Hause kam, stellte ich irgendeine Frage, ehe ich sein Gesicht gesehen hatte. Das war aber offenbar unpassend: Fedja stürzte sich in schrecklicher Erregung auf mich und gestand mir weinend, er habe alles verloren, auch das Geld, das ich ihm zum Auslösen der Ohrringe gegeben hatte. Ich konnte ihm unmöglich Vorwürfe machen. Es war schrecklich anzusehen, wie mein armer Fedja weinte, wie verzweifelt er war. Ich umarmte ihn und bat ihn, um Gottes willen, um meinetwillen, nicht zu verzweifeln und nicht zu weinen: »Das ist eben nicht zu ändern, wenn du verspielt hast, so hast du eben verspielt, das ist doch nicht so schlimm, daß man deswegen so außer sich gerät!« Fedja nannte sich einen Schuft, sagte, er sei meiner nicht würdig, ich solle ihm nicht verzeihen, und weinte furchtbar. Irgendwie gelang es mir schließlich, ihn zu beruhigen, und da beschlossen wir, morgen abzureisen.

23. August 1867

Heute bin ich kurz nach sechs Uhr aufgestanden, denn ich mußte nicht nur mein Kleid auslösen, sondern auch zum Schuster gehen und die Stiefel abholen, die ich vor langer Zeit zur Reparatur gegeben hatte und um deren Verlust es schade gewesen wäre. Ich zog mich leise an, gab Therese den Kaffee und ging aus dem Haus. Unterwegs wollte ich noch in die hiesige Kirche gehen. Wir haben hier beinahe zwei Monate verbracht, und noch kein einziges Mal bin ich in die Kirche gegangen. Von einem Tag habe ich es auf den anderen verschoben, aber jetzt täte es mir doch sehr leid, abzufahren, ohne in der Kirche gewesen zu sein. So ging ich also hinauf und sah sie mir an. Sie ist sehr alt, innen sind die Statuen der verschiedenen Herzöge von Baden aufgestellt, aber sonst habe ich nichts Besonderes gesehen. Oberhalb der Kirche war Markt, und hier ging es lustig zu: Da wurde gehandelt, die einen verkauften, die anderen kauften ein, schrien, und dieses ganze Treiben gefiel mir sehr gut.

Anzeige des Juweliers Moppert im Badeblatt

[...] Als wir jetzt zu rechnen begannen, stellten wir fest, daß wir mit unserem Geld nicht bis Genf kommen konnten und daß wir die Ohrringe nicht erst in Genf, wie wir anfangs gedacht hatten, sondern sogar schon in Basel verpfänden mußten. Da schlug Fedja vor, es wäre doch besser, es noch hier bei Moppert zu tun und ihn zu bitten, uns diese Sachen in zwei Monaten zu schicken, und ihm das Geld für die Übersendung dazulassen. [...] Dieser Moppert scheint ein ehrlicher Mann zu sein, vielleicht schickt er uns wirklich unsere Sachen nach, sowie wir ihm das Geld überweisen. [...] Der Kutscher fuhr sehr schnell, so daß wir, obwohl nur noch dreißig Minuten bis zur Abfahrt des Zuges waren, rechtzeitig am Bahnhof ankamen. Fedja löste die Billetts und zahlte 67 Franken für beide. Dann gab er das Gepäck auf. [...] Endlich läutete es, und wir stiegen in den Zug, fuhren aber nur bis Oos, wo wir umsteigen mußten. Ich war überglücklich, daß wir endlich diese verfluchte Stadt verließen, ich bin sicher, daß ich nie mehr hierherkommen werde.

Brief an Apollon Maikow

Genf, 28. August 1867

[...] Da uns unser Weg an Baden-Baden vorbeiführte, beschloß ich, einen Abstecher dorthin zu machen. Mich quälte ein verlockender Gedanke: 10 Louisdor zu opfern und vielleicht 2000 Francs zu gewinnen, also den Unterhalt für 4 Monate mit allem Drum und Dran, die Petersburger eingeschlossen. Am niederträchtigsten war, daß ich auch früher zuweilen gewonnen hatte. Das schlimmste ist, daß meine Natur gemein und allzu leidenschaftlich ist: Immer und in allem muß ich bis an die äußerste Grenze gehen, mein Leben lang habe ich diese Linie wieder und wieder überschritten.

Gleich zu Beginn trieb der Teufel sein Spiel mit mir: Ich gewann mit ungewöhnlicher Leichtigkeit innerhalb von drei Tagen 4000 Francs. Lassen Sie mich Ihnen nun schildern, wie sich mir alles darstellte: Auf der einen Seite dieser leichte Gewinn – aus *hundert* Francs machte ich in drei Tagen viertausend. Andererseits die Schulden, die Eintreibungen, die seelische Unruhe und die Aussichtslosigkeit, nach Rußland zurückzukehren. Und schließlich das dritte und Wichtigste – das Spiel selbst. Wissen Sie, wie das einen anzieht? Nein, ich schwöre Ihnen, es ging nicht allein um den Gewinn, wenngleich ich vor allem Geld um des Geldes willen benötigte. Anna Grigorjewna flehte mich an, mich mit den 4000 Francs zufriedenzugeben und sofort abzureisen. Doch eine so leichte und wahrscheinliche Möglichkeit, alles in Ordnung zu bringen! Und die Beispiele? Außer dem eigenen Gewinn erlebt man täglich Leute, die 20000 oder 30000 Francs kassieren. (Die Verlierer sieht man nicht.) Was zeichnet sie aus? Ich brauche das Geld nötiger als sie. Ich ging also ein weiteres Risiko ein und verlor. Dann fing ich an, *das Letzte* zu wagen, geriet in fieberhafte Erregung – und verlor. Ich mußte unsere Kleidung versetzen. Anna Grigorjewna gab *all das Ihre,* die letzten Sachen. (Was für ein Engel! Wie tröstete sie mich, und wie litt sie in dem verfluchten Baden, in unseren zwei Zimmerchen über der Schmiede, wohin wir umziehen mußten.) Schließlich war es vorbei, alles verspielt. (Oh, wie gemein zeigten sich da die Deutschen, was sind sie alle ohne Ausnahme für Wucherer, Schurken und Betrüger! Als unsere Wirtin begriff, daß wir nicht abreisen konnten, bevor wir Geld bekamen, erhöhte sie den Zimmerpreis!) Schließlich mußten wir uns in Sicherheit bringen und aus Baden abfahren. [...]

Doch ein letztes Wort zu Baden: In dieser Hölle in Baden haben wir uns 7 Wochen lang gequält. Gleich zu Beginn, ich war gerade erst in Baden angekommen, tags darauf, bin ich Gontscharow im Spielkasino begegnet. In welche Verlegenheit habe ich Iwan Alexandrowitsch anfangs gebracht! Auch dieser Staatsrat oder Ordentliche Staatsrat wollte spielen. Da er sich aber nicht verstecken konnte und ich selbst mit unfeiner Offenheit spielte, gab er es schließlich auf, sich vor mir zu verbergen. Er spielte mit fieberhafter Leidenschaft (doch nur kleine Einsätze, in Silber), spielte die ganzen zwei Wochen, die er in Baden weilte, und wie es scheint, hat er eine Menge verloren. Doch möge Gott diesem lieben Menschen Gesundheit schenken: Als ich restlos alles verloren hatte (und er hatte in meinen Händen viel Gold gesehen), lieh er mir auf meine

Bitte 60 Francs. Er hat mein Verhalten sicher schrecklich mißbilligt: »Weshalb mußte ich alles verspielen und begnügte mich nicht mit der Hälfte wie er?«

Gontscharow erzählte mir unentwegt von Turgenjew, so daß ich mich schließlich zu dem immer wieder aufgeschobenen Besuch bei Turgenjew entschloß. Ich ging um 12 Uhr mittags zu ihm und traf ihn beim Frühstück an. Ich sage Ihnen offen: persönlich habe ich diesen Menschen schon früher nicht gemocht. Am unangenehmsten ist, daß ich ihm seit 65 in Wiesbaden noch 50 Taler schulde (und bis heute nicht zurückgegeben habe!). Auch mag ich seine affektierte aristokratische Umarmung nicht, wenn er einen küssen will, jedoch nur seine Wange hinhält. Eine entsetzliche Angeberei; doch am meisten brachte mich sein Buch *Rauch* in Rage. Er selbst sagte mir, die Hauptidee, der grundlegende Gedanke seines Buches bestehe in dem Satz: »Wenn Rußland vom Erdboden verschwände, bedeutete das weder einen Verlust, noch würde es die Menschheit erregen.« Er erklärte mir, das sei seine Grundauffassung von Rußland. Ich fand ihn schrecklich verärgert über den Mißerfolg von *Rauch*. Wie ich zugeben muß, kannte ich nicht einmal alle Einzelheiten dieses Mißerfolgs. Sie haben mir von Strachows Artikel in den *Vaterländischen Annalen* berichtet, doch wußte ich nicht, daß er überall gescholten wird und man in Moskau, offenbar im Klub, bereits Unterschriften zum Protest gegen *Rauch* gesammelt hat. Das hat er mir selbst erzählt. Ich gestehe Ihnen, ich hätte mir nicht vorstellen könne, daß jemand so naiv und ungeschickt seine verletzte Eigenliebe ausbreiten könnte wie Turgenjew. Und nebenbei gesagt, rühmen sich diese Leute damit, *Atheisten* zu sein! Er erklärte mir, er sei ein entschiedener Atheist. Doch mein Gott: Der Deismus hat uns Christus geschenkt, d. h. eine so erhabene Vorstellung vom Menschen, daß man sie nicht ohne Andacht erfassen kann und einfach glauben muß, daß dieses Menschheitsideal für ewig geschaffen ist! Was aber haben uns denn diese Turgenjews, Herzens, Utins und Tschernyschewskis gegeben? Als Ersatz für die höchste göttliche Schönheit, auf die sie spucken, haben sie eine so ekelhafte Eigenliebe, derart schamlose Gereiztheit und einen so leichtsinnigen

Stolz, daß man einfach nicht begreift: Worauf hoffen sie, und wer soll ihnen folgen? Er schimpfte unflätig und entsetzlich auf Rußland und die Russen. Aber was mir aufgefallen ist: All diesen Liberalisten und Fortschrittlern, besonders jenen aus der Schule Belinskis, bereitet es höchstes Vergnügen und äußerste Befriedigung, Rußland zu beleidigen. Der Unterschied besteht darin, daß die Anhänger Tschernyschewskis Rußland unverhohlen beschimpfen und offen seinen Untergang wünschen (dies in erster Linie). Die anderen aber, die Sprößlinge Belinskis, fügen hinzu, sie *liebten Rußland.* Dabei ist ihnen jedoch nicht nur alles verhaßt, was in Rußland ein wenig urwüchsig ist, so daß sie es ablehnen und sogleich mit Genuß karikieren, es würde sie meiner Ansicht nach auch zutiefst unglücklich machen, ihnen *Qual* und Pein bereiten, wenn man sie mit einer Tatsache konfrontierte, der sie zustimmen müßten, ohne daß sie sie ablehnen oder zu einer Karikatur verzerren könnten. 2) Ich habe bemerkt, daß beispielsweise Turgenjew (wie alle, die lange nicht in Rußland waren) die Fakten gar nicht mehr kennt (obwohl er Zeitungen liest) und so sehr jedes Gefühl für Rußland verloren hat, daß er die einfachsten Dinge nicht begreift, die selbst unser russischer Nihilist nicht mehr verneint, sondern nur auf seine Weise verzerrt. Übrigens äußerte Turgenjew, wir müßten vor den Deutschen im Staube kriechen, für alle gäbe es einen einzigen und unumgänglichen Weg – die Zivilisation, und alle Versuche von Russismus und Selbständigkeit bedeuteten eine Schweinerei und Dummheit. Er sagte, er schreibt einen großen Artikel gegen alle Russophilen und Slawophilen. Ich riet ihm, sich der Bequemlichkeit halber aus Paris ein Teleskop kommen zu lassen. »Wozu?« fragte er. »Von hier ist es zu weit«, antwortete ich, »Sie könnten das Teleskop auf Rußland richten und uns beobachten; denn ohne dies ist alles schwer zu erkennen.« Er geriet fürchterlich in Zorn. Als er so gereizt war, sagte ich mit wirklich außergewöhnlich gelungener Naivität: »Ich hätte nicht gedacht, daß diese Kritiken und der Mißerfolg von *Rauch* Sie in einem solchen Maße verärgern könnten; das ist es doch bei Gott *nicht wert.* Sie sollten auf alles pfeifen.« – »Was denken Sie, ich bin in keiner Weise verärgert!« erwiderte er errötend. Ich wechselte das Thema; wir redeten über häusliche und private Dinge, dann nahm ich meinen Hut und sprach beiläufig und ohne besondere Absicht all das aus, was sich in den drei Monaten in meiner Seele gegen die Deutschen angesammelt hatte: »Wissen Sie, was für Gauner und Betrüger man hier trifft? Das einfache Volk ist hier viel schlimmer und unehrlicher als unseres, und daß es dümmer ist, daran besteht kein Zweifel. Sie reden da von Zivilisation; was hat die Zivilisation denen denn gebracht, und womit können sie sich vor uns schon groß brüsten?« Er wurde bleich (buchstäblich, ich übertreibe nicht, nicht im geringsten!) und sagte zu mir: »Wenn Sie so reden, beleidigen Sie mich *persönlich*. Sie sollen wissen, ich habe mich endgültig hier niedergelassen und halte mich für einen Deutschen, nicht für einen Russen, und ich bin stolz darauf!« Ich erwiderte: »Obwohl ich *Rauch* gelesen und nun eine ganze Stunde mit Ihnen gesprochen habe, konnte ich mir dennoch nicht vorstellen, daß Sie so etwas sagen werden, verzeihen Sie also, wenn ich Sie gekränkt habe.« – Danach nahmen wir ausgesprochen höflich voneinander Abschied, und ich schwor mir, niemals wieder einen Fuß über Turgenjews Schwelle zu setzen. Tags darauf kam Turgenjew genau um *10 Uhr* morgens zu mir und hinterließ bei meinen Wirtsleuten seine Visitenkarte für mich. Doch da ich ihm am Abend zuvor gesagt hatte, daß ich vor *zwölf Uhr* nicht empfangen kann und wir *bis elf* schlafen, sah ich in seinem Besuch um *10 Uhr morgens* das deutliche Zeichen, daß er mir nicht begegnen wollte, und mich um 10 Uhr ebendarum besuchte, damit ich das verstand. In all den 7 Wochen traf ich ihn nur ein einziges Mal, im Kasino. Wir sahen uns an, doch weder er noch ich spürten den Wunsch, einander zu grüßen.

Vielleicht empfinden Sie, mein Täubchen Apollon Nikolajewitsch, die Schadenfreude, mit der ich Turgenjew und unsere gegenseitige Kränkung beschreibe, als unangenehm. Doch bei Gott, ich kann nicht anders; er hat mich mit seinen Ansichten zu tief verletzt. Mir persönlich wäre es gleichgültig, obwohl ich ihn mit seiner Wichtigtuerei nicht sehr sympathisch finde; aber man kann sich doch nicht solche Schimpftiraden auf Rußland anhören, von einem russischen Verräter, der eigentlich nützlich sein könnte. Seine Kriecherei vor den Deutschen und seinen Haß auf die Russen habe ich schon vor langem, nämlich vor vier Jahren bemerkt. Doch die jetzige Gereiztheit und die schäumende Wut auf Rußland ist einzig und allein durch den Mißerfolg von *Rauch* verursacht und rührt daher, daß Rußland sich erdreistet, ihn nicht als Genie zu akzeptieren. Hier geht es ausschließlich um Eigenliebe, was um so abstoßender ist.

Doch zum Teufel mit ihnen allen!

Brief Iwan Turgenjews an Pjotr Bartenjew

Baden-Baden, 3.1.1868 / 22.12.1867

Ich habe erfahren, daß an die Bibliothek von Tschertkow auf Ihren Namen ein Brief mit der Unterschrift von Herrn F. M. Dostojewski gesandt worden ist, und daß in diesem Brief, der nicht vor dem Jahr 1890 publiziert werden soll, von ihm empörende und unsinnige Ansichten über Rußland und die Russen dargelegt werden, die er mir zuschreibt. Diese Ansichten, die meine innersten Überzeugungen darstellen sollen, wurden von mir, wie Herr Dostojewski beteuert, in seiner Gegenwart in diesem Sommer in Baden ausgesprochen, während des einzigen Besuchs, mit dem er mich beehrt hat.

Ganz davon zu schweigen, ob ein derartiger Vertrauensmißbrauch zu rechtfertigen ist, bin ich gezwungen meinerseits zu erklären, daß ich es schon deshalb für unangebracht hielte, meine innersten Überzeugungen vor Herrn Dostojewski auszudrücken, da ich ihn – infolge krankhafter Anfälle und anderer Gründe – für einen Menschen halte, der seine eigenen Geisteskräfte nicht völlig unter Kontrolle hat, eine Meinung, die übrigens von vielen anderen Personen geteilt wird.

Ich habe mich mit Herrn Dostojewski, wie schon gesagt, nur einmal getroffen. Er hat nicht mehr als eine Stunde bei mir gesessen und ist, nachdem er sein Herz mit schrecklichem Geschimpfe über die Deutschen, über mich und mein letztes Buch erleichtert hat, wieder gegangen. Ich habe kaum Zeit gefunden und hatte auch keinerlei Lust dazu, ihm zu widersprechen. Ich wiederhole, ich bin mit ihm wie mit einem Kranken umgegangen. Sicherlich haben sich die Argumente, die er von mir gehört zu haben glaubt, seiner zerrütteten Einbildungskraft so dargestellt, und er hat seine … Denunziation gegen mich an die Nachkommen geschrieben.

Es unterliegt keinem Zweifel, daß im Jahr 1890 weder Herr Dostojewski noch ich die Aufmerksamkeit unserer Landsleute auf sich ziehen werden. Aber falls wir nicht völlig vergessen sein sollten, dann wird man nicht nach einseitigen Verleumdungen über uns urteilen, sondern nach den Resultaten des gesamten Lebens und Werks. Trotzdem habe ich es aber für meine Pflicht angesehen, jetzt sogleich gegen eine derartige Entstellung meiner Denkweise zu protestieren. […]

Dresden

»Warum bin ich in Dresden,
gerade in Dresden,
und nicht irgendwo an einem anderen Ort.«

Dresden (1869). Foto aus dem Besitz Anna Grigorjewnas

In der sächsischen Residenzstadt war Dostojewski länger als an jedem anderen Ort in Deutschland; die in Dresden verbrachte Zeit beträgt im ganzen fast zweieinhalb Jahre. Gleich auf seiner ersten Auslandsreise 1862 besuchte er Dresden, auch wenn von diesem Aufenthalt nur jene Äußerung über den »widerwärtigen Typ der Dresdener Frauen« in den *Winteraufzeichnungen über Sommereindrücke* bewahrt ist, jene »übelste Verleumdung«, für die der Schriftsteller sogleich mit witziger Selbstironie seine kranke Leber verantwortlich macht. Außerdem gibt es einen Brief des Bruders Michail, in dem dieser ihm die Sendung von 100 Rubeln Ende August 1862 nach Dresden bestätigt.

Auch der Aufenthalt im Oktober 1863 läßt sich nur durch einen Brief des Schriftstellers nachweisen, aus dem hervorgeht, daß er sich im Herbst dieses Jahres in Dresden von zwei dort lebenden Landsleuten Geld geliehen hatte. Damit nun wird ein Grundthema angeschlagen, das fast alle Briefe Dostojewskis aus Dresden durchzieht, die ständigen, quälenden Geldsorgen. Offensichtlich hat Dostojewski in Dresden die meiste Zeit bittere Armut und Not erlebt.

Das trifft allerdings nicht für die zwei Monate im Frühsommer 1867 zu, die zu den glücklichsten seines insgesamt schwierigen Lebens gezählt haben müssen. Dresden ist nämlich, nach einem kurzen Aufenthalt in Berlin, die erste längere, und noch fast sorgenfreie Station des gemeinsamen Lebens mit seiner zweiten Frau Anna Grigorjewna Snitkina, die er kurz zuvor in Petersburg geheiratet hatte. Mit der tatkräftigen finanziellen Unterstützung ihrer Mutter und einem reichlich bemessenen Vorschuß des Redakteurs Michail Katkow für das nächste Romanprojekt flüchtete er mit ihr vor dem drückenden Schuldenberg und den angespannten familiären Verhältnissen in eine Auslandsreise, die schließlich vier Jahre dauern sollte.

Die Wochen vom 1. Mai bis 3. Juli 1867 verbrachte das junge Paar in Dresden. Nach einer Nacht im Hotel Stadt Berlin am Neumarkt mieteten sie sich in der Johannisstraße bei Madame Zimmermann

»zwei große, ordentlich möblierte Zimmer und einen Schlafraum, für 17 Taler mit Wäsche, Geschirr und allem Notwendigen« und erlebten hier einen herrlichen Frühsommer. Der gesamte Stadtteil der südlichen Altstadt, in dem die Johannisstraße – wie auch die spätere Wohnung der Dostojewskis in der Victoriastraße – gelegen hatte, wurde in der Bombennacht im Februar 1945 zerstört, und es gibt nicht einmal mehr die Straßen.

Die erst einundzwanzig Jahre alte Anna Grigorjewna hielt in ihrem Tagebuch die farbigen Eindrücke des fremden Landes wie auch die Freuden und Leiden ihrer ersten Ehemonate ausführlich in für ihren Mann unlesbarer Stenoschrift fest. So wissen wir aus dieser Zeit in Dresden praktisch alle Einzelheiten über das Alltagsleben der jungen Eheleute, über ihre aus Bagatellen entstehenden Streitigkeiten und zärtlichen Versöhnungen, über ihre gemeinsamen Spaziergänge und Ausflüge, ihre Einkäufe und Mahlzeiten samt genauen Preisangaben.

Und neben das Bild des düsteren, krankhaft reizbaren, vom Schreiben besessenen Genius tritt das des fröhlich scherzenden Ehemanns, der seine junge Frau neckt, sich für alle Details ihrer Garderobe interessiert, fachkundig und interessiert mit ihr einkaufen geht und in den Läden die Preise herunterzuhandeln versucht. Es paßt ja auch so gar nicht zur herkömmlichen Vorstellung von dem genialen Autor, daß er täglich in Konditoreien genüßlich Eis und Kuchen vertilgt oder als ehemaliger Soldat mit größtem Vergnügen seine Treffsicherheit in der Schießbude im Großen Garten unter Beweis stellt.

In Anna Grigorjewnas detailreichen Aufzeichnungen entsteht ein buntes Bild von Dresden mit all seinen Sehenswürdigkeiten, denen sich vor allem die junge Frau voller Interesse und Wißbegier hingibt. Fast jeden Tag hören sie Konzerte im Großen Garten, bei ihren langen Spaziergängen durch die Stadt wandeln sie auf den Spuren Theodor Körners und Friedrich Schillers, dessen Werk auf den jungen Dostojewski einst so einen überwältigenden Einfluß hatte. Anna Grigorjewna, eine der ersten russischen Stenographinnen, besucht sogar eine Sitzung der Dresdener Stenographischen

Gesellschaft und wird dort mit größter Hochachtung empfangen, was sogar in einer Dresdener Zeitung Erwähnung findet.

Dostojewski nimmt zwar an vielen Unternehmungen teil, es wird aber doch deutlich, daß ihn das meiste nicht sonderlich interessiert, daß er mit seinen Gedanken viel mehr in Rußland ist. Er liest fast nur russische Zeitungen und Zeitschriften, sammelt Material über die im Ausland lebende und vom eigenen »Boden« losgelöste russische Oberschicht, die er verachtet. So schreibt er auch in diesen Wochen in Dresden an einem leider verlorengegangenen Essay über Wissarion Belinski, den bedeutenden Kritiker und Jugendfreund, der für ihn inzwischen zum Inbegriff des gefährlichen atheistischen »Westlers« geworden ist, dessen Ideen zu bekämpfen er für seine Pflicht hält.

Immer wieder zieht er über die Deutschen her, schimpft über ihre Dummheit, Stupidität und Kleinlichkeit, daß es oft sogar Anna Grigorjewna zuviel wird, und stellt ihnen die Klugheit und die Tugenden des idealisierten russischen Menschen aus dem Volke gegenüber. Ständig fühlt er sich in seiner krankhaften Empfindlichkeit mißverstanden, meint, von Kellnern oder Verkäufern nicht achtungsvoll genug behandelt zu werden, mißtraut jeder Auskunft von Deutschen. Sicherlich ist dies aus der Angst vor Demütigung bei einem Menschen zu erklären, der in seinem Leben so unendlich viel Erniedrigung und Ächtung ertragen mußte.

Schon nach drei Wochen in Dresden hatte ihn wieder die Spielleidenschaft gepackt, und er reiste im Mai 1867 allein nach Homburg, um sein Glück zu versuchen. Anna Grigorjewna, die ihren Mann zwar schrecklich vermißte und um ihn litt, unternahm gerade in diesen Tagen, allein oder mit Madame Zimmermann schöne Ausflüge in die Umgebung, in die Sächsische Schweiz oder nach Schloß Pillnitz.

Was die Eheleute jedoch innig miteinander verband, waren ihre fast täglichen Besuche in der Gemäldegalerie. Die berühmte Dresdener Galerie mit ihrer überragenden Sammlung von klassischen Kunstwerken war für Dostojewski offenbar das Wesentliche bei allen Besuchen in Dresden. Es war wohl vor allem die Gemälde-

Die Dresdner Gemäldegalerie

galerie, die ihn immer wieder in die sächsische Residenzstadt zog. Seine Lieblingsbilder, Raffaels »Sixtinische Madonna«, Tizians »Zinsgroschen« und Claude Lorrains »Acis und Galatea« haben auch in seinem Werk tiefe Spuren hinterlassen.

Anfang Juli führt sie ihre Reise weiter quer durch Deutschland nach Baden-Baden, wo sie das Roulette länger als geplant festhielt. Und während aus den Tagebuchaufzeichnungen der jungen Frau trotz aller Schwankungen der Stimmungen und Gefühle herauszuhören ist, daß die Wochen in Dresden auch für Dostojewski im wesentlichen eine glückliche Zeit gewesen sein müssen, schreibt er in seinem langen Brief über diese vier Monate 1867 in Deutschland an seinen Freund Apollon Maikow, »daß es nun einerlei ist, wo ich lebe, ob in Dresden oder anderswo, überall ist fremdes Land, überall bin ich ein losgetrenntes Glied. [...] Schließlich überwältigte sowohl mich wie Anna Grigorjewna in Dresden das Heimweh.«

Im Sommer 1869 ist das junge Paar nach schweren, leidvollen und arbeitsreichen Jahren in der Schweiz, wo ihr erstes, innig geliebtes

Kind mit drei Monaten starb, und Italien, wo Dostojewski seinen Roman *Der Idiot* abschließen konnte, nach Dresden zurückgekehrt. Eigentlich hatten sie geplant, vor der ersehnten Rückreise in die Heimat noch einmal in Prag zu überwintern. Als sie dort aber keine möblierte Wohnung finden konnten, zogen sie ins schon vertraute Dresden und verbrachten hier dann noch fast zwei Jahre.

In Dresden, in der Victoria-Straße 5, wurde am 26. September 1869 die Tochter Ljubow geboren, und die Freude an dem gesunden und fröhlichen kleinen Mädchen ist denn auch der einzige Lichtblick, der in den vielen Briefen Dostojewskis aus Dresden aufscheint. Ansonsten kommt in den fast sechzig, zum Teil dutzende Seiten langen Briefen ihr eigenes Leben in dieser Stadt kaum vor. Diese Briefe spiegeln vor allem das wachsende, qualvolle Heimweh der beiden und ihre finanziellen Sorgen und Nöte. Außer den immerwährenden, dramatischen Bitten um Geldüberweisungen und Vorschüsse von den Redaktionen, für die er arbeitete, kreisen die Briefe um die unguten Auseinandersetzungen wegen des Erbes der Tante Kumanina innerhalb der weiteren Familie Dostojewskis oder betreffen seinen Kampf mit dem schurkischen Verleger Stellowski um das ihm für eine Neuauflage von *Verbrechen und Strafe* zustehende Honorar. Vor allem zeigen die Briefe, wie intensiv er Anteil am russischen literarischen Leben nimmt, an seinen Zeitschriften, deren ästhetisches und weltanschauliches Profil ihn brennend interessiert. Dostojewski lebt in diesen beiden Jahren eigentlich gar nicht wirklich in Dresden, sondern ist mit seinen Gedanken ganz in Rußland, wohin es ihn mit allen Fasern zieht.

Daß Dostojewski trotzdem die politischen Ereignisse der Zeit – den Krieg zwischen Deutschland und Frankreich 1870/71 – genau beobachtet und verfolgt hat, beweisen seine Berichte über die Stimmung während des Krieges in seinen Briefen wie auch später im *Tagebuch eines Schriftstellers.*

Die Erinnerungen von Dostojewskis Frau rücken das allzu düstere Bild über diese Jahre, wie es in den Briefen ihres Mannes entsteht, ein bißchen zurecht und bezeugen, daß es trotz ihrer unglücklichen Situation auch kleine Freuden und Vergnügungen gab.

Über längere Zeit lebte Anna Grigorjewnas Mutter mit ihnen zusammen und half bei der Betreuung des Kleinkinds; die Familie pflegte durchaus auch Kontakt zu anderen Menschen, zur russischen Gemeinde, in der Dostojewski inzwischen schon von vielen tief verehrt wurde; und offensichtlich mußten sie auch nicht ununterbrochen am Hungertuch nagen.

Dostojewski hat in dieser Zeit angespannt und fruchtbar gearbeitet. In den Herbst- und Wintermonaten 1869/70 entsteht in ungeheurer Geschwindigkeit der Roman *Der ewige Gatte*, eine subtile psychologische Studie über ein schmerzliches Dreiecksverhältnis. Der Gestalt des betrogenen Ehemanns verleiht Dostojewski – im Gegensatz zur bisher in der europäischen Literatur üblichen komischen Beleuchtung – tief tragische Züge.

Die Jahre 1870 und 1871 bis zu seiner Rückkehr nach Rußland widmet er dann ganz der Arbeit an seinem Roman *Die Dämonen.*

Daß dieser wohl konsequenteste Anti-Revolutionsroman der Weltliteratur gerade in Dostojewskis Zeit in Europa, in Dresden begonnen wurde, ist kein Zufall. Hatte doch sein unfreiwillig langer Aufenthalt in Deutschland, der Schweiz und Italien ihn in seiner seit Beginn der 60er Jahre entwickelten, antiwestlichen Ideenwelt immer mehr bestätigt und gefestigt. Und die ihn entsetzenden Nachrichten über die Pariser Kommune im Frühjahr 1871 und das »Rollen der Köpfe« dort bestärkte ihn zusätzlich in der Arbeit an seinem Roman, in dem wie in keinem anderen Text der Weltliteratur vor dem »Traum, die Welt durch Vernunft und Experiment (Positivismus) neu zu erschaffen«, wie es in einem Brief an Nikolai Strachow heißt, gewarnt wird.

Der Roman *Die Dämonen* führt das Modell eines revolutionären Umsturzes im Kleinformat, sozusagen als Laborexperiment vor und wird damit zur radikalen Abrechnung mit den aus Westeuropa nach Rußland eingeschleppten sozialistischen und kommunistischen Utopien, wie auch mit den liberalen Ideen der westlichen Aufklärung und Säkularisierung überhaupt. In diesen nämlich meint Dostojewski – wegen ihrer Abkehr von Gott – den Nährboden für alle revolutionären Gedankensysteme zu erkennen.

Die Idee zu dem Roman hatte ihn gepackt, als im November und Dezember 1869 die Nachrichten über den von dem Revolutionär Sergej Netschajew angestifteten, politisch motivierten Mord an dem Studenten der Moskauer Landwirtschaftsakademie Iwan Iwanow durch die russische und westliche Presse ging. Diesen Mordfall, in den Netschajew bewußt idealistische junge Leute verwickelt hatte, um sie unlösbar an die konspirative revolutionäre Arbeit zu binden, wollte er zum Handlungskern seines Romans machen.

Eine nicht zu unterschätzende Rolle bei der Gestaltung dieses Themas spielt, daß der Bruder von Dostojewskis Frau, sein Schwager Iwan Grigorjewitsch Snitkin, der an eben dieser Akademie studierte, in dem Herbst, als der Mord geschah, bei ihnen in Dresden weilte. Wie Anna Grigorjewna in ihren Erinnerungen berichtet, hatte Dostojewski ihren Bruder auch deshalb nach Deutschland eingeladen, um den sensiblen und leicht beeinflußbaren jungen Mann aus den revolutionären Umtrieben in Moskau herauszuhalten.

Wie er in diesem grandiosen Erzählwerk entwickelt, ist es das vom Westen her eingedrungene, liberale geistige Milieu, das – mit der Loslösung der Moral aus der Verankerung im Religiösen – dazu führt, daß »alles erlaubt« ist. Die ungeheure, bis heute provozierende Aktualität dieses Romans liegt zum einen darin, daß Dostojewski hier mit beängstigender Hellsichtigkeit das Funktionieren der totalitären Systeme des 20. Jahrhunderts voraussah und in seinen Mechanismen beschrieb. Zum anderen stellt er die gesamte Hybris der fortschrittsgläubigen Moderne, das westliche Zivilisationsmodell mit seinem zweckrationalistischen Denken und dem Verlust Gottes letztlich als Ursache dieser zerstörerischen Entwicklungen hin.

Auch wenn das im Roman dargestellte ideologische Gegenmodell Dostojewskis kaum zu akzeptieren ist, sollte man sich seiner Kritik des westlichen Zivilisationsmodells stellen, die nach dem Zusammenbruch der sozialistischen Alternative so aktuell ist wie nie zuvor.

Spuren seines Dresdenaufenthalts finden sich in dem Roman vor allem in der Verarbeitung der so geliebten Bilder aus der Dresdener

Galerie. Die »Sixtinische Madonna« von Raffael stellte für ihn die »höchste Offenbarung des menschlichen Geistes« dar, und Anna Grigorjewna berichtet davon, wie er im Ausstellungssaal auf einen Stuhl stieg, um sie ganz aus der Nähe zu betrachten. In seinen letzten Lebensjahren hatte er eine Kopie des Bildes in seinem Arbeitszimmer in Petersburg immer um sich, und es taucht in seinen Werken wiederholt auf. In den *Dämonen* wird das Gemälde – Sinnbild seines Ethik und Ästhetik verschmelzenden philosophischen Konzepts – zum Symbol der jedem Utilitarismus entgegenstehenden vergeistigten Schönheit. Die niederträchtigen Aufrührer im Roman und die sich bei ihnen anbiedernden Liberalen machen das Bild verächtlich und verspotten es. Seine Verteidigung durch Stepan Trofimowitsch, den verwestlichten schöngeistigen Vater des schurkischen Revoluzzers, erscheint daher als erstes Anzeichen seiner späteren Rettung durch die Heimkehr in die russische Orthodoxie und ins russische Volk. Stepan Trofimowitsch redet auf dem zum Skandal ausufernden Fest vergeblich gegen jenen »verderbten Pöbelkerl« an, der »als erster die Leiter hinaufklettert mit der Schere in der Hand, um das göttliche Antlitz des großen Ideals zu zer-

Raffael »Die Sixtinische Madonna«

fetzen, im Namen der Gleichheit, des Neides und ... der Verdauung«. Daß gerade die »Sixtinische Madonna«, ein Bild der westlichen Kunst, diese gewaltige Bedeutung in Dostojewskis Denken gewonnen hat, demonstriert einmal mehr die Ambivalenz und Kompliziertheit seiner ideologischen Gegenüberstellung von Rußland und Europa.

Und auch Claude Lorrains Gemälde »Acis und Galatea« aus der Dresdener Galerie, das er für sich immer »das goldene Zeitalter« nannte, zieht sich durch mehrere Werke Dostojewskis. Dieses Bild erscheint – wie auch im *Jüngling* und im *Traum eines lächerlichen Menschen* – in den *Dämonen* als Inbegriff des menschlichen Traums vom goldenen Zeitalter. In diesem Traum, der bei Dostojewski zu einem geschichtsphilosophischen Konzept entwickelt wird, konkretisiert sich einerseits die eingeborene Sehnsucht des Menschen nach Harmonie und Glück, andererseits spiegelt er das Trügerische, Illusionäre utopischen Denkens.

Es sind also vor allem die unauslöschlichen künstlerischen Eindrücke der Gemäldegalerie, durch die Dresden in Dostojewskis Werk verewigt ist.

1862

Aus Winteraufzeichnungen über Sommereindrücke 1863
In Dresden aber bin ich sogar an den deutschen Frauen schuldig geworden: Kaum war ich auf die Straße hinausgetreten, da schien es mir plötzlich, als gäbe es nichts Widerwärtigeres als den Typ der Dresdener Frauen und als müßte selbst Wsewolod Krestowski, der Sänger der Liebe, der überzeugteste und fidelste aller russischen Poeten, hier völlig aus der Fassung geraten und womöglich gar an seiner Berufung irre werden. Natürlich fühlte ich im selben Augenblick, daß das Unsinn war und daß Krestowski unter keinen Umständen je an seiner Berufung irre zu werden vermöchte. Nach zwei Stunden gingen mir die Augen auf. Als ich, in mein Hotelzimmer zurückgekehrt, vor dem Spiegel meine Zunge herausstreckte, wur-

de ich mir klar darüber, daß mein Urteil über die Dresdener Damen übelster Verleumdung gleichkam. Meine Zunge war gelb und von bösartigster Beschaffenheit... Sollte, überlegte ich, der Mensch, diese Krone der Schöpfung, wirklich in solchem Maße von seiner Leber abhängig sein? Was für eine Niedertracht!

1867

Aus Anna Grigorjewnas Tagebüchern

Wir kamen in Dresden an, Fedja mietete eine Kutsche und zahlte 22 Sgr., was sehr teuer ist. Man brachte uns unsere Sachen, und wir fuhren los. Unser Kutscher wollte uns unbedingt irgendwo im Victoria oder im British Hotel unterbringen, aber wir ließen uns zum Gasthof Stadt Berlin fahren, den uns Janowski empfohlen hatte. Der Kutscher fuhr uns durch die ganze Stadt und hielt dann auf einem Platz an einer sehr schönen Stelle im Zentrum der Stadt. Wir läuteten die Glocke, und gleich kamen die Hoteldiener gelaufen. Wir baten um ein möglichst einfaches Zimmer. Man brachte uns über so viele Gänge in die dritte Etage, daß wir danach kaum noch unser Zimmer (Nr. 29) finden konnten. Dieses sehr enge und lange Zimmer (wie ein Käfig) mit roten Tapeten, zwei Fenstern, die auf den Platz hinausgingen, war sehr teuer (1 Taler 10 Sgr. pro Übernachtung) und dabei unbequem. Wir blieben jedoch und bestellten Tee. Man brachte ihn uns aber so dünn, daß man ihn nicht trinken konnte. So machten wir uns bald auf den Weg und gingen in die Galerie. Sie befindet sich nahe beim Schloß, gegenüber vom Theater. Der Eintritt kostet 5 Sgr. Wir gingen hinein und liefen zunächst fast im Laufschritt durch die ganze Galerie, aber Fedja hatte sich geirrt und mich zur Madonna von Holbein geführt. Sie gefiel mir anfangs sehr gut. Dann gingen wir in die alte Galerie. (Die Galerie wird durch einen großen Pavillon, in dem Gobelins hängen, in zwei Teile geteilt. Am Ende des einen Teils befindet sich die Madonna von Holbein, am anderen Ende die Madonna von Raffael.) Schließlich brachte mich Fedja zur Sixtinischen Madonna. Kein Bild hat

Hotel Stadt Berlin, Dresden

bisher auf mich einen so starken Eindruck gemacht wie dieses. Welche Schönheit, welche Unschuld und Trauer in diesem göttlichen Antlitz, wieviel Demut, wieviel Leiden in diesen Augen! Fedja findet Kummer in ihrem Lächeln. (Es ist ein sehr großes Bild unter Glas in einem großartigen Goldrahmen. Überhaupt sind alle bedeutenden Bilder hier unter Glas, um sie vor Beschädigung zu schützen.) In geringer Entfernung befinden sich samtüberzogene Bänke für die Betrachter. Es sind nur wenige da, aber immer sitzen sie auf der Bank und betrachten die Madonna in Gedanken versunken. Das Kind in den Armen der Gottesmutter gefiel mir nicht. Fedja hatte recht, als er meinte, es habe überhaupt kein Kindergesicht. Sixtus ist sehr schön, ein wunderbares Greisenantlitz, voller Verehrung für sie. Die hl. Barbara hat mir überhaupt nicht gefallen, obwohl sie offenbar eine Schönheit ist, sie steht theatralisch da, in hochtrabender, unnatürlicher Pose. Von den Engeln gefiel mir der auf der rechten Seite, der mit so anmutigem Ausdruck nach oben schaut. Die Sixtinische Madonna wirkte so stark auf mich, daß ich danach nichts mehr ansehen wollte. So verließen wir rasch die

Brühlsche Terrassen und Belvedere

Galerie und gingen zu der Brühlschen Terrasse. Das ist eine ziemlich große steinerne Terrasse über der Elbe, mit Bäumen bepflanzt (ich glaube, Linden), auf der es zwei Cafés gibt. Wir gingen dort ein wenig spazieren, kehrten dann aber zurück ins Hotel, weil ich meine Stiefel wechseln wollte, die mich sehr drückten. Zu Mittag wollten wir unten im Hotel an der table d'hôte essen (hier herrscht der seltsame Brauch, daß man um 1 Uhr an der table d'hôte speist. Wer später essen möchte, muß à la carte essen, was etwas teurer ist; und wer das Essen aufs Zimmer gebracht haben möchte, der zahlt dafür das Doppelte). Wir speisten unten im allgemeinen Saal, wo übrigens niemand war. Hier tranken wir Lautenheimer (Fedja schalt mich deshalb). Der Tag war wunderbar klar, und überhaupt war ich an dem Tag wahnsinnig glücklich! Nach dem Essen gingen wir in die Stadt auf der Suche nach einem Laden, wo wir einen Hut für mich kaufen könnten (hier gehen alle in runden Strohhüten, ich allein trage einen hohen Samthut). Aber alles, was wir zu sehen bekamen, war so häßlich, daß wir es aufgaben. Wir begaben uns auf die Promenade. Das ist eine lange, mit Bäumen eingefaßte Straße, wo viel

Volks promeniert. An vielen Häusern sind Anzeigen: »Hier ist ein möbliertes Zimmer zu vermieten«. Einige wollten wir uns anschauen. [...] Von dort gingen wir auf die Terrasse, Kaffee trinken. Es war ein wunderschöner Abend, die Sonne ging gerade unter, und in der Ferne, auf den Bergen rings um die Stadt, zeichneten sich ganz deutlich die Schlösser und Häuser ab. Und die Elbe war zu dieser Zeit so schön, daß sogar Fedja, der sonst nie eine Stadt schön findet, von diesem Anblick sehr angetan war. Dann gingen wir die Treppe hinauf ins Restaurant. Hier gab es an diesem Abend ein Konzert mit einem Riesenprogramm. Man bat uns zu einem äußerst niedrigen Eintrittspreis (nämlich 2½ Sgr.) hinein, aber wir wollten doch lieber spazierengehen, wir konnten ja noch ein anderes Mal kommen. Mir gefiel die Terrasse an jenem Abend sehr gut, vor allem der Teil rechts von der Elbe. Wir gingen hinunter und im Garten spazieren und dann unmittelbar am Elbufer entlang, einen Weg, der manchmal bei Hochwasser überflutet ist.

2. Mai 1867

Dann gingen wir auf Wohnungssuche. Einige Angebote gab es in der Johannisstraße. Wir schauten uns eines an, sie vermieten zwei Zimmer, das eine ziemlich geräumig, das andere ein kleines Schlafzimmer, und alles für 6 Taler, die Fenster gehen auf einen furchtbar häßlichen, nüchternen Boulevard, der allein schon durch seinen Anblick schwermütig machen kann. Obwohl es so billig war, beschlossen wir, diese Wohnung nicht zu nehmen und suchten auf der anderen Seite der Straße weiter und fanden zwei Zimmer nebst Schlafkabinett in der zweiten Etage (hier zählt man die Etagen nicht wie bei uns: die zweite wird erste genannt, die dritte zweite). Hier waren also zwei große, ordentlich möblierte Zimmer und ein Schlafraum, für 17 Taler mit Wäsche, Geschirr und allem Notwendigen. Unsere Wirtin ist suisse, Zimmermann, eine große hagere Frau. Wir gaben ihr als Aufgeld einen Dukaten und versprachen, heute noch umzuziehen. [...] Wir nahmen uns einen Träger, der unsere Sachen auf einem Karren transportierte, Fedja und ich folgten ihm in geringer Entfernung zu Fuß. Aus irgendeinem Grund mein-

Der Postplatz

te ich, wir wohnten Nr. 7. Der Träger hielt an und begann unsere Sachen auszuladen. Ich lief nach oben und wollte schon läuten, als mir plötzlich einfiel, daß das die erste Wohnung war, die wir zwar angesehen hatten, aber nicht nehmen wollten. Ich eilte hinunter und sagte dem Träger, er solle das Gepäck weiterfahren. Wir gingen fast die ganze Straße entlang, konnten aber unsere Wohnung nicht finden. Schließlich entdeckten wir auf der anderen Straßenseite die Anzeige der zwei Zimmer (merkwürdig, wie ich den Ort vergessen konnte). Endlich hatten wir unsere Wohnung gefunden.

5. Mai 1867

Um zwei Uhr gingen wir das Postamt suchen. Man zeigte uns zunächst eine Filiale in unserer Straße, der Johannisstraße. Hier gaben wir unsere Briefe auf (für drei Briefe 12 Sgr., das sind 36 Kopeken, also sehr wenig). Dann gingen wir zum Hauptpostamt auf dem Postplatz, wohin uns ein Gepäckträger (2½ Sgr.) geleitete. Wir erkundigten uns, ob bei poste restante Briefe auf unseren Namen seien, es waren aber keine da. Dann machten wir uns auf die Suche nach einem billigen Gasthaus, aber wohin wir auch gingen, überall war dasselbe: nur Tellergerichte, und in dem einen waren furchtbar viele Männer. So mußten wir also wieder auf die Brühlsche Terrasse gehen. Wir speisten vorzüglich wie immer und hörten die ganze Zeit Musik, ein Konzert, das im Belvedere, unter unserem Saal, gegeben wurde. Nichts ist schrecklicher, als Musik durch zwei oder drei Zimmer hindurch oder durch den Boden zu hören. Es dringen nur einige schrille Klänge durch, doch das Ganze kommt nicht zur Geltung. Wir tranken Kaffee und gingen durch die Stadt bummeln. An Sonntagen und überhaupt an Feiertagen ist die Stadt schrecklich langweilig. Die Geschäfte sind alle geschlossen, die Straßen leer; ich weiß nicht, wo dann die Deutschen hingehen, ob sie schlafen oder vielleicht alle Besuche machen, heute jedenfalls war alles schrecklich leer und traurig in der Stadt.

7. Mai 1867

Von dort gingen wir, mir einen Mantel zu kaufen. Wir liefen erst einmal an allen Läden vorbei, sahen uns die Auslagen an und beschlossen erst dann, in das schönste Geschäft der Stadt einzutreten. Zuerst zeigte man uns sehr schöne Sachen aus schwerer Seide. Wir wählten zwei aus und fragten nach dem Preis, da erfuhren wir, daß schon das bescheidenste Stück 27 Taler kostete. Das war schlimm, ich beschloß, nichts zu kaufen, aber Fedja bestand darauf und kaufte gegen meinen Willen einen schönen Mantel zu 22 Talern. Danach zeigten sie uns noch bescheidenere Kleidungsstücke, und ich wählte eine sehr elegante Jacke, fast ohne jeden Aufputz, aus sehr gutem Stoff (sie kostete 12 Taler, aber man ließ sie uns für 11 Taler 10 Sgr., etwa 14 Rubel nach unserem Kurs). Dann wollten wir noch eine Wolljacke kaufen, gingen in zwei oder drei Geschäfte, fanden aber nichts Gutes. Endlich auf dem Altmarkt fanden wir, was wir brauchten: etwas Dunkles, Unauffälliges, eine Jacke aus dunklem getupftem Stoff, eng anliegend, mit wunderschönen Knöpfen (zu 7 Talern, wir erhielten sie für 6½ Taler). Dann kauften wir noch zwei Paar Handschuhe (1 Taler 5 Sgr. für das Paar). Wir waren rechtschaffen müde und gingen auf die Terrasse und aßen hier im Belvedere Eis.

8. Mai 1867

Dann gingen wir wieder auf die Terrasse. Unterwegs sahen wir ein Restaurant Helbig (dasselbe, das uns Maikow empfohlen hatte), wir gingen hin und erfuhren, daß das Menü mit vier Gängen hier 20 Sgr., mit fünf Gängen 25 Sgr. kostet, also sehr viel billiger ist als auf der Terrasse. Wir beschlossen, hier zu essen, begaben uns aber erst noch einmal auf die Terrasse. Um fünf Uhr gingen wir ins Restaurant. Das Essen war recht gut, aber nicht so wie im Belvedere. Doch besteht ja auch ein Unterschied im Preis. Fedja bestellte Bier. Nur das Dessert war schlecht, ein Pudding mit Sauce. Nach dem Essen gingen wir nach unten, um im gleichen Restaurant Kaffee zu trinken. Es ist direkt über der Elbe gelegen, ziemlich groß, mit schönen Glasfenstern und Spiegeln und dem Blick auf die Elbe. Unten, direkt am Ufer, ist ein kleiner Platz, auf dem man den Kaffee nehmen kann. Dahin gingen auch wir. [...] Wir kamen in die Neustadt, die andere Hälfte der Stadt. Hier ist es sehr viel langweiliger als auf der anderen Seite, viel öder, es gibt weniger Geschäfte, und es ist nicht so lustig. Wir gingen am Japanischen Palais vorbei, in dem es erstklassige japanische Vasen und viel edles Porzellan geben soll. Endlich erreichten wir den Bahnhof, brachten das Nötige in Erfahrung und gingen durch den Park vom Japanischen Palais zurück, der direkt am Fluß liegt. Hier gibt es nichts Besonderes zu erwähnen, außer vielleicht ein paar Blumenbeeten, doch vom Garten führt seitlich eine Allee zur Körnerstraße, einer Sackgasse. Hier fanden wir am zweiten Haus die Tafel »In diesem Hause lebte der deutsche Dichter Körner«, ja sogar, daß sein Freund, Friedrich Schiller, im selben Haus bei ihm gewohnt habe. Durch diese enge häßliche Straße wandelte also einst der große Dichter!

9. Mai 1867

Heute morgen ging Fedja ins Café Français Zeitung lesen, während ich versuchte, die Adresse der Bibliothek zu erfahren, in der man russische Bücher entleihen kann. [...] Wir gingen zur angegebenen Adresse, um die Bibliothek zu suchen und fanden sie bald. Man gab uns einen Katalog. Sie haben kaum mehr als zwei Dutzend russische

Das Helbig'sche Etablissement

Bücher, aber zumeist verbotene. Wir wählten den *Polarstern* für 1855 und 1861 aus, ließen 2 Taler als Pfand zurück und fragten, was es koste. Der Bibliothekar meinte, daß russische Bücher natürlich teuer seien, weshalb er 2½ Sgr. für die Woche wollte (7½ Kopeken, das ist sehr teuer!). Pachmannsche Leihbibliothek in der Wilsdruffer Straße.

Die Bücher mit uns herumzuschleppen wäre zu schwer gewesen, so brachten wir sie zuerst nach Hause. Wir gingen wieder ins gestrige Restaurant zum Mittagessen, bestellten aber nicht Bier, sondern Landwein. Der sächsische Wein ist sehr schwer und schrecklich sauer, dafür aber billig – 12½ für die Flasche. [...] Wir gingen auf die Terrasse, hier im Café Royal bestellten wir Kaffee, Fedja erst Eis, dann Kaffee. Ein Junge verkaufte Veilchen für 1 Sgr. das Sträußchen. Ich gab ihm 2 Sgr., mehr um ihm etwas zu geben, als um Veilchen zu kaufen. Fedja meinte, die Blumen dufteten wunderbar, aber ich habe einen so starken Schnupfen, daß ich nichts riechen kann. Wir waren die Allee noch nicht zu Ende gegangen, als es anfing zu regnen. Ich lief, so schnell ich konnte, nach Hause, und

Café Reale auf der Brühlschen Terrasse

wir beschlossen, heute nicht mehr auszugehen. Als wir beim Tee saßen, brachte man uns einen Brief, und ich erschrak, weil ich glaubte, er sei von der Polizei (die verhält sich hier nämlich sehr merkwürdig: sie haben unsere Pässe an sich genommen und uns statt dessen ein Billett der sächsischen Polizei gegeben). Aber wie sich herausstellte, war dieser Brief »an Lieutenant Dostojewsky« von einem Händler mit kosmetischen Artikeln geschickt worden, der uns als Kunden gewinnen wollte.

10. Mai 1867

Es wurde uns langweilig, auf der Terrasse zu sitzen, und so begaben wir uns in den Grand Jardin. Das ist auf unserer Seite. Wir gingen durch den Dohnaischen Schlag, dann nach links und wieder nach rechts und kamen an eine Baumschule, an deren Rand sich ein Restaurant befindet. Hier war viel Volks, meist alte Männer und Frauen und eine Menge Kinder (überhaupt gibt es in Dresden schrecklich viele Kinder – bald sieht man sie umherlaufen, bald sind sie in der Wiege, bald auf jemandes Arm). Wir gingen hinein. Man mußte

Im Großen Garten von Dresden

etwas bestellen, ich bat also um Kaffee. Er war sehr schlecht, wohl aus Gerste. Fedja bestellte Bier. [...] Wir fragten, wo der Zoologische Garten sei. Ein breiter Weg mit einem Schild »für Reiter« führt dorthin, ein anderer Weg ist für Kutschen bestimmt, schließlich gibt es auch einen Fußweg. Welch seltsame Ordnung, geradezu ärgerlich – warum kann nicht jeder da gehen, wo er will; warum muß man denn immer unbedingt festlegen, wo einer gehen oder reiten darf? Auf dem Weg zum Zoo kamen wir an einem Restaurant vorbei, wo eine Kapelle spielte, ein ganzes Orchester von Blechinstrumenten. Publikum war wahnsinnig viel da.

11. Mai 1867

Wir gingen aus und wußten noch nicht, wo wir zu Mittag essen wollten. Fedja meinte, wir sollten im Grand Jardin essen und fragte einen Kutscher, ob es dort ein Restaurant gäbe. Dieser meinte, es gäbe dort ein ausgezeichnetes Restaurant, so gingen wir dahin. Es ist ziemlich weit von uns, aber wir fahren hier überhaupt nicht mit der Kutsche, sondern gehen immer zu Fuß. Irgendwie kamen wir auch hin. [...] Im Grand Jardin gibt es ein Sommertheater, außerdem einen Schießstand, an dem ein Deutscher stand und wütend drauflosschoß. Er war wirklich ein sehr guter Schütze: Fast jedesmal traf er ins Schwarze und ließ dadurch einen metallenen Türken in die Höhe schnellen. Wir gingen auch hin. Fedja wollte es versuchen, aber ich sagte ihm lachend, da ich ja überhaupt nicht wußte, daß er einst geschossen hatte: »Du triffst ja doch nicht.« Das reizte ihn, und er ergriff das Gewehr. Das erste Mal traf er, und ein Husar schnellte hoch. Er traf fast jedes zweite Mal und wandte sich dann triumphierend an mich: »Na?«

19. Mai 1867

Es war drei Uhr. Der Dampfer war fast voll, als wir kamen, um Billetts zu kaufen. Wir nahmen Billetts hin und zurück, das kostete mich 5 Sgr. (15 Kopeken), was wirklich sehr billig ist. Mme Zimmermann forderte eine Dame auf, etwas zu rutschen, und so fanden wir auch Platz. Bald fuhren wir los. Es ist nur zwanzig Minuten bis Blasewitz. Wir fuhren lange durch die Stadt, sie ist ziemlich groß. Schließlich kamen Fabriken, und dann begannen die »Datschas«. Auf dem linken Elbufer gibt es einige Restaurants, z. B. das »Linkesche Bad«, wo die Soldaten nach den Worten von Mme mit den Zimmermädchen tanzen gehen. Dann kam das »Waldschlößchen«, ein sehr schönes Restaurant mit wunderbarem Blick auf die Berge. Dorthin fahren auch Postkutschen. Später tauchte die Albrechtsburg auf. [...] Danach kamen Weingärten, Felder, die ich zuerst für unbebaute Weiden hielt. Sie sind kein angenehmer Anblick fürs Auge, staubbedeckt und fast ohne Bäume. Der sächsische Wein ist nicht sehr schmackhaft, er ist so sauer wie Essig. Schließlich sahen wir auch Loschwitz – ein ziemlich kleines Dorf, dessen Straßen immer mehr ansteigen und sich am Ende ganz in den Höhen verlieren. Von Loschwitz wollten wir mit der Fähre über die Elbe nach Blasewitz fahren. Hier sind Fähren üblich, so führt auch mitten in der Stadt eine Fähre über die Elbe, weil es dort keine feste Brücke gibt. Ich sah zum erstenmal eine solche Fähre. Sie hatte ein Dampfrohr und Räder und war ziemlich geräumig. Auch Equipagen fah-

Elbdampfer mit Blick auf Loschwitz

ren darauf über den Fluß; für ängstliche Leute sind Kajuten da und Gitter an den Seiten, die sie vor den Pferden schützen für den Fall, daß sie scheuen und sich aufbäumen. Es hatten sich viele Menschen angesammelt; offenbar um mir die Angst abzugewöhnen, fuhren auf der Fähre auch zwei Equipagen. Selbst wenn sich sonst nichts auf der Fähre befindet – es behagt mir nicht, ruhig in der Kutsche zu sitzen bei dem Gedanken, daß die Pferde jeden Augenblick scheuen könnten. Wir zahlten für die Überfahrt 5 Pfennige pro Kopf. Nach einigen Minuten – die Fähre fährt nämlich sehr schnell – waren wir in Blasewitz, in dem Restaurant, wo Schiller zu essen pflegte, wenn er in Loschwitz wohnte. Direkt beim Restaurant steht eine wunderschöne hohe Linde. Unter ihr hat er wohl gegessen, denn dort steht ein Denkmal mit seiner Büste und einer Aufschrift, die den Reisenden einlädt, anzuhalten und nachzudenken. Hier ist eine Terrasse mit großen schönen, sehr schattigen Linden errichtet. Wir bestellten uns Getränke – ich Kaffee, sie irgendeine Mischung

Die Schillerlinde mit dem Gedenkstein in Blasewitz bei Dresden

aus Bier, Eiweiß und Limonade, es muß eine wahre Scheußlichkeit sein. (Ich zahlte 4 Sgr.) Wir saßen lange da, sahen uns die Menschen an und wunderten uns, woher diese vielen Menschen kamen, die immer wieder nach Loschwitz hinübergefahren wurden, wahre Heerscharen, ohne jede Übertreibung.

20. Mai 1867

Die Diligencen hier sind gut und sehr billig. So nehmen sie z. B. zum Waldschlößchen 1 Sgr. und 2 Pfennige, obwohl das eine ziemlich große Entfernung ist. In der Kutsche hatten acht Menschen Platz, dazu ich weiß nicht wie viele im Rauch-Coupé, und einige kletterten noch obendrauf. Wir warteten ein wenig, bis eine zweite Diligence auf den Schloßplatz kam. Dann schloß der Schaffner die Tür, kurbelte die Maschine an, und wir fuhren los. Wir fuhren sehr schnell und erreichten bald das Waldschlößchen.

26. Mai 1867

Nach knapp einer Stunde kamen wir nach Pötzscha. Die ganze Zeit waren wir an der Elbe entlanggefahren. Sie wird allmählich immer schmaler, nicht breiter als die Spree oder unsere Tschornaja, sehr schmal, aber sie soll bis zu zwölf Faden tief sein. Wir fuhren an Pillnitz und Pirna vorbei. Pirna ist eine kleine Stadt mit wenig Straßen, sehr sauber, aber wohl auch sehr langweilig. [...] Schließlich kamen wir in die Sächsische Schweiz, stiegen aus und bestiegen ein Boot, in das, glaube ich, fünfzehn Personen einstiegen, wenn nicht mehr, so daß der Rand fast im Wasser war. Ich fürchtete mich ein wenig, weil es heißt, die Elbe sei hier sehr tief, und überhaupt hatte ich nicht die geringste Lust, naß zu werden. Aber irgendwie setzten sie uns glücklich über und nahmen dafür 12 Pfennige pro Kopf. Wir gingen an Land, wo ein paar Männer mit gesattelten Pferden standen. Mme Zimmermann schmerzten die Beine, deshalb wollte sie nicht zu Fuß gehen. Ich wollte laufen, aber sie überredete mich, auch ein Pferd zu mieten. Zuerst wollte ich nicht, erstens, weil ich noch nie geritten war und mich daher fürchtete, zweitens wollte ich nicht einen so hohen Preis bezahlen, nämlich 1 Taler 5 Pf. Dann ließen sie uns die Pferde für 25 Sgr. Es war also nichts zu machen, ich mußte aufsitzen, tat die Beine auf die andere Seite und hielt mich am Rist des Pferdes. Anfangs war ich sehr aufgeregt, offenbar wurde ich bleich und machte ein erschrockenes Gesicht. Mme Zimmermann wies mich auf die Bäume hin, ich hörte aber nichts und wollte auch nichts sehen. Doch allmählich kam ich zurecht und hielt mich bald nicht mehr am Pferderist fest. Wie ist die Sächsische Schweiz schön! Hohe, unzugängliche Felsen, gewaltige Steinblöcke, die übereinandergetürmt sind und so aussehen, als ob sie gleich auf einen fallen wollten. Alle diese Felsen sind von Bäumen bedeckt (meistens Tannen), zwischen den Felsen fließt ein Bächlein. Das ist alles so schön, daß man es sich kaum vorstellen kann, nur eins war schade, daß Fedja nicht bei mir war, und ohne ihn versetzt mich nichts in Begeisterung. [...] Als wir zur Bastei kamen, mußten wir über die Figur, die ich abgegeben hatte, lachen.[...] Ich kann mir vorstellen, wie lächerlich ich auf dem Pferd aussah! [...]

Brauerei und Gaststätte Waldschlößchen

Dann gingen wir herum und schauten vom Felsen, der von einem Gitter eingefaßt ist, hinunter auf die Elbe. [...] Wir kamen dann auf die Brücke, die drei oder vier gewaltige Felsen miteinander verbindet. Von ihr gehen kleinere Brückchen ab, von denen man wunderbare Ausblicke auf die Umgebung hat. Alles das ist ganz herrlich. Unten sieht man dunkles Grün, das mit lichtem Grün vermischt ist. Alle Wände sind hier mit den verschiedensten Namen vollgeschrieben, darunter auch mit einer großen Anzahl russischer Namen. Man sieht, die Russen bemühen sich, ihre Namen auf den Felsen, die durch ihre Größe und Höhe bemerkenswert sind, zu »verewigen«.

29. Mai 1867

Wir beschlossen, heute im Waldschlößchen zu essen. Aber ich kannte nur den langen Weg, für den kurzen mußte man auf einer Fähre über die Elbe setzen. Wir suchten die Anlegestelle, aber ich hielt mich zu sehr nach rechts und verlor dann ganz den Weg. Schließlich fanden wir mit Hilfe eines Deutschen den Weg und fuhren zum

Die Basteibrücke und Martertelle

anderen Ufer. Wir zahlten 5 Pfennig. Dann gingen wir an dem Ufer entlang, Fedja war sehr schlechter Laune, er jammerte ständig über irgend etwas, war schrecklich ungeduldig und fragte alle paar Minuten, ob wir nicht bald zum Waldschlößchen kämen. Schließlich erreichten wir es. Am liebsten hätte ich im Garten gegessen, aber man mußte die Mahlzeiten doch im Saal einnehmen, wo es erstaunlich warm war. Unglücklicherweise wurde uns statt des Beefsteaks Kotelett gegeben. Das ärgerte Fedja, außerdem konnten wir den Kellner nicht herbeirufen, um zu zahlen. Fedja suchte ihn im ganzen Haus, und als er endlich kam, machte er ihm Vorhaltungen. Dann tranken wir im Garten Kaffee und gingen spazieren. Fedja bat, ihn zu einem Park zu führen. Ich wollte ihm den Park der Albrechtsburg zeigen, aber weil er schrecklich ungeduldig war, sagte ich ihm, es sei besser, nach Hause zu gehen, als seine schlechte Laune offen kundzutun. Da wurde er sehr böse und schimpfte, daß ich ihn überhaupt so viel habe laufen lassen. [...] Mehrfach fingen wir auf dem Nachhauseweg Streit an, aber ich setzte unseren Streitereien meistens ein Ende, indem ich in Lachen ausbrach: Ich kann

Blick von der Waldschlößchen-Terrasse

einfach nicht und will auch nicht ernsthaft böse auf Fedja sein und versuche deshalb immer, den Streit in Gelächter zu wenden.

30. Mai 1867

Wir gingen in den Grand Jardin. Mir wurde es sehr langweilig, eine so lange Strecke zu laufen, ohne mit ihm zu sprechen. Aber was sollte ich machen? Ich mußte mich fügen. Schließlich erreichten wir beide unser Ziel noch während des Vorspiels. Alle benutzten den Eingang, an dem keine Billetts verkauft wurden und man deshalb nichts zu zahlen brauchte. Wir bestellten uns Kaffee und Bier, saßen ein wenig, aber das Konzert fing noch nicht an. Es war langweilig, so herumzusitzen, darum gingen wir zum Schießstand. Fedja ergriff ein Gewehr und begann zu schießen. Von zehn Schuß verlor er nur einen, das ist sehr gut – d. h. er ist ein guter Schütze. Ich bat ihn, mal den Hirsch, dann den Jäger, dann den Soldaten zu »töten« und freute mich sehr, wenn er traf. Dann wollte ich es auch probieren, aber Fedja befürchtete, daß ich wirklich jemanden umbringen würde, und zeigte mir, wie man schießen muß. Mit großer Furcht ergriff ich das Gewehr, zielte und ließ den Türken hochschnellen. Das erweckte einen solchen Stolz in mir, daß ich mich triumphierend zu Fedja wandte und gleich noch einmal schießen wollte, sogar

Palais des Prinzen Albrecht von Preußen

ohne das Gewehr zu laden. Fedja zeigte es mir, und das erheiterte mich, als leidenschaftliche Schützin, sehr. Der zweite Schuß war schon nicht mehr so genau, weil ich nicht gut zielen konnte, und Fedja behauptete wieder, ich könnte jemanden treffen.

1. Juni 1867

Heute habe ich den ganzen Morgen gelesen und geschrieben, während Fedja herumging und über seine Arbeit über Belinski nachdachte. Danach gingen wir zuerst Zigarren einkaufen und dann zu Helbig essen. Heute haben wir uns den ganzen Tag nicht gestritten. Das ist ein gutes Zeichen. Ich hatte die Bücher mitgenommen, um sie in unserer Bibliothek umzutauschen. Neue Bücher sind immer noch nicht gekommen – ich glaube, daß uns dieser zerzauste Mensch nur hinhält und überhaupt keine russischen Bücher mehr bekommt. Ich wählte den zweiten Teil von *In Erwartung eines Besseren* aus, Fedja nahm sich *Stimmen aus Rußland* mit. (Er hat nämlich beschlossen, alle verbotenen Ausgaben zu lesen, um sich ein Bild zu machen, was man im Ausland über Rußland schreibt. Das ist für seine künftigen Werke notwendig.) Er ging ins Café Français Zeitung lesen, während ich die Bücher nach Hause trug

Der Zoologische Garten in Dresden

und dann ins Café nachkam, um noch eine Tasse Kaffee zu trinken. Dann wußten wir nicht, was wir unternehmen sollten: für einen Ausflug in die Umgebung war es zu spät. So gingen wir wieder in den Grand Jardin, beschlossen aber, heute den Zoologischen Garten zu besuchen. Der Eintritt kostet 5 Sgr. pro Kopf.

2. Juni 1867

Wir haben heute einen Ausflug nach Blasewitz geplant. Dazu mußte man die Diligence benutzen, die am Neumarkt hält. Wir gingen dorthin, aber die Diligence war nicht da. Man sagte uns, wir sollten in die Amalienstraße gehen, dort stünden sie immer. Fedja ärgerte sich darüber so sehr, daß unser Spaziergang beinahe ausgefallen wäre. Wir kamen in die Amalienstraße und wären beinahe zu spät gekommen, um noch Platz in der Diligence zu finden, sie war fast voll besetzt. Uns gegenüber saß offenbar eine Prinzessin, sie war mit Schmuck behängt und trug schwere Armreifen mit gewaltigen Steinen. Anfangs gab es Hindernisse bei der Abfahrt. Der Schaffner pfiff mehrmals, aber das half nichts, wir kamen nicht los, so daß

Fedja erklärte, er glaube nicht, daß wir heute überhaupt noch ans Ziel kämen. Schließlich fuhren wir aber doch. Blasewitz ist nicht so weit entfernt, wie ich mir vorgestellt hatte, es ist nicht weiter als vier Werst, aber eine ziemlich häßliche Straße, leer, nur mit ganz wenig Bäumen bepflanzt, so daß sie sich für Spaziergänge überhaupt nicht eignet. Wir waren furchtbar staubig geworden, Fedja war irritiert über diesen Ausflug. Es waren erstaunlich viele Menschen unterwegs, so daß es schwer war, am Flußufer Platz zu finden. Wir setzten uns zur Schillerlinde und bestellten Kaffee. Fedja gefiel es hier nicht, ich schlug vor, zum anderen Ufer überzusetzen, um dort die Umgebung anzusehen. In Loschwitz führte ich ihn auf den Burgberg. Aber es war seltsam – da ihm diese Gegend nicht gefiel, wurde sie auch mir langweilig, ja nach und nach fand auch ich, daß sie überhaupt nicht schön sei.

6. Juni 1867

Wir waren sehr froh über diesen Wechsel, gingen nach Hause, setzten uns dort ein wenig hin und begaben uns dann in den Grand Jardin, den einzigen Ort für unsere Spaziergänge. Heute bestand das Orchester nicht aus Blas-, sondern aus Streichinstrumenten. Es wurde »Der Dichter und der Bauer« von Suppé gespielt. Da fiel mir ein, daß wir einige Tage zuvor im Grand Jardin so gestritten hatten, daß Fedja nicht mehr mit mir hatte sprechen wollen. Ich wollte natürlich alles ins Scherzhafte wenden, und als »Der Dichter und der Bauer« gespielt wurde, sagte ich zu Fedja, daß das unsere Oper sei – er sei der Dichter und ich der Bauer, und bat ihn, aufmerksam zuzuhören. Das paßte wirklich ausgezeichnet auf unseren Streit. Denn da hört man zwei Unterhaltungen: eine leise, flehende, sanfte, bittende Stimme – das ist meiner Ansicht nach die Stimme des Bauern –, und eine schreiende Stimme, die auf nichts hören will und schimpft – die Stimme des Dichters. Während mir das durch den Kopf ging, sang ich leise vor mich hin: »Feditschka, Lieber, verzeih mir«, und er antwortete: »Nein, nein, auf keinen Fall« usw. Wir tranken Bier, dann gingen wir Scheibenschießen.

Blick auf Loschwitz und Umgebung

8. Juni 1867

Heute wurden auf dem Markt Birkenzweige für den morgigen Tag verkauft. Hier herrscht derselbe Brauch wie bei uns, weshalb der Markt einem Birkenwald glich. Wir kauften eine kleine Schale Erdbeeren für 3½ Sgr.; sie sind hier ziemlich teuer. Die Deutschen bereiten sich auf die Feiertage vor: sie waschen, putzen, streichen die Fenster an (da wird es zu den Feiertagen gut riechen).

13. Juni 1867

Als ich nach Hause kam, sah ich am Brunnen einige deutsche Mädchen, die Wasser pumpten. Sie trugen alle blaue Schürzen mit kurzen Puffärmeln. Das ist sehr hübsch und zugleich praktisch, weil die Ärmel dann nicht in die Töpfe fallen, wie das bei uns manchmal vorkommt. Ich vergaß ganz zu erwähnen, daß alle deutschen Frauen runde Hüte tragen, sogar die alten Marktfrauen. Außerdem stecken sie ihren Haarschopf mit einer Stricknadel statt mit einer Haarnadel fest. Heute ging ich über den Altmarkt. Das ist ein fliegender Markt, die Ware wird auf Bänken ausgestellt, die nachts zur Seite geschoben werden. Hier kann man alles kaufen: Nägel, Schu-

Das italienische Dörfchen in Dresden

he, Butter, Rechenbretter, Bücher, Bilder – wirklich alles. Und vor allem einen widerlich stinkenden Käse, so daß ich bestimmt erbrechen müßte, wenn ich gezwungen wäre, ihn zu essen. Aber die Deutschen essen ihn mit Vergnügen. Er riecht so stark, daß es bei dem Gestank sogar schwerfällt, über den Markt zu gehen. Sonntags werden alle Stände weggeräumt, und der Platz bleibt leer. An der Seite befindet sich ein großer Springbrunnen, der den Platz erfrischt. Soeben schlug es zehn Uhr, und da ertönt ein Hornsignal. Das ist wahrscheinlich die Wache, denn um zehn und um elf Uhr hören wir immer diesen Ton.

14. Juni 1867

Später begab ich mich mit Fedja in den Grand Jardin, aber unterwegs gingen wir in die Konditorei Kaffee trinken, in der ich einmal mit der Besitzerin über Politik gesprochen hatte. Hier hielt es Fedja für notwendig, über die Dresdener Butter zu schimpfen und zu behaupten, die Butter sei hier ganz widerwärtig. Die Besitzerin verteidigte sich und versicherte, sie habe sehr gute Butter. Fedja unterbrach sie schroff und sagte, auch ihre Butter sei schlecht. Er findet ein wahres Vergnügen darin, wie er selbst sagt, den Deutschen schonungslos ins Gesicht zu sagen, was ihm nicht paßt; so kamen wir unlängst in eine Konditorei, wo ich Schlagsahne aß. Fedja kostete ein wenig davon und behauptete, er habe bisher noch nie so abscheuliche Schlagsahne gegessen. Die Bäckerin dachte, er habe versehentlich das falsche Wort gebraucht und sagte: »Gut wollen Sie sagen?« Aber Fedja wiederholte noch einmal »abscheulich«. Die Bäckersfrau war darüber offenbar gekränkt, und mir schien, sie hätte uns am liebsten aus dem Geschäft gejagt.

22. Juni 1867

Fedja trank sein Bier, als er plötzlich bemerkte, daß in seinem Krug eine ungeheure Spinne saß. Er glaubte, man habe ihm das Bier so gebracht, das schien mir aber unwahrscheinlich: wie hätte er mehr als die Hälfte seines Bieres austrinken können, ohne die Spinne zu bemerken. Er rief den Kellner und zeigte sie ihm. Der erklärte, daß die Spinne wahrscheinlich vom Baum gefallen sei. Fedja befahl ihm, einen anderen Krug zu bringen. Aber dann befürchtete er, der Kellner könne den Krug nur einfach wieder auffüllen, ohne ihn vorher auszuleeren. Als daher der Kellner zurückkam, fragte er ihn, ob er das Bier ausgegossen habe, worauf der Kellner rief: »O nein, ich habe es selbst ausgetrunken, die Spinne ist doch vom Baum gefallen!« So waren wir endgültig überzeugt davon, daß es frisches Bier war, weil der Kellner offensichtlich die Gelegenheit genutzt hatte, den Rest Bier auszutrinken.

26. Juni 1867

Von da aus gingen wir in die Galerie. Unterwegs kauften wir helle Handschuhe (für das Paar 1 Taler 2½ Groschen). In der Galerie herrschte unerträgliche Hitze. Fedja fand heute mal wieder an nichts Gefallen, so daß er nicht einmal das, was ihm früher gefiel, ansehen will. Das ist bei ihm nach einem Anfall meistens so, daß sich alle Eindrücke verändern. Fedja kann die Madonna nie genau sehen, weil seine Augen nicht so gut sind und er keine Lorgnette hat. Da fiel ihm heute ein, vor der Sixtinischen Madonna auf einen

Stuhl zu steigen, um sie aus der Nähe betrachten zu können. Mir war natürlich ganz klar, daß er zu einer anderen Zeit um nichts in der Welt soviel Aufsehen erregt hätte, aber heute tat er es. Ein Saaldiener trat zu ihm und sagte, das sei verboten. Kaum war der Saaldiener aus dem Raum gegangen, als Fedja mir erklärte, es sei ihm gleichgültig, auch wenn man ihn hinausweise, er wolle noch einmal auf den Stuhl steigen und sich die Madonna ansehen; wenn es mir unangenehm sei, solle ich in einen anderen Raum gehen. Das tat ich auch. Kurz danach kam Fedja und sagte, er sei auf den Stuhl gestiegen und habe sie sich genau angesehen. Ich schalt ihn natürlich, aber er meinte, was denn daran so wichtig sei, ob sie ihn aus der Galerie verwiesen, Lakaien hätten eben Lakaienseelen. Der Saaldiener ist ganz unschuldig, denn er darf doch Unordnung nicht dulden.

2. Juli 1867

Dann ging ich in die Galerie, wo ich ziemlich lange herumlief, bis schließlich Fedja kam. Heute gefiel er mir irgendwie besonders gut, er hatte ein so frisches, schönes Gesicht. Wir machten zusammen noch einmal einen Rundgang durch die Galerie und verließen sie erst beim Klingelzeichen. Leb wohl, Galerie, vielleicht werde ich dich nie mehr wiedersehen. Fedja sagte, er nehme endgültig Abschied von der Galerie, von Tizian, wahrscheinlich werde er nicht noch einmal hierherreisen können. Ich bin aber überzeugt, daß wir in drei Jahren doch wieder herkommen. Danach machten wir Einkäufe. [...] Dann wollten wir für Fedja Stiefeletten kaufen. Wir gingen in ein Herrenbekleidungsgeschäft, und Fedja wählte sich dort dunkle aus. Der Verkäufer sagte uns, man trage jetzt die Stiefeletten entweder in derselben Farbe wie die Beinkleider, oder wesentlich heller oder wesentlich dunkler. Fedja wählte die dunklen, aber sie waren ihm zu groß, weshalb ihm der Verkäufer versprach, sie ihm bis morgen anzupassen. Dann wollte Fedja noch Stoffe ansehen. Von den gezeigten gefielen ihm zwei, einer für Beinkleider, der andere für einen Anzug. Er fragte nach dem Preis. Man sagte ihm, die Hosen aus dem einen Stoff und Weste und Jackett aus dem anderen kosteten 36 Taler, keinesfalls weniger. Da schlug Fedja vor, für alles zusammen 30 Taler zu zahlen, dann würde er auch bei ihnen nähen lassen, aber mehr wolle er dafür nicht ausgeben. Die Deutschen rechneten, tuschelten, besprachen sich und waren schließlich einverstanden. Aber Fedja sagte, er reise morgen ab und müsse unbedingt alles bis zwei Uhr haben. Sie waren auch damit einverstanden und versprachen, um zwölf Uhr jemanden zur Anprobe zu uns zu schicken. Ich kaufte inzwischen in demselben Geschäft weißes Seidenfutter für Ärmel zu 10 Sgr., denn mein altes Futter war schon sehr verschlissen. Zufrieden mit unseren Einkäufen gingen wir nun zum Mittagessen.

3. Juli 1867

Von da ging ich zu meinem Antiquitätenhändler. Er freute sich sehr, als ich kam, offenbar hatte er nicht mehr damit gerechnet, daß ich mein Versprechen halten würde. Ich suchte mir noch zwei Teller aus und fragte nach dem Preis eines Schälchens aus chinesischem Porzellan. Es kostete 1 Taler. Ich hatte aber nur noch 22½ Sgr., wofür er es mir auch überließ. Ich versuchte mit ihm zu handeln, versprach, daß ich ihm Geld aus Rußland schicken würde, für den Fall, daß ich bei ihm noch etwas kaufen sollte. Er erklärte, er sei bereit, mir die Sachen verpackt nach Rußland zu schicken. Hier notiere ich seine Adresse: August Rüdiger, Kunst-Antiquitätenhandlung, Dresden, Waisenhausstraße Nr. 18. [...] Dann packten wir rasch fertig, verabschiedeten uns von Mme Zimmermann, der wir versprachen, im Herbst noch einmal zu kommen. Wir gaben ihr 6 Taler und 22 Groschen, die ihr noch für Spiritus und verschiedene andere Kleinigkeiten zustanden. Dann gab Fedja Ida 2 Taler, ich bin überzeugt, daß sie sie morgen noch zur Sparkasse tragen wird, wo sie bereits 25 Taler hat. Mme Frosche vergoß sogar eine Träne beim Abschied, wünschte mir alles Gute und begleitete uns bis zum Hauseingang. Es wurde eine Kutsche geholt, und wir fuhren ab. Fedja hatte Ida außer den 2 Talern auch noch die Stiefel geben wollen, aber ich widersetzte mich dem, zumal sie ohnehin schon meine Galoschen erhalten hatte. Leb wohl, Dresden, vielleicht sehen wir dich nie mehr wieder! [...] Wir stiegen in einen Raucherwaggon, ich legte meinen Mantel auf den Fensterplatz, während Fedja seine Sachen mir gegenüber oben ins Gepäcknetz legte. Dann gingen wir noch einmal hinaus. Inzwischen kam ein Deutscher, namens Fritz, mit seiner alten Schwester in unser Coupé und nahm in aller Ruhe Fedjas Platz ein. Ich machte die beiden darauf aufmerksam, aber sie erwiderten, daß der Platz nicht besetzt sei, also setzten sie sich. Es ging lange hin und her, aber da man diese Deutschen mit nichts überzeugen kann, ließ ich es schließlich. Da kam Fedja, der seinen Platz niemandem abtreten wollte und sich ans Fenster setzte. Die Dame bemerkte zu ihm, es sei ihr Platz. Sie fingen an zu streiten. Der Deutsche gesellte sich hinzu und sagte, es habe nichts zu bedeuten, wenn oben Sachen lägen, der Platz selbst müsse belegt sein. Dann erklärte er, das sei nicht »recht«, er wolle den Schaffner holen. Die Schwester bat ihn flehentlich, er solle keinen Streit anfangen, aber er war ungeheuer erzürnt, wurde rot und erklärte immer wieder, Recht sei Recht. Der Schaffner kam, wollte sich aber offensichtlich nicht einmischen, warf einen Blick ins Coupé und ging wieder weg. Der Deutsche war sehr unzufrieden und wollte sogar noch den Inspektor rufen, aber seine Schwester war den Tränen nahe und bat ihn, das zu unterlassen, als handle es sich um ein Duell. Der Deutsche war furchtbar empört und wiederholte mehrmals: »Das ist doch impertinent, das ist nicht schön«, während Fedja ihm antwortete: »Der Herr ist sehr hitzig.« Gewöhnlich kann Fedja sonst nie die passenden deutschen Wörter finden, wenn er etwas sagen will, aber wenn er schimpft, dann fliegen ihm die Worte nur so zu, als ob er ausgezeichnet deutsch spräche. Ich bin überzeugt, daß ihm das Wort »hitzig« normalerweise niemals eingefallen wäre.

Brief an Apollon Maikow

Genf, den 28. August 1867

[...] Nachdem wir das triste Berlin (wo ich mich einen Tag aufhielt und die langweiligen Deutschen es immerhin fertigbrachten, meine Nerven bis zur Erbitterung zu strapazieren und wo ich ein russisches Dampfbad besuchte) schnellstens hinter uns gelassen hatten, fuhren wir nach Dresden, mieteten eine Wohnung und ließen uns vorübergehend nieder.

Der Eindruck war sehr seltsam; mir stellte sich sogleich die Frage: Warum bin ich in Dresden, gerade in Dresden, und nicht irgendwo an einem anderen Ort, und wofür mußte ich anderswo alles aufgeben, um hierherzukommen? Die Antwort lag auf der Hand (Gesundheit, Schulden usw.), dennoch war es schlimm, klar und deutlich zu empfinden, daß es nun *einerlei* ist, wo ich lebe, ob in Dresden oder anderswo, überall ist fremdes Land, überall bin ich ein losgetrenntes Glied.

1869

Brief an Apollon Maikow

Dresden, den 26. August 1869

[...] Nun haben wir uns in Dresden ziemlich bequem eingerichtet und werden natürlich hier überwintern. Endlich werde ich mich an die Arbeit setzen. In Florenz habe ich drei Monate wegen der Hitze verloren! Was für eine glühendheiße Stadt! [...] Wir fuhren über Venedig, Triest (übers Meer), über Wien und Prag. Venedig und Wien (in seiner Art) haben meiner Frau ungeheuer gefallen. Wir hatten eigentlich beschlossen, uns in Prag und nicht in Dresden niederzulassen. Und was passierte? Wir haben drei Tage in Prag verbracht, haben eine Wohnung gesucht und nicht gefunden – deshalb mußten wir auch abreisen. Die Sache ist klar: die Stadt wird gar nicht von Ausländern besucht; und deshalb gibt es auch überhaupt keine möblierten Wohnungen mit Aufwartung, außer als einzelnes kleines Zimmer für (alleinstehende) Studenten. Und Hotels oder Pensionen können wir uns nicht leisten. Es wäre also nur die Möglichkeit geblieben, eine leere Wohnung zu mieten, also leere Wände, und alle Möbel, die ganze Kücheneinrichtung zu kaufen, ein Dienstmädchen einzustellen und einen Vertrag für 6 Monate abzuschließen (denn alle Mietverträge in der Stadt gelten für 6 Monate). Es endete damit, daß wir weiter nach Dresden reisten, das wir schon kennen und wo, wie es scheint, in jedem Haus möblierte Wohnungen mit Bedienung vermietet werden: das ist hier ein Gewerbe! [...]

Brief an seine Nichte Sonja Iwanowa

Dresden, den 10. September 1869

[...] Nun sind wir schon drei Wochen in Dresden; Anja steht, kann man sagen, direkt vor der Niederkunft, und wir haben uns fürs erste nicht schlecht eingerichtet, ich aber, ich habe entschieden versagt. Es hat sich herausgestellt, daß die glühendheiße, trockene Florentiner Luft entschieden heilsam für meine Gesundheit war, vor allem für die Nerven (auch Anja hat nicht geklagt, sogar im Gegenteil). Sogar die Fallsucht hatte sich gebessert und das *gerade in der größten Hitze*. Und überhaupt waren die Anfälle in Florenz nicht sehr stark. Jetzt bin ich ständig krank (vielleicht von der Reise). Ich weiß nicht, ob ich mich erkältet habe oder ob mein Fieber von der Zerrüttung der Nerven kommt. In den drei Wochen hatte ich schon zwei Anfälle, und beide waren schwer und sehr schlimm. Das Wetter ist übrigens wunderbar. Ich nehme an, daß das alles von dem plötzlichen Klimawechsel von Italien nach Deutschland kommt. Auch im Moment habe ich Fieber und befürchte, daß ich fieberig, das heißt zusammenhanglos schreibe. [...]

Brief an Apollon Maikow

Dresden, den 29. September 1869

[...] Erstens, vor drei Tagen (am 14. September) ist mir eine Tochter, Ljubow geboren worden. Alles verlief ausgezeichnet, und das Kind ist groß, gesund und eine Schönheit. Anja und ich sind glücklich. (Denken Sie daran, daß wir Sie als Taufpaten bitten; Anja bittet Sie flehentlich und unbedingt Sie; geben Sie uns Antwort.) Geld aber haben wir weniger als 10 Taler. [...] Daß ich in einer Woche die letzten Sachen verkaufen werde, falls ich kein Geld bekomme,

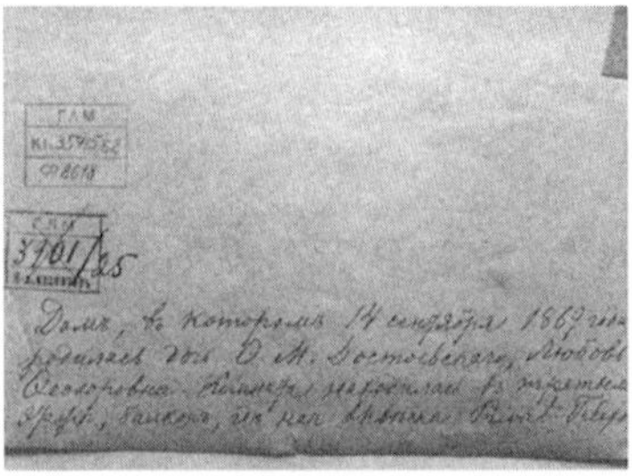

Foto aus dem Besitz Anna Grigorjewnas. Auf der Rückseite ist von ihrer Hand vermerkt: »Das Haus, in dem am 14. September 1869 die Tochter F. M. Dostojewskis, Ljubow Fjodorowna, geboren wurde. Das Zimmer befand sich in der dritten Etage, Balkon, über der Tafel: Privat-Telefon.«

das ist die volle Wahrheit, denn es geht gar nicht anders. Gelogen aber habe ich insofern, daß ich die Hundertrubelsachen verkaufen werde. Unsere zwei-drei Hundertrubelsachen, die wir hatten, sind längst, schon bei der Ankunft in Dresden verpfändet worden, und zwar im Schätzwert anstatt für 100 Rubel für zwanzig. Jetzt aber muß Wäsche, mein Mantel und mein Rock verkauft werden. [...]

Brief an Apollon Maikow

Dresden, den 28. Oktober 1869

[...] Um Christi willen, sagen Sie mir: was soll ich machen und wozu soll ich mich entschließen? Ich bin verzweifelt! Sie haben meinen ersten Brief an Kaschpirjow (mit der Bitte um 200 Rubel) gelesen, und ich habe auch Ihnen geschrieben. Ich schrieb von unserer schrecklichen Not und meiner *verzweifelten* Lage. Und was geschieht? Bis heute habe ich *keine Kopeke von dem Geld erhalten* – nichts als Versprechungen. [...]

Telegraphieren konnte ich an dem Tag nicht, das heißt am 9./21. Oktober, wo sollte ich die zwei Taler für ein Telegramm hernehmen? Konnte er sich denn nach meinen beiden Briefen nicht vorstellen, daß ich *keine Kopeke* habe, *buchstäblich* keine Kopeke. Wenn der nur wüßte, wie ich diese zwei Taler am nächsten Tag aufgetrieben habe, um ihm zu telegraphieren! [...]

Denkt er denn, daß ich ihm von meiner Not nur um des schönen Stils willen geschrieben habe! Wie kann ich schreiben, wenn ich hungrig bin, wenn ich, um zwei Taler für ein Telegramm zu bekommen, meine Hosen verpfändet habe. Aber zum Teufel mit mir und meinem Hunger! Sie aber, sie stillt unser Kind! Was, wenn sie *selbst* geht und ihren letzten warmen Wollrock versetzt. Und bei uns schneit es schon den zweiten Tag (Ich lüge nicht, schauen Sie in den Zeitungen nach!) und sie kann sich erkälten! Kann er denn nicht begreifen, daß es mir *peinlich* ist, ihm das alles zu erklären? Und das ist noch nicht alles, es gibt etwas *noch Peinlicheres*: Wir haben bis jetzt weder die Hebamme noch die Wirtsleute bezahlt – und das alles im ersten Monat nach der Niederkunft! Begreift er denn nicht, daß er nicht nur mich, sondern auch *meine Frau gekränkt* hat, als er so geringschätzig mit mir verfuhr, nachdem ich ihm selbst von den *Nöten meiner Frau* geschrieben hatte. [...]

Brief an Sonja Iwanowa

Dresden, den 26. Dezember 1869

[...] Inzwischen ist am 26. September mein Töchterchen Ljubotschka geboren, und heute ist sie *genau* drei Monate alt. Ich kann Ihnen gar nicht ausdrücken, wie sehr ich sie liebe. Anja stillt selbst und quält sich sehr ab, die Arme. Ich fürchte, daß dieses Stillen ihrer Gesundheit schadet. Zum Glück lebt die Mutter von Anja bei uns und pflegt das Kind. Das Mädchen ist gesund, fröhlich, über die Jahre (das heißt über die Monate) hinaus entwickelt. Wenn ich anfange, ihr etwas vorzusingen, singt sie immer mit mir, und immer lacht sie; sie ist ein ziemlich stilles, unkompliziertes Kind. Sie sieht

Der Weg von der Wohnung der Dostojewskis zum Großen Garten führte über die Bürgerwiesen

mir bis zur Lächerlichkeit ähnlich, bis auf den kleinsten Zug. In diesen Tagen werden wir sie taufen; sogar das habe ich bis zum Abschluß meiner Arbeit zurückgestellt! Ich werde Ihre Mutter bitten, Taufpatin zu sein und werde ihr deswegen noch schreiben. Ihr Taufpate und Gevatter wird Apollon Nikolajewitsch Maikow. [...]

Ich sage Ihnen ein paar Worte über unser Leben: es ist ein langweiliges Leben; im Schlafzimmer die Sorgen um Ljuba und die alltäglichen Kümmernisse, und bei mir gibt es bis jetzt nur das eine – die Arbeit. Dresden ist auch sowieso sehr langweilig. Diese Deutschen sind mir unerträglich. Gut ist, daß ich kaum Anfälle habe (genau 3 Monate hatte ich keine, ungeachtet der zerrüttenden Arbeit), dafür aber habe ich Blutandrang zum Kopf und zum Herzen (Gott weiß, was das ist – ich kann es Ihnen nicht erklären). Ich stehe mittags um eins auf, weil ich nachts arbeite und weil ich ohnedies nachts nicht schlafen kann. Von drei bis fünf arbeite ich. Ich gehe eine halbe Stunde spazieren und immer auf die Post, und von der Post komme ich durch den Königlichen Garten nach Hause zurück

Palais im Königlichen Großen Garten in Dresden

– immer ein und denselben Weg. Zu Hause essen wir mittag. Um sieben Uhr gehe ich wiederum spazieren und wieder durch den Königlichen Garten nach Hause. Zu Hause trinke ich Tee und um 10½ setze ich mich an die Arbeit. Ich arbeite bis 5 Uhr morgens. Dann lege ich mich hin, und sowie es sechs Uhr schlägt, schlafe ich sofort ein. Das also ist mein ganzes Leben. Beim Abendspaziergang gehe ich in den Lesesaal, wo man russische Zeitungen bekommt, und lese die *Sankt Petersburger Nachrichten*, die *Stimme* und die *Moskauer Nachrichten*. Anja lebt noch langweiliger als ich. Die Pflege und das Stillen von Ljuba erlauben ihr nicht einmal, richtig spazierenzugehen, und das hätte sie so nötig. Keinerlei Zerstreuungen. Hier gibt es übrigens auch gar keine. In das dumme deutsche Theater zu gehen lohnt nicht. Man könnte noch Musik hören und sogar durchaus nicht mal schlechte, und der Eintritt in den Konzertsaal ist sehr billig. Ich war fünf mal, aber Anja kann auch das nicht: sie kann nicht vom Kind weg. Wir haben keinerlei Bekanntschaften. Von Zeitschriften bekommen wir *Die Morgenröte* und den *Russischen Boten*. Bei uns in Dresden und zwar ganz nah bei uns wohnt Iwan

Grigorjewitsch, der Bruder von Anja. Er ist schon zwei Monate hier und läßt Sie grüßen. Anja wird Ihnen selbst schreiben. Im kommenden Jahr kehre ich unbedingt zurück. Ich kann das Ausland nicht länger ertragen. [...]

1870

Brief an Apollon Maikow

Dresden, den 24. Februar 1870

[...] Ich habe mich an die Arbeit gemacht an einer großartigen Idee; ich rede nicht von der Ausführung, sondern von der Idee. Das ist eine von den Ideen, die zweifellos im Publikum Wirkung haben. In der Art von *Verbrechen und Strafe*, aber noch näher, noch brennender an der Realität, und sie betrifft die allerwichtigste Zeitfrage. Ich werde im Herbst zu Ende kommen, ich will nicht eilen und mir Zeit lassen. Ich bemühe mich, daß es im Herbst schon veröffentlicht werden kann, wenn aber nicht, dann ist es auch egal. Geld hoffe ich dafür mindestens soviel wie für *Verbrechen und Strafe* zu kriegen und folglich besteht die Hoffnung, gegen Jahresende all meine Angelegenheiten in Ordnung zu bringen und nach Rußland zurückzukehren. Es ist ein nur allzu brennendes Thema. Noch nie habe ich mit solchem Genuß und solcher Leichtigkeit gearbeitet. [...]

Brief an Apollon Maikow

Dresden, den 6. April 1870

[...] Doch wissen Sie denn nicht, Apollon Nikolajewitsch, warum ich nicht zurückkommen und diesem verfluchten Ausland den Rücken kehren kann? Soll ich nach Hause kommen und gleich in den Schuldturm wandern? [...] Gegenwärtig arbeite ich für den *Russischen Boten*. Bei denen stand ich noch in der Kreide, und indem ich den *Ewigen Ehemann* der *Morgenröte* gab, brachte ich mich dort beim *Russischen Boten* in eine zweideutige Lage. Ich muß das, was ich jetzt für sie schreibe, koste es, was es wolle, zum Abschluß bringen. Zudem habe ich es ihnen fest versprochen, und in bezug auf die Literatur bin ich ein ehrlicher Mensch. Es handelt sich um ein tendenziöses Werk, in dem ich mich mit Leidenschaft äußern will. (Wie werden Nihilisten und Westler zetern, ich sei ein *Reaktionär*!) Zum Teufel mit denen, ich will mich restlos aussprechen. [...]

Brief an Sonja Iwanowa

Dresden, den 29. August 1870

[...] Vor allem muß ich nach Rußland zurückkehren. Der Gedanke ist einfach, doch vermag ich Ihnen die Qualen und *Nachteile* nicht im einzelnen zu schildern, die ich durch das Leben im Ausland erleide. Ich schweige von den seelischen (der Sehnsucht nach der Heimat, der Unentbehrlichkeit des russischen Lebens für mich als Literaten u.a.). Aber was allein die Belastungen des Familienlebens bedeuten. Ich sehe doch, wie sehr es Anja in die Heimat zieht, wie unsagbar traurig es hier für sie ist. Zudem hätte ich zu Hause viel mehr Möglichkeiten, Geld für den Lebensunterhalt zu verdienen; hier sind wir ausgesprochen armselig dran. Zum Leben reicht es vielleicht, doch eine Kinderfrau können wir uns nicht leisten. Hier verlangt eine Kinderfrau ein eigenes Zimmer, Wäsche, ein wahnsinniges Gehalt, drei Mahlzeiten und eine Unmenge Bier (freilich nur von Ausländern). Anja stillt selbst und kann des Kindes wegen nächtelang nicht schlafen. Sie hat keinerlei Ablenkung und auch keine Zeit dafür. Vor allem aber steht es schlecht um ihre Gesundheit. Doch wozu erzähle ich Ihnen etwas, das sich gar nicht beschreiben läßt, denn solcher *Kleinigkeiten* gibt es ein- oder zweihundert, und ihre Summe macht die Last und den Schrecken aus. [...]

Brief an Apollon Maikow

Dresden, den 21. Oktober 1870

[...] Die Arbeit, die ich so verschleppt habe, ist erst der Anfang eines Romans für den *Russischen Boten*, an dem ich mindestens noch ein halbes Jahr lang Tag und Nacht schreiben werde, so daß er mir schon im voraus zuwider ist.

Allerdings machten die Fakten auch deutlich, daß die Krankheit, die alle zivilisierten Russen erfaßt hatte, viel schlimmer war, als wir selbst ahnten, und daß es mit den Belinskis, Krajewskis und anderen nicht getan war. Aber da geschah, wovon der Evangelist Lukas Zeugnis ablegt: Die Teufel saßen im Menschen, und sein Name war Legion, und sie baten Ihn, daß Er ihnen erlaubte, in die Säue zu fahren, und Er erlaubte es ihnen. Da fuhren die Teufel aus von dem Menschen und fuhren in die Säue; und die Herde stürzte sich von dem Abhang in den See und ersoff. Da aber die Menschen aus der Umgebung kamen, um zu sehen, was geschehen war, fanden sie den Menschen, von dem die Teufel ausgefahren waren – sitzend, zu den Füßen Jesu, bekleidet und vernünftig, und die es gesehen hatten, verkündigten ihnen, wie der Besessene war gesund geworden. Genau dasselbe ist auch bei uns geschehen: Die Teufel sind aus dem russischen Menschen in eine Herde von Säuen gefahren, d. h. in die Netschajews, Serno-Solowjewitschs usw. Sie sind ersoffen oder werden gewiß ersaufen, der geheilte Mensch aber, aus dem die Teufel ausgefahren sind, sitzt zu Füßen Jesu. So mußte es kommen. Rußland hat den Schmutz ausgespien, mit dem man es gefüttert hat, und natürlich ist in diesem ausgespienen Abschaum nichts Russisches mehr. Und beachten Sie eins, teurer Freund: Wer sein Volk und seine Verbundenheit mit ihm verliert, verliert auch den Glauben seiner Väter und Gott. – Nun, wenn Sie es wissen wollen – dies ist auch das Thema meines Romans. Er heißt *Die Dämonen*, und ich beschreibe darin, wie diese Dämonen in eine Herde Säue fahren.

[...] Ich glaube, man kennt in Europa den Stern Sirius besser als Rußland. Und darin besteht vorläufig unsere Stärke. Eine andere Stärke wäre unser Glauben an unser Selbst, an die Heiligkeit unserer Mission. Die Mission Rußlands liegt im orthodoxen Glauben, *im Licht aus dem Osten*, welches zu der erblindeten Menschheit im Westen flutet, die Christus verloren hat. Alles Unglück Europas, alles, alles ohne Ausnahme, rührt daher, daß es mit der römischen Kirche von Christus abgekommen ist und meint, ohne ihn auszukommen. [...]

1871

Brief an Apollon Maikow

Dresden, den 11. Januar 1871

[...] Unendlichen Dank, lieber Apollon Grigorjewitsch, erstens für Ihre Bereitschaft zu helfen, und zweitens dafür, daß Sie so schnell geantwortet haben. Weil Sie aber vergessen haben, auf das Couvert *poste restante* zu schreiben, habe ich Ihren Brief erst am dritten Tag nach seiner Ankunft in Dresden bekommen, und der Postbote hat mich hier drei Tage lang über die Polizei suchen lassen. [...] Ja, ich will unbedingt fahren und komme im Frühjahr ganz sicher. Hier befinde ich mich in einem so abscheulichen Geisteszustand, daß ich fast nicht schreiben kann. Schrecklich, wie schwer mir das Schreiben fällt. Ich verfolge die Ereignisse bei uns und auch hier fieberhaft und habe in diesen vier Jahren viel durchlebt. Ich habe intensiv, wenn auch abgeschieden gelebt. Was mir Gott weiterhin schicken wird, nehme ich ohne zu murren an. Der Familie fühle ich mich auch stark verpflichtet. Und schließlich will ich auch wieder Menschen sehen. Strachow schrieb mir, daß in unserer Gesellschaft alles noch immer ungeheuer jung und grün ist.

Wenn Sie wüßten, wie das von hier aus zu sehen ist! Aber wenn Sie auch wüßten, was für einen blutigen Abscheu bis hin zum Haß Europa in diesen vier Jahren in mir geweckt hat. Mein Gott, welche Vorurteile herrschen bei uns hinsichtlich Europa! [...]

Sie schreiben, daß in Frankreich nun gegen die grobe Gewalt der Geist der Nation aufsteht? Ja, ich habe daran von Anfang an nie gezweifelt, und wenn sie dort keinen Fehler machen, indem sie Frieden schließen und noch drei Monate warten, dann werden die Deutschen verjagt sein, und dann – was für eine Schmach! Man müßte lange schreiben, dann könnte ich Ihnen viel Interessantes an anschaulichen Beobachtungen mitteilen, zum Beispiel, wie die Soldaten von hier nach Frankreich aufbrechen, wie man sie sammelt, equipiert, verpflegt und transportiert. Das ist ungeheuer interessant. Ein dreckiges Weibsbild zum Beispiel lebt davon, daß sie zwei Zimmer mietet, und, nachdem sie die möbliert hat (also sie hat da ihre Möbel für zwei Groschen), diese weitervermietet. Dafür, daß da ihre Möbel drin sind, darf sie Dutzende Soldaten samt Verpflegung auf ihre Rechnung als Einquartierung aufnehmen. Sie liegen da drei, zwei, einen Tag, selten eine Woche, aber das bringt ihr 20-30 Taler ein.

Ich habe selbst einige Briefe von deutschen Soldaten aus Frankreich, aus der Nähe von Paris an ihre Mütter und Väter (Ladeninhaber, Kleinhändler) hier gelesen. Mein Gott, was die schreiben! Wie krank sie sind, wie hungrig! Jedoch – man müßte lange erzählen! Eine Beobachtung nebenbei: am Anfang erklang auf den Straßen in der Menge oft »Die Wacht am Rhein«, jetzt, *überhaupt nicht mehr*. Immer mehr ereifern und *brüsten* sich Professoren, Doktoren, Studenten das Volk aber nicht *sehr*. Sogar überhaupt nicht. Die Professoren aber brüsten sich. In der Lese-Bibliothek treffe ich sie jeden Abend. Ein schlohweißer Herr und einflußreicher Gelehrter schrie am dritten Tag laut: »Paris muss bombardiert sein!« (Im Orig. deutsch) Da haben sie die Resultate ihrer Wissenschaft. Wenn nicht ihrer Wissenschaft – so ihrer Dummheit. Mögen sie auch Gelehrte sein, sind sie doch furchtbare Dummköpfe! Noch eine Beobachtung: das ganze hiesige Volk kann lesen und schreiben, aber es ist unglaublich ungebildet, dumm, stumpfsinnig, mit den allerniedrigsten Interessen.[...]

Brief an Sonja Iwanowa

Dresden, den 18. Januar 1871

[...] Ich kann wenigstens arbeiten und bin damit beschäftigt, auch wenn mir die Arbeit nicht gefällt und mir Qualen bereitet. Anja aber ist nur schwermütig. Bis in die letzte Zeit hinein hat sie mir gewöhnlich geholfen abzuschreiben, aber ihre innere Schwermut, ihr Heimweh läßt sich durch nichts vertreiben. Wir haben nicht nur die Hoffnung, sondern die völlige Gewißheit, daß wir im Frühjahr, sobald es wärmer wird, nach Rußland fahren. Aber auch diese Hoffnung muntert sie nicht auf. [...] Was soll ich schreiben über die Einzelheiten unseres hiesigen Lebens? Wir leben langweilig, wie im Kloster, keinerlei Ablenkungen, und solche gibt's hier auch gar nicht. Die Theater sind niedrig und gemein, und überall diese deutschen Hymnen aufs Vaterland. Höchstens, daß wir manchmal zur Musik gingen, als Anja noch gesünder war.

Es haben hier schreckliche Fröste eingesetzt, es gab bis zu 20 Grad und sogar jetzt noch ist es kalt. Wir sind in eine extrem kalte Wohnung geraten. Die hiesigen Öfen sind ohne Absperrschieber. Man braucht unsinnig viel Heizmaterial, aber es wird nicht warm. Die Deutschen wollen lieber erfrieren als von den Russen die Öfen zu übernehmen. Rußland wird hier gehaßt.

Wie sehr wir uns auch darum bemüht haben, Bekanntschaften mit den hiesigen Russen, von denen es hier eine Menge gibt, auszuweichen, konnten wir uns doch nicht ganz entziehen. Einige haben sich auch selbst bei uns eingeführt. Stellen Sie sich vor, das Neujahrsfest mußte ich auf einem Ball bei unserem hiesigen Konsul begehen. Anja hat auch einige Bekanntschaften mit unseren hiesigen Damen. [...]

Brief an Apollon Maikow

Dresden, den 5. Februar 1871

[...] Bekümmert habe ich in Ihrem Brief von unserer Gesellschaft gelesen, und was von den deutschen Angelegenheiten heute zu halten ist – das wissen Sie selbst. Mehr Verlogenheit und Intrigen sind kaum vorstellbar. Mit dem Schwert will man Napoleon wiedereinsetzen, erhofft sich in ihm und seinen Nachkommen ewige Sklaven und garantiert ihm dafür die Dynastie – d. h. alles, was er haben will, soviel ist klar. Sie werden sehen, selbst wenn es zu einer Nationalversammlung kommt, wird man diese Versammlung durch die (absichtliche) Maßlosigkeit der Forderungen bewußt zwingen, die Zustimmung zu verweigern, und dann – wird man Napoleon ausrufen.

Denken Sie aber an den Wortlaut des Evangeliums: Wer zum Schwert greift, wird durch das Schwert umkommen. Was mit dem Schwert errichtet wurde, steht nicht sicher. Und da schreit man: Junges Deutschland! im Gegenteil – dieses Volk hat seine Kraft eingebüßt, denn einen solchen Geist, eine solche Wissenschaft zu haben – und auf die Idee des Schwertes, des Blutes, der Gewalt zu bauen, nicht einmal zu ahnen, daß es den Geist und den Triumph des Geistes gibt, sich mit der Grobheit eines Feldwebels darüber lustig zu machen! Nein, das ist ein totes Volk ohne Zukunft. Sollte es aber lebendig sein, dann wird es nach dem ersten Rausch, glauben Sie mir, von selbst die Kraft zum Besseren finden und das Schwert sinken lassen. [...]

Aus dem Tagebuch eines Schriftstellers (1876)

Vor fünf Jahren, im Jahre 1871, waren sie aber gar nicht so höflich. Ich lebte damals in Dresden und erinnere mich, wie die sächsischen Truppen aus dem Krieg heimkehrten; die Stadt bereitete ihnen einen feierlichen Empfang. Ich erinnere mich übrigens auch, wie die gleichen Truppen ein Jahr vorher in den Krieg gezogen waren und wie an allen Straßenecken, in allen öffentlichen Lokalen Dresdens das mit großen Buchstaben gedruckte Plakat erschien: »Der Krieg ist erklärt!« Ich sah damals diese Truppen und mußte sie unwillkürlich bewundern: welch ein frischer Mut in den Gesichtern, welch ein heiterer, lustiger und zugleich stolzer Ausdruck in den Augen! Es waren lauter junge Menschen, und beim Anblick mancher vorbeimarschierenden Kompagnie konnte man nicht umhin, ihre wunderbare militärische Haltung, die strenge, gleichmäßige Ausrichtung und zugleich die ungewöhnliche Freiheit zu bewundern, wie ich sie noch nie an Soldaten wahrgenommen habe, auch die zielbewußte Entschlossenheit, die sich in jeder Geste, in jedem Schritt dieser tapferen Burschen zeigte. Man sah ihnen an, daß sie nicht von jemand getrieben, sondern von selbst gingen. Nichts Hölzernes, nichts, was an die Stockschläge eines Korporals erinnerte, und das bei denselben Deutschen, von denen wir, als wir unter Peter ein eigenes Heer schufen, den Korporal und den Stock übernommen haben! Nein, diese Deutschen gingen ohne Stock, wie ein Mann, vollkommen entschlossen und siegesgewiß. Der Krieg war ein Volkskrieg: aus jedem Soldaten strahlte der Bürger, und ich muß gestehen, ich begann für die Franzosen zu fürchten, obwohl ich noch fest überzeugt war, sie würden die Deutschen schlagen. Nach alledem kann man sich vorstellen, wie diese selben Soldaten ein Jahr darauf in Dresden einzogen, nachdem sie die Franzosen, von denen sie das ganze Jahrhundert lang so viele Erniedrigungen erduldet, besiegt hatten. Man denke sich dazu die allen Deutschen, dem ganzen Volke, im Fall eines Erfolgs eigene, grenzenlose Prahlsucht, die kleinlich und sogar kindisch ist, – diese recht unangenehme nationale Eigenschaft, die bei diesem Volk fast erstaunlich ist. Dieses Volk darf, selbst im Vergleich mit allen anderen Völkern, auf gar zu vieles stolz sein, um noch soviel Kleinlichkeit zu zeigen. Man könnte meinen, diese Ehre sei ihnen so neu, daß sie sie selbst gar nicht erwartet hätten. Sie triumphierten damals dermaßen, daß sie gleich anfingen, die Russen zu beleidigen. In Dresden gab es damals sehr viel Russen, und viele von ihnen teilten mir später mit, daß jeder Deutsche, selbst ein Krämer, wenn er mit einem Russen, der seinen Laden aufsuchte, ins Gespräch kam, sofort die Bemerkung fallen ließ: »Da sind wir mit den Franzosen fertig geworden und werden uns jetzt an euch machen.« Dieser Haß gegen die Russen war im Volk damals ganz von selbst zum Ausbruch gekommen, trotz allem, was die Zeitungen damals schrieben, die die Politik Rußlands während des Krieges verstanden, die Politik, ohne die sie vielleicht keine solchen Lorbeeren geerntet hätten. Freilich war es der erste Rausch des unerwarteten militärischen Sieges, aber Tatsache ist, daß sie in diesem Rausch sofort an die Russen dachten. Diese fast unwillkürlich zum Ausbruch gekommene Erbitterung gegen die Russen kam sogar mir erstaunlich vor, obwohl ich mein Leben lang wußte, daß der Deutsche immer und überall, schon seit den Tagen der »Deutschen Siedlung« zu Moskau, den Russen nicht leiden mag.

Aus den Erinnerungen Anna Grigorjewnas

Anfang August kamen wir in Dresden an und mieteten drei möblierte Zimmer im Englischen Viertel, Viktoriastraße Nr. 5 (meine Mutter kam zu meiner Entbindung zu uns). In diesem Hause fand am 14. September 1869 das glückliche Familienereignis statt – die Geburt unserer zweiten Tochter Ljubow.

Außer sich vor Glück, machte Fjodor Michailowitsch Maikow davon Mitteilung und bat ihn, bei der Neugeborenen die Patenstelle zu übernehmen: »Vor drei Tagen wurde mir eine Tochter geboren, Ljubow. Alles lief glücklich ab, und das Kind ist groß, gesund und schön.« Freilich nur ein verliebter und begeisterter Blick konnte in diesem rosafarbigen Stückchen Fleisch eine »Schönheit« sehen. Mit der Geburt des Kindes leuchtete das Glück in unserer Familie wieder auf. Fjodor Michailowitsch war ungemein zärtlich zu seiner Tochter, gab sich viel mit ihr ab, pflegte sie selbst zu baden, trug sie auf den Armen, brachte sie ins Bett und fühlte sich so glücklich, daß er Strachow schrieb: »Ach, warum sind Sie nicht verheiratet und haben kein Kind, sehr verehrter Nikolai Nikolajewitsch? Ich schwöre Ihnen, darin liegen drei Viertel des menschlichen Glückes, und für alles andere bleibt höchstens ein Viertel übrig...«

[...]

In Dresden stand uns eine ausgezeichnete Lesehalle mit vielen russischen und fremdsprachigen Zeitungen zur Verfügung. Auch Bekannte fanden sich, die ständig in Dresden wohnten und nach dem Gottesdienst bei der gastfreundlichen Familie des Geistlichen zu Besuch weilten. Unter den neuen Bekannten waren einige kluge und intelligente Menschen, mit denen sich mein Mann gerne unterhielt. Das war die gute Seite des Dresdner Lebens.

Fjodor Michailowitsch beendete den *Ewigen Gatten* und gab ihn der Zeitschrift *Morgenröte*, wo er in den zwei ersten Heften 1870 erschien.

[...]

Im Winter 1869-1870 war Fjodor Michailowitsch mit dem Entwurf eines neuen Romans beschäftigt, den er *Das Leben eines großen Sünders* nennen wollte. [...] Das war der Roman *Die Dämonen*, der im Jahre 1871 erschien. Auf die Entstehung des neuen Themas hatte die Ankunft meines Bruders Einfluß gehabt. Die Nachrichten in den ausländischen Zeitungen, die Fjodor Michailowitsch zu lesen pflegte, überzeugten ihn, daß an der Petrowsker Hochschule für Bodenkultur in Bälde politische Unruhen ausbrechen würden. Fjodor Michailowitsch befürchtete, mein Bruder könnte bei seiner Jugend und seinem schwachen Charakter an diesen Ereignissen teilnehmen und überredete meine Mutter, ihn zu uns nach Dresden einzuladen. Dies tat er meinetwegen, um mich, die sich nach der Heimat sehnte, zu trösten, und auch meiner Mutter zulieb, die nun schon zwei Jahre im Auslande lebte, bald bei den Kindern meiner Schwester, bald bei uns. Mein Bruder wünschte sich seit langem, ins Ausland zu reisen; er benützte also die Ferien und kam zu uns. Fjodor Michailowitsch, der mit ihm immer sympathisiert hatte, interessierte sich für seine Arbeiten, seine Bekanntschaften wie auch das Leben und die Stimmung in der Studentenschaft. Ausführlich und begeistert erzählte ihm mein Bruder davon. Da kam meinem Manne der Gedanke, in einer seiner Novellen die damalige politische Bewegung zu schildern und als einen der Hauptthelden den Studenten Iwanow (unter dem Namen Schatow) zu wählen, der später von Netschajew getötet wurde. Den Studenten Iwanow hielt mein Bruder für einen klugen Menschen von hervorragend festem Charakter, der seine Überzeugungen von Grund aus geändert hatte. Die Zeitungsnachrichten von der Ermordung des Studenten Iwanow, dem Fjodor Michailowitsch aufrichtige Zuneigung entgegenbrachte, hatten ihn tief erschüttert.

Bei der Beschreibung des Parkes der Petrowsker Akademie für Bodenkultur und der Grotte, wo Iwanow ermordet wurde, richtete sich mein Mann nach der Erzählung meines Bruders. [...]

Mit dem Heranwachsen unserer Ljubotschka, die meine beständige Anwesenheit nicht mehr benötigte, wurde es mir möglich, zusammen mit Fjodor Michailowitsch die Gemäldegalerie und die billigen Konzerte auf der Brühlschen Terrasse zu besuchen und Spaziergänge zu unternehmen. Während eines solchen Spazierganges spielte sich ein Vorfall ab, der für den sanguinischen Charakter meines Mannes bezeichnend ist. Im Winter 1870 fand eine Auktion der Einrichtung und anderer Gegenstände aus dem Besitze irgendeiner verstorbenen Herzogin statt. Es wurden Brillanten, Kleider, Wäsche, Pelze und anderes verkauft, und die Säle waren überfüllt. An einem der letzten Tage der Versteigerung gingen wir an dem Hause vorbei, und ich schlug vor, uns anzusehen, wie eine Auktion bei den Deutschen verliefe. Fjodor Michailowitsch war einverstanden, und wir gingen in den Saal hinauf. Es waren nur mehr verhältnismäßig wenige Sachen übrig, und größtenteils nur Luxusgegenstände, die unter den sparsamen Deutschen wenig Liebhaber fanden. Die Preise waren deshalb reduziert. Plötzlich bemerkte Fjodor Michailowitsch auf dem Buffet ein wunderbares Tafelservice aus böhmischem Glas, sehr fein in der Form, dunkelhimbeerfarbig, mit goldenen Verzierungen. Im ganzen waren es achtzehn Stücke: zwei große, zwei mittlere und sechs kleinere, dann vier Gläser für Eingemachtes und vier Teller, alle mit dem gleichen Muster. Mein Mann, der solche schönen Kunstgegenstände sehr liebte, betrachtete die Gegenstände und sagte: »Wenn wir doch diese prachtvollen Gläser erwerben könnten! – willst du, Anetschka – kaufen wir sie.«

Ich lachte nur, da ich wußte, daß unser Geld, wenn wir auch augenblicklich einiges hatten, für solche Ausgaben nicht ausreichen würde. Neben uns begeisterte sich irgendeine Französin an dem Kristallglas; sie sagte zu ihrer Begleiterin, sie bedauere, daß es so viele Gegenstände seien, denn einen Teil davon würde sie gekauft haben. Das hörte Fjodor Michailowitsch und wandte sich sofort an sie: »Madame, kaufen wir jeder die Hälfte!«

Es waren keine fünf Minuten vergangen, und das Service stand schon zum Preise von achtzehn Talern, ein Taler für jedes Stück, ausgeboten vor uns. Wie sparsam die Deutschen auch sind, ein so niedriger Preis für so viele Gegenstände schien ihnen dennoch günstig, und ab und zu steigerte einer um je fünf Groschen. Nur Fjodor Michailowitsch steigerte um einen ganzen Taler; ich sah in ihm die Spielleidenschaft mit jedem Augenblicke zunehmen, und der Preis stieg maßlos in die Höhe; mit Schrecken dachte ich, was geschehen würde, wenn die Französin vom Kaufe zurücktreten und wir das Ganze würden kaufen müssen. Der Versteigerer trieb den Preis bis vierzig Taler hinauf, dann fürchtete er, die Käufer zu verlieren und beendete die Auktion. Die Französin hielt ihr Angebot aufrecht, und wir teilten gerecht das Service. Nun mußten wir die gekauften Sachen nach Hause bringen. Fjodor Michailowitsch blieb im Saale, und ich trug mit Hilfe zweier Dienstmänner vier Vasen nach Hause. Man stelle sich das Erstaunen meiner Mutter vor, als sie im Zimmer meines Mannes eine Sammlung von Kristall erblickte. Ihre erste Frage war: »Wie bringt ihr das alles nach Rußland? Ihr habt ja keinen Koffer, sondern nur Handtaschen. Das alles wird unterwegs zerschlagen.« Darüber hatten wir gar nicht nachgedacht, aber selbst wenn uns diese Frage in den Sinn gekommen wäre, hätte man Fjodor Michailowitsch in seinem ihn völlig überwältigenden Hasardtrieb von diesem Kaufe nicht abbringen können. Übrigens lief alles glücklich ab: es kam oft vor, daß aus Dresden Russen nach Petersburg fuhren, und ich bat unsere Bekannten, je eine Vase mitzunehmen und meiner Schwester zu übergeben. Dieses Service ist noch heute vorhanden und gilt als eine Familienkostbarkeit.

Wir pflegten, wie ich erwähnt habe, den Geistlichen in Dresden, N. F. Rosanow, zu besuchen. Mein Mann schätzte ihn nicht besonders hoch, da Rosanows unruhiger Charakter und eine gewisse Oberflächlichkeit im Denken nicht jenen Vorstellungen entsprachen, die sich mein Mann von einem Diener des Altars gemacht hatte. Die Frau des Geistlichen war sehr gut und gastfreundlich und hatte liebe Kinder, die schönste Zierde ihres Hauses. Unter den russischen Frauen, die in Dresden lebten, fanden sich einige leidenschaftliche Verehrerinnen meines Mannes: sie brachten ihm Blumen und Bücher, besonders aber verwöhnten sie unsere Ljubotschka mit Spielsachen, um dadurch die Aufmerksamkeit Fjodor Michailowitschs zu gewinnen. [...]

Die Zeit verging, und im April 1871 waren es vier Jahre, seit wir im Auslande lebten; die Hoffnung, nach Rußland zurückzukehren, loderte bald auf, bald verschwand sie wieder. Endlich beschlossen wir beide, in absehbarer Zeit unbedingt nach Petersburg zurückzukehren, was auch immer für Folgen diese Reise nach sich ziehen möge. Aber unsere Berechnungen hingen an einem Haar: wir erwarteten die Geburt des Kindes im Juli oder anfangs August, und wenn wir nicht einen Monat vor der Entbindung nach Rußland zurückkehrten, mußten wir unvermeidlich noch ein ganzes Jahr bis zum Frühling in der Fremde bleiben, da man das Neugeborene im Spätherbst unmöglich hätte mitnehmen können. Als wir damit rechneten, daß wir vielleicht noch ein ganzes Jahr Rußland nicht würden sehen können, brachen wir beide in helle Verzweiflung aus: so unerträglich wurde uns dieses Leben. Fjodor Michailowitsch wiederholte öfters, er sei »verloren«, wenn wir im Auslande blieben, er sei nicht länger imstande zu schreiben, es fehle ihm an Material und er sei soweit, daß er Rußland und die Russen nur noch in der Erinnerung verstehe, denn die Dresdner Russen, unsere Bekannten, waren seiner Meinung nach keine Russen, sondern freiwillige Emigranten, die Rußland nicht liebten und es für immer verlassen hatten. Und das stimmte: alle waren adelige Familien, die sich mit der Aufhebung der Leibeigenschaft und den neuen Lebensverhältnissen nicht befreunden konnten und die Heimat verlassen hatten, um die Zivilisation Westeuropas zu genießen. Größtenteils waren dies Menschen, denen die neue Ordnung und die Störung ihres Wohllebens verhaßt war und die meinten, das Leben in der Fremde werde ihnen leichter fallen. [...] In den letzten Junitagen des Jahres 1871 erhielten wir von der Redaktion des *Russischen Boten* das für den Roman fällige Honorar. Wir bereiteten uns, ohne einen Tag zu verlieren, zur Liquidierung aller Angelegenheiten in Dresden vor (richtiger zur Auslösung der versetzten Gegenstände und Begleichung der Schulden) und packten unser Hab und Gut ein. [...] Endlich, am fünften Juli abends, gelang es uns, von Dresden nach Berlin zu fahren, wo wir in den Zug nach Rußland umstiegen.

Aus »Die Dämonen«

Und wissen Sie, ich möchte Ihnen raten, doch lieber nach Dresden zu gehen, und nicht nach den stillen Inseln. Erstens ist das eine Stadt, in der es noch nie eine Epidemie gegeben hat, und da Sie doch ein geistig entwickelter Mensch sind, so fürchten Sie sich gewiß vor dem Tode; zweitens liegt sie nicht weit von der russischen Grenze, so daß man dort schneller die Einkünfte aus dem liebenswürdigen Vaterlande erhalten kann; drittens hat sie in ihren Mauern eine Menge sogenannter Kunstschätze, Sie aber sind doch ein ästhetisch interessierter Mensch, ein ehemaliger Lehrer der Literatur, wenn ich nicht irre; nun und schließlich hat sie noch ihre eigene kleine Schweiz, in Taschenformat, – das aber ist doch für die poetische Inspiration sehr zuträglich, zumal Sie doch sicher zu dichten pflegen. Mit einem Wort, ein Schatz in einer Schnupftabaksdose.

Aus »Tagebuch eines Schriftstellers«

Wir Russen hatten immer einige Anekdoten über die stumpfe und schwerfällige Auffassungsgabe der Deutschen, obwohl wir ihre Gelehrsamkeit immer aufrichtig verehrten. Die Deutschen haben aber, glaube ich, nur eine allzu starke Eigenart, einen allzu hartnäckigen, an Hochmut grenzenden Nationalcharakter, der einen zuweilen in Erstaunen setzt und empört und daher oft zu falschen Schlüssen über die Deutschen verleitet. Übrigens macht der Deutsche im täglichen Verkehr, besonders auf einen Fremden, der gerade erst nach Deutschland gekommen ist, anfangs wirklich einen sonderbaren Eindruck.

Vor etwa zehn Jahren kam ich nach Dresden und begab mich

gleich am nächsten Tag direkt aus dem Hotel zur Gemäldegalerie. Nach dem Weg hatte ich mich nicht erkundigt: Die Dresdener Gemäldegalerie ist in der ganzen Welt so berühmt, daß mir sicher jeder gebildete Dresdener, dem ich begegne, den Weg zeigen können wird, dachte ich mir. Als ich ein Stück gegangen war, fragte ich einen Deutschen von höchst ernstem und gebildetem Aussehen:

»Gestatten Sie die Frage: Wo ist hier die Gemäldegalerie?«

»Die Gemäldegalerie?« Der Deutsche blieb nachdenklich stehen.

»Ja.«

»Die Königliche Gemäldegalerie?« (Er betonte besonders das Wort »Königliche«.)

»Ja.«

»Ich weiß es nicht, wo diese Galerie ist.«

»Gibt es denn hier noch irgendeine andere Galerie?«

»Nein, es gibt keine andere.«

Bad Ems

»Ich habe mich gesundheitlich niemals wohler gefühlt als in diesem scheußlichen Ems.«

Ansicht von Bad Ems. Foto aus dem Besitz von Anna Grigorjewna

Viermal ist Dostojewski nach seiner Rückkehr in die Heimat wieder nach Deutschland gekommen. Vier Sommer lang (1874, 1875, 1876 und 1879) verbrachte er jedesmal mehrere Wochen im Kurort Bad Ems an der Lahn, der sich in der zweiten Hälfte des 19. Jahrhunderts zu einem weltbekannten Modebad entwickelt hatte. In dem zwölf Kilometer von der Mündung der Lahn in den Rhein idyllisch gelegenen nassauischen Kurstädtchen, das 1866 an Preußen gefallen war, gab sich damals jeden Sommer ein internationales Publikum, darunter ein Großteil Russen, ein Stelldichein. Ems wurde zum Treffpunkt von europäischem Hochadel und eleganter Welt nicht zuletzt, weil auch der russische Zar Alexander II. und der deutsche Kaiser Wilhelm I. sowie andere gekrönte Häupter Europas regelmäßig im »Kaiserbad« kurten.

Die Reisen nach Bad Ems waren für Dostojewski von Anfang an nicht etwa ein Vergnügen, sondern eine qualvolle, lästige Pflicht, die der schwerkranke Schriftsteller – er litt neben seiner Epilepsie an einem Lungenemphysem – auf sich nahm, um sich und seine Arbeitskraft noch ein paar Jahre für die geliebte Familie zu erhalten.

Der Ruf der Emser Mineralquellen und ihrer phantastischen Heilerfolge war zu jener Zeit auch in Rußland legendär, und es entbehrt nicht der tragikomischen Züge, daß die Medizin damals der Meinung war, man könne mit dem Trinken von »Kränchen« oder »Kesselbrunnen« fast alle Krankheiten in den Griff bekommen. Allerdings heißt es sogar in der in Petersburg 1874 erschienenen Broschüre von Doktor A. Hirschhorn »Ems und seine Heilquellen. Ihre Wirkung auf die Gesundheit und den kranken Organismus, ihre Anwendung bei verschiedenen Krankheiten, Regeln für den Gebrauch der Brunnen usw.«, ein Büchlein, das Dostojewski mehrfach erwähnt und das sich in seiner Bibliothek findet, daß bei Lungenemphysem auch durch eine Kur in Ems nur eine »vorübergehende Erleichterung« zu erreichen sei. Aber so genau war die ärztliche Diagnose von Dostojewskis Krankheit offensichtlich noch gar nicht gestellt worden. In dieser russischen Broschüre wird auch auf die

Autorität des Badearztes Dr. Orth verwiesen, der dem Schriftsteller empfohlen worden war und ihn in all den Jahren in Ems behandelte.

Dostojewski nahm die Strapazen der tagelangen Reise auf sich in der Hoffnung, daß die Trinkkur in Ems seine Gesundheit wiederherstellen würde. In all den Wochen litt er entsetzlich unter der Trennung von Frau und Kindern, denn seine finanziellen Mittel reichten – obwohl sein Ruhm als Schriftsteller ständig weiter wuchs – nicht aus, seine Familie in den Kurort mitzunehmen. Dabei träumte er immer wieder davon, wie gut sich seine Kinder hier erholen könnten. Er wohnte natürlich auch nicht in den vornehmen Luxushotels, sondern in bescheidenen Privatpensionen und mußte nach wie vor mit jedem Taler rechnen. Wochenlang saß er mutterseelenallein, erschöpft, krank und nervlich überreizt in dem von Kurgästen überfüllten, quirligen Ort und befolgte ergeben die sich widersprechenden Anordnungen der Ärzte, ja, er führte sogar ein Tagebuch über die Behandlung und sein Befinden, das sich – wie zu erwarten – nicht etwa schlagartig besserte.

Natürlich hat er in diesen Wochen immer auch gearbeitet, qualvoll und unter Zeitdruck, und es deprimierte ihn furchtbar, als er vom Arzt hörte und in Hirschhorns Broschüre las, daß man während der Kur keinesfalls geistig arbeiten dürfe, damit stelle man den Erfolg der Kur in Frage. Dostojewski war – wegen der immer noch drückenden Schulden, wegen der versprochenen Abgabetermine an seine Verleger und vielleicht auch von seiner eigenen ewigen inneren Unruhe her – überhaupt nicht in der Lage, nicht zu arbeiten. Daß er unter diesen Bedingungen den Ort und seine Schönheiten nicht genießen konnte, ist nur zu gut nachzuvollziehen.

Trotzdem ist Dostojewski nach dem Sommer 1874 noch dreimal nach Bad Ems gekommen, er sah diese Kuren als lebensnotwendiges Übel an. »Und natürlich – das sehe ich jetzt ganz klar – wäre ich, wenn ich im vergangenen Sommer nicht in Ems gewesen wäre, sicher im vergangenen Winter gestorben«, heißt es in einem Brief vom Juni 1875.

Die ca. 60 Briefe von den vier Aufenthalten in Bad Ems sind zum größten Teil an die geliebte Frau nach Staraja Russa gerichtet, wo die Familie seit 1872 ihre Sommer verbrachte, und wo sie sich 1876 das bis dahin gemietete Haus kaufen konnte. Ohne Anja kann Dostojewski offensichtlich nicht mehr leben, und in seitenlangen, wortreichen Schreiben teilt er mit ihr seine Einsamkeit, seine Sehnsucht, seine Ängste und Sorgen, und immer wieder versichert er ihr seine Liebe. Ständig wiederkehrende Themen der Briefe sind sein Gesundheitszustand und das Wetter, Klagen über das wechselhafte Emser Klima, sorgsame Berechnungen seiner finanziellen Mittel und umständliche Überlegungen über seine Zeitplanung und die Organisation der sehnlichst erwarteten Heimkehr u.ä. Diese Briefe enthalten aber – abgesehen von ihrer Bedeutung für die Biographie Dostojewskis – auch unschätzbares Material über das Leben in Bad Ems. Sie sind außergewöhnlich informative kultur- und sozialgeschichtliche Dokumente über den Kurort: über die eingespielten Rituale des Kurbetriebs und die merkwürdigen Regeln des Brunnentrinkens, über Zahl und Herkunft der Kurgäste in den 70er Jahren, über die Badeärzte und ihren Umgang mit den Patienten, die Ernährung samt der absurden Diätvorschriften, die Hotellerie, die Konzertprogramme und Vergnügungen usw.

In Bad Ems hat sich das Gesamtbild des Kurstädtchens seit der Zeit, als Dostojewski dort weilte – im Vergleich zu den anderen Orten – kaum verändert, und man kann den Spuren seiner Aufenthalte heute noch deutlich folgen. Wie die zeitgenössischen Stiche und die Fotos und Postkarten, die seine Frau gesammelt und aufbewahrt hat, zeigen, sind viele Gebäude – wenn natürlich auch verändert und renoviert – noch erhalten: der barock klassizistische Kurhausbau über den Quellen, durch Kolonnaden mit dem prachtvollen Kursaal verbunden, das »Haus mit den vier Türmen«, die Lahnmauern und Brücken sowie die in den Jahren 1874-76 entstandene russisch-orthodoxe Kirche mit ihren fünf blauen Kuppeln, für deren Bau Dostojewski Geld spendete. Sogar die Häuser der »Privathotels«, in denen er wohnte, sind alle noch zu finden und zum Teil durch Gedenktafeln kenntlich gemacht.

Zum ersten Mal kam Dostojewski im Sommer 1874 nach Bad

Ems und verbrachte dort die Zeit vom 23. Juni bis zum 27. Juli. Die Reise führte ihn – wie auch später – über Berlin, wo er jedesmal einen kurzen Zwischenaufenthalt einschob, und von dort aus mit dem Nachtzug nach Bad Ems. Nach einer ersten kurzen Orientierungsphase im »Hotel de Flandre« in der Nähe der Eisenbahn zog er ins Hotel »Blücher« (heute Bahnhofstraße 8), wechselte dann jedoch inmitten des Kuraufenthalts ins »Ville d'Alger« oder »Haus Algier« (heute Lahnstraße 23) zur Wirtin Madame Bach, wo er auch bei späteren Aufenthalten Quartier nahm. Während dieser ersten Kur freut er sich zunächst noch an der herrlichen Landschaft, hat Kontakt zu anderen russischen Kurgästen und macht sogar einen Ausflug zur Burg Stolzenfels am Rhein mit. Sehr bald jedoch versinkt er in Vereinsamung und Trübsinn, und seine Reizbarkeit und Übererregung nehmen zu.

In Ems beginnt Dostojewski mit der Arbeit an seinem Roman *Der Jüngling*, und gerade die ersten Wochen der Planung und des Vordenkens eines so großen Werks sind sicherlich die nervlich anstrengendsten und aufreibendsten. Dieser Roman über die schwierige Suche eines jungen Mannes aus einer zerstörten Familie nach einer verbindenden Idee in einer Zeit der Zersetzung und Orientierungslosigkeit ist zu einem bedeutenden Teil in Bad Ems entstanden.

Einige wichtige Episoden – etwa die geheimnisvolle Ohrfeige, die Wersilow im Emser Kurpark versetzt wird – spielen sich hier ab, der Ortsname wird mehrfach genannt, und Spuren des Emser Aufenthaltes finden sich auch an mehreren anderen Stellen des Textes.

Auf der Rückreise machte Dostojewski den Umweg über Genf, um das Grab ihrer erstgeborenen Tochter zu besuchen, und brachte von dort einen Zypressenzweig für Anna Grigorjewna mit nach Hause.

1875 lebt er vom 9. Juni bis 15. Juli in Bad Ems. Diesmal logierte er bei Familie Moiser im Logement Nr. 10 im zweiten Stock mit Balkon des kleinen Privathotels »Luzern« direkt an der Lahn (heute Lahnstraße 26), das zwei Häuser neben dem Haus »D'Alger« lag, in dem er im Jahr zuvor gewohnt hatte. Auch während seines zweiten

Kuraufenthalts in Ems arbeitet er weiter an dem umfangreichen Roman *Der Jüngling*, dessen erste Teile inzwischen schon in der Zeitschrift *Vaterländische Annalen* erschienen sind. Er quält sich wiederum furchtbar damit, muß den Verleger um Zeitaufschub bitten und spricht von einem »höllischen Monat« in Ems. Kein Wunder also, daß ihm das Gedränge und Gestoße der Menschenmassen in der Hochsaison, das Hämmern der Schlosserwerkstatt im Nachbarhaus oder die Kurkonzerte mit der »Emspastillenpolka« auf die Nerven fallen. Dostojewski bedauert es, daß er den Zaren, der gerade wieder abgereist ist, nicht mehr zu Gesicht bekommen hat, jedoch begegnet er mehrfach dem deutschen Kaiser Wilhelm I. mit großer Ehrerbietung. Ihm zu Ehren wird eine Regatta auf der Lahn veranstaltet, von der der Schriftsteller in seinen Briefen berichtet.

Im Jahr 1876 verbringt er die Zeit vom 20. Juli bis 19. August wieder in dem Kurort, in dem er inzwischen schon gut bekannt ist. »Auf der Post und überall, in ganz Ems, erkennen mich alle wieder (Händler, Gepäckträger, Obstverkäuferinnen, Geschäftsleute), und alle grüßen mich mit einem Lächeln.« Er wohnt wiederum im »Ville d'Alger«, wo er innerhalb des Hauses einmal umzieht, um der störenden Geschwätzigkeit seiner Zimmernachbarn zu entgehen. Auch in diesem Sommer kann er die Schönheiten des Ortes nicht genießen. »Die wunderschönen Aussichten in der Umgebung wie in der Stadt verstärken nur noch meine Schwermut: du freust dich daran, hast aber niemanden, um die Freude mit ihm zu teilen.« Dostojewski ist krank vor Sehnsucht nach Anna Grigorjewna. Gerade

Dostojewskis Reisekoffer (aus dem Museum in Staraja Russa)

die Briefe aus dem Jahr 1876 sind noch mehr als die aus den Jahren davor im wesentlichen glühende, eifersüchtige, leidenschaftliche Liebesbriefe an seine Frau, mit der der 55jährige nun schon über zehn Jahre lang verheiratet ist. Die Briefe sprechen auch sehr konkret von ihrer innigen körperlichen Verbindung, so daß man es in der sowjetischen Akademie-Ausgabe für nötig gehalten hat, immer wieder ganze Sätze für unentzifferbar zu erklären und auszulassen.

In diesem Jahr schreibt er in Ems hastig und unter Zeitdruck für das *Tagebuch eines Schriftstellers*, seine seit 1873 mit Unterbrechungen erscheinende Ein-Mann-Zeitung, mit der er eine ganz eigene Form der philosophisch-literarischen Essayistik und politischen Publizistik kreiert hatte, eine Form, die es ihm erlaubte, alle möglichen ihn interessierenden Themen aufzugreifen und in sehr freier, häufig locker abschweifender Weise zu vertiefen. Durch das *Tagebuch eines Schriftstellers* gewann Dostojewski immer mehr Ansehen und Einfluß in der russischen Öffentlichkeit. Die gesamte Juli/August-Ausgabe des *Tagebuchs* von 1876 ist seiner diesjährigen Auslandsreise gewidmet. Darin finden sich ausführliche, hochinteressante Passagen über das Leben in Bad Ems: über den Arbeitseifer und die Geschicklichkeit der Brunnenmädchen, den Fleiß und die Fröhlichkeit der Dienstboten und die Freundlichkeit der deutschen Postbeamten. Und während seine sehr subjektiven, stimmungsabhängigen privaten Briefe fast nur Negatives und oft Boshaft-Aggressives über die Deutschen und den deutschen Kurort enthalten, entsteht in den *Tagebüchern* – in der Darstellung für das russische Lesepublikum – ein ganz anderes, sehr viel objektiveres Bild. Anrührend sind die Szenen mit den Emser Kindern, die er im *Tagebuch* einer Kurbekanntschaft, dem sogenannten »Paradoxalisten«, zuordnet, in dem jedoch sehr deutlich Dostojewski selbst zu erkennen ist, dessen schmerzlich-zärtliche, überschwengliche Liebe zu kleinen Kindern ja auch sein ganzes Werk durchzieht.

In der in Bad Ems geschriebenen Ausgabe des *Tagebuchs* entwickelt er in dem Kapitel »Die Erde und die Kinder« eine Utopie des Gartens, in der er davon träumt, daß irgendwann einmal jedem ein Stück Erde gehören wird, und die Kinder nicht mehr auf dem

Straßenpflaster der Städte, sondern auf der Erde geboren werden, davon, daß auch jeder Fabrikarbeiter einen Garten »unter der goldenen Sonne und mit Weingärten« besitzen wird, in dem seine Kinder aufwachsen werden. »Mit einem Wort, ich weiß nicht, wie all das werden wird, aber es wird kommen, der Garten wird kommen. Denken Sie an mein Wort in vielleicht hundert Jahren und erinnern Sie sich, daß ich mit Ihnen darüber in Ems, in einem künstlichen Garten und inmitten von künstlichen Menschen gesprochen habe. Die Menschheit wird sich im Garten erneuern und durch den Garten verbessert werden – das ist die Formel.«

Dostojewskis letzte Reise nach Bad Ems erfolgt erst drei Jahre danach, im Sommer 1879. Diesmal tritt er seine Kur einige Wochen später an, vom 5. August bis zum 10. September, und wohnt wiederum im »Haus Algier«.

In der Zwischenzeit war Dostojewski zum wohl berühmtesten lebenden Schriftsteller Rußlands und zu einer großen, wenn auch umstrittenen Autorität in der russischen Gesellschaft geworden. Und auch die finanzielle Situation seiner Familie hatte sich nun – vor allem auch dank der klugen verlegerischen Tätigkeit von Anna Grigorjewna – konsolidiert. Aber auch großes Unglück hatte die Familie getroffen. Der 1875 geborene Sohn Aljoscha war im Sommer 1878 völlig unerwartet an einem epileptischen Anfall gestorben, und Dostojewski denkt in Bad Ems, wenn er die kleinen Kinder beobachtet, immer wieder voll Schmerz an ihn. Die Liebe zu seiner Frau scheint immer noch weiter gewachsen zu sein: die Briefe sind vor allem anderen zärtliche, heiße, manchmal für den Leser fast zu intime Liebesbriefe.

Sein Gesundheitszustand hatte sich in diesen Jahren noch mehr verschlechtert. Er leidet unter ständigem Husten, Schweißausbrüchen, Erschöpfung und Schlaflosigkeit, und seine nervliche Zerrüttung und aggressive Reizbarkeit sind für ihn selbst wie seine Umgebung manchmal kaum zu ertragen. Sie äußern sich auch in seinen antisemitischen Ausbrüchen über die jüdischen Zimmernachbarn in der Pension, die jüdischen Kurgäste in Bad Ems und das »verjudete Deutschland« in den Briefen an seine Frau und seinen Freund, den reaktionären Politiker Konstantin Pobjedonoszew. Auch diese Seite seiner Weltsicht – in der politischen Publizistik des *Tagebuchs* immer wieder offen thematisiert – gehört zu einem vollständigen Bild des genialen Autors und Denkers, und man darf sie nicht verschweigen.

Gearbeitet hat er in diesen Wochen an seinem großen geistigen Vermächtnis, dem Roman *Die Brüder Karamasow*. In Ems schloß er das Kapitel »Ein russischer Mönch« aus dem sechsten Buch ab und schickte es am 19. August an die Zeitschrift *Der russische Bote*, wo es kurz darauf erschien. Dieses Kapitel – von seiner Aussage her das zentrale des Buches – war, wie er es in seinem Brief an Pobjedonoszew vom September aus Ems ausdrückt, konzipiert als Entgegnung auf die »atheistischen Thesen« Iwan Karamasows, als »Antwort auf die gesamte negierende Seite«, auf die »vorher ausgedrückten Positionen (im *Großinquisitor* und davor)«. In der Gestalt und dem Denken des Starez Sossima gestaltet er sein positives religiöses und gesellschaftliches Ideal, entwickelt er die Vision von der zukünftigen brüderlichen Vereinigung der Menschen in Christus, wenn nur jeder bereit sei, für alle und alles sich schuldig zu fühlen, vom russischen Volk als dem Gottesträgervolk und seiner Mission für die Welt.

Bad Ems ist also auch der Ort, in dem einer der ganz wesentlichen Schlüsseltexte für das Verständnis von Dostojewskis Weltsicht entstanden ist.

1874

Brief an Anna Grigorjewna

Ems, den 24. Juni 1874

Nun bin ich also in Ems, liebes Täubchen Anja, gestern gegen Mittag kam ich an, war aber von der Reise und den Laufereien in Ems so müde, daß ich Dir beim besten Willen nicht gleich abends (wie beabsichtigt) schreiben konnte. Mir schwirrte der Kopf, und es sauste in den Ohren. Von Petersburg bin ich Freitag früh an einem kalten, regnerischen Tag abgefahren, kam munter in Eydtkuhnen an und hatte nachts sogar etwa vier Stunden liegend schlafen können. In Eydtkuhnen war es noch kälter als in Petersburg, und so ging es bis Berlin, wo ebenfalls am ersten Tag solche Kälte herrschte, daß ich schon meinen wattierten Mantel anziehen wollte. Die zweite Nacht habe ich im Eisenbahnwagen kaum geschlafen. Unterwegs hatte ich viele interessante und sogar komische Erlebnisse, doch das erzähle ich beim Wiedersehen. [...] Am nächsten Morgen war ich bei Mendelssohn und bei Frerichs. Diese Leuchte der deutschen Wissenschaft wohnt in einem Palast (buchstäblich). Als ich auf meinen Aufruf wartete, fragte ich einen anderen Patienten, wieviel man Frerichs zahle, und er antwortete mir, dies sei nicht festgelegt, aber er selbst werde 5 Taler geben. Ich beschloß, ihm drei zu geben. Mit jedem Patienten befaßt er sich drei, allenfalls fünf Minuten. Mich behielt er nicht länger als zwei Minuten da und berührte lediglich mit dem Stethoskop meine Brust. Danach sprach er nur ein einziges Wort: »Ems«, setzte sich schweigend hin und schrieb zwei Zeilen auf einen Fetzen Papier. »Hier haben Sie die Adresse eines Arztes in Ems, sagen Sie, daß Sie von Frerichs kommen.« Ich legte drei Taler hin und ging. [...]

Danach kaufte ich eine Menge Zigaretten, und da noch Zeit blieb, Krolls Garten zu besuchen, fuhr ich hin. An dem Tag war klares Wetter. Dieser Garten ist ganz abscheulich, hat aber eine Unmasse Publikum, und die Deutschen ergehen sich dort mit Wonne. Für meine 10 Groschen Eintritt hatte ich auch das Recht, ins Theater zu gehen, aber nur auf der Galerie zu stehen. Das Theater ist ein riesiger dunkler Saal für etwa 1000 Zuschauer, die Bühne 10 Schritt lang, das Orchester besteht aus 12 Mann (gar nicht schlecht), und sie spielen – stell Dir vor – »Robert«. Ich hörte mir die Hälfte des 1. Aktes an und flüchtete vor den schrecklichen deutschen Sängern schnurstracks nach Hause, denn es war Zeit zur Abfahrt. Schließlich reiste ich um 10 Uhr abends weiter nach Ems. Hier sind die Nächte dunkel wie im Winter. In dieser Nacht habe ich kein Auge zugetan, wir saßen wie die Heringe, aber als es zu tagen begann – Anja, meine Liebe, so etwas habe ich noch nie im Leben gesehen.

»Krolls Etablissement«, erbaut 1842-1844

Was ist die Schweiz, was die Wartburg (erinnerst Du Dich?) im Vergleich zu dieser letzten Hälfte des Weges nach Ems. Alles, was man sich an Verführerischem, Zartem, Phantastischem in einer Landschaft nur denken kann, der bezauberndsten auf der Welt; Hügel, Berge, Schlösser, Städte wie Marburg, Limburg mit reizenden Türmen, in einer erstaunlichen Komposition von Bergen und Tälern – nichts dergleichen habe ich bisher gesehen, und so fuhren wir bis Ems an einem heißen, sonnenüberstrahlten Morgen. Ems ist ganz von dieser Art. Der gestrige Tag war bezaubernd. Das Städtchen Ems liegt in einer tiefen Schlucht zwischen bewaldeten Hügeln von etwa zweihundert Sashen Höhe oder etwas mehr. An Felsen (die malerischsten der Welt) lehnt sich das Städtchen, das eigentlich nur aus den beiden Uferquais des (nicht breiten) Flusses besteht und sich nirgends weiter ausdehnen kann, weil die Berge es beengen. Es gibt Promenaden und Gärten – und alles reizend. Von der Lage bin ich entzückt, aber man sagt, eben diese Gegend wirke bei Regen oder bei trübem Himmel so düster und traurig, daß sie selbst einen gesunden Menschen melancholisch stimmen kann. Dafür bin ich vom Komfort keineswegs entzückt, die Preise, die Preise...! Gräßlich! Alles, was Du und ich uns vorgestellt haben, als wir auf ein kleines Privatquartier für mich in Ems rechneten, erwies sich als unmöglich, denn *Privatquartiere* gibt es überhaupt *nicht*. Vor etwa 5 Jahren hatte Ems wenig Bedeutung, jetzt aber, da man es plötzlich rühmte und aus ganz Europa anreist, hat jeder Hausbesitzer herausgefunden, was er tun muß: Alle Häuser wurden hergerichtet und zu *Hotels* umgebaut. Und deshalb gibt es zwei Sorten von Hotels: etwa 10 Häuser sind richtige, regelrechte Hotels, und alle (buchstäblich alle) übrigen Häuser nennen sich *Privathotels*. Sie haben die gleichen Zimmer, das gleiche Personal und sogar fast alle auch Restaurants. Im kleinsten Haus gibt es bis zu 20 Zimmer. Die Zimmer sind fast alle nicht groß. Ich bin im »Hôtel de Flandre« an der Eisenbahn abgestiegen, wo man mir für 25 Groschen ein Zimmerchen gab, in dem man sich nicht drehen kann und nicht einmal das notwendigste Mobiliar vorfindet (keinen Kleiderschrank und keine Kommode); man zeigte mir an der Wand drei Nägel, an die ich meine Kleidung hängen könnte. Das Dienstpersonal ist schrecklich. Ich begab mich sofort auf Zimmersuche und war wohl in 15 Häusern. Überall dieselben Preise. Im übrigen zeigte man mir für 25 Groschen (der niedrigste Preis für ein Zimmer) und für einen Taler trotzdem größere und bessere Zimmer als meins und komfortablere, aber klein, und vor allem – ringsum ist alles voll belegt, der eine Mieter singt, der andere knallt die Türen, ich aber habe doch vor, den Roman zu schreiben! Table d'hôte ist überall in den Hotels und Restaurants um ein Uhr, denn alle stehen früh 6 Uhr auf, um Punkt 7 an der Quelle zu sein und Brunnen zu trinken, weil später, nach ½ 8 Uhr, keiner mehr ausgegeben und die Quelle geschlossen wird. Um 4 Uhr ging ich, ohne Mittag gegessen zu haben, zum Arzt, um wenigstens endgültig zu erfahren, zu wieviel Wochen Aufenthalt in Ems er mich verurteilt. Ich ging zu Doktor Orth (dem von Bretzel) und nicht zu Gutentag (dem von Frerichs) und gab Orth den Brief von Bretzel. Orth hat ebenfalls eine prächtige Wohnung und desgleichen eine Menge Patienten. Er las Bretzels Brief durch, untersuchte mich sehr gründlich und sagte, ich hätte einen vorübergehenden Katarrh, nichts weiter; nichts, was nach einer Schwindsucht aussieht, aber die Krankheit sei durchaus ernst zu nehmen, denn ohne Behandlung würde mir mit der Zeit das Atmen immer schwerer fallen; außer einer allgemeinen Verstimmung (des Magens, Fieber u.a.) fand er, am meisten sei der hintere Teil der Brust angegriffen, und als ich ihm erwiderte, daß ich nichts Besonderes spüre, beharrte er auf seiner Meinung, sagte aber, daß ich von der Fahrt ja angegriffen sein *müßte*, jedoch in einigen Tagen auf dieser hinteren Seite eine Erleichterung eintreten könne, er versicherte, die Kur werde Erfolg haben, verordnete mir aber nicht Kränchen wie Koschlakow, sondern eine andere Quelle, Kesselbrunnen, mit der Begründung, daß ich zu Durchfall neige, wie Bretzel ihm geschrieben habe. Ich ärgere mich jetzt schrecklich, daß ich vergessen habe, ihm zu sagen, ich neigte eher zu Verstopfung als zu Durchfall, und ich fürchte, daß die Verordnung, Kesselbrunnen zu trinken, ein Fehler war. In etwa 5 Tagen will ich wieder zu ihm gehen und es erklären. Er hat mir Diät verordnet – ich soll mehr Saures und mit Essig Zubereitetes (Salat beispielsweise) und fettes Fleisch essen. Obendrein Rotwein trinken, französischen oder hiesigen, aus Ems. Ab morgen stehe ich um 6 Uhr auf und gehe Brunnen trinken (zwei Glas täglich). Dieser Emser Wein, hochgradig saures Zeug, kostet 20 Groschen die Flasche! Der französische jedoch ist unerschwinglich: einen Taler die Flasche Médoc, der bei uns, bei Fejk, 50 Kopeken kostet. Danach ging ich auf die Suche nach einem Mittagstisch und fand, daß es in den großen Hotels (»Russischer Hof« und »English Hotel«) außer der Table d'hôte um ein Uhr auch Diners à part gibt, aber zu einem Taler und 10 Groschen, d. h. zu 40 Groschen. Ich bestellte ein solches Essen: Sie servierten etwa 10 Speisen, die gut zubereitet waren, davon 5 Fleischspeisen, so daß es mir zuviel wurde und ich die Hälfte des Mittagessens zurückschickte. Aber für 25 Groschen, an der Table d'hôte, geben sie weniger. Andere Mittagessen bekommt man nicht in ganz Ems. Einzelportionen kann man überall haben, aber für die Portion verlangen sie 15 Groschen! Endlich entschloß ich mich, in einem Haus eine Wohnung zu mieten. Die Wirtin ist eine alte Dame mit Brille, die übrigens einen Mann hat, eine höfliche, aber schlaue Alte. Das Personal ist weiblich. Sie hat 26 Zimmer im Haus. Mir zeigten sie zur Auswahl zwei Woh-

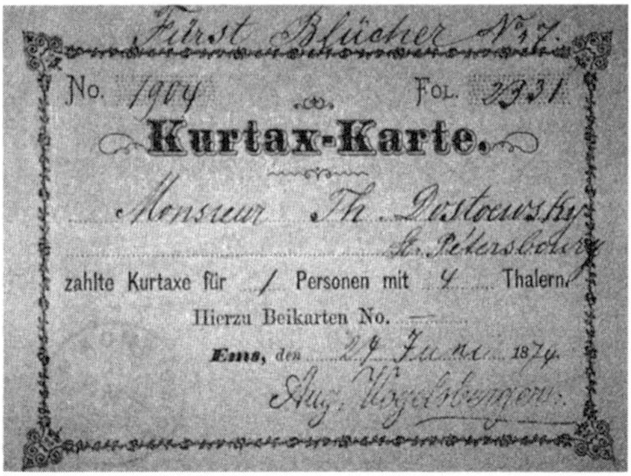
Fürst Blücher No 7.
No. 1904 Fol. 2331
Kurtax-Karte.
Monsieur Th. Dostoewsky
St. Petersbourg
zahlte Kurtaxe für 1 Personen mit 4 Thalern.
Hierzu Beikarten No. —
Ems, den 24 Juni 1874.

Kurtax-Karte Dostojewskis

nungen – ein schönes und großes Zimmer, komfortabel möbliert, mit Balkon, 14 Taler die Woche, und eine andere Wohnung, bestehend aus zwei Zimmern, allerdings viel kleiner, ebenfalls sehr komfortabel möbliert, aber nur das eine Zimmer ist schön hell, das andere hingegen, das Schlafzimmer, hat zwar zwei Fenster, aber sie gehen auf eine 2 Arschin entfernte Hausmauer, und da ist es viel dunkler, ebenfalls 14 Taler die Woche. Ich habe schrecklich gefeilscht und 12 Taler die Woche ausgehandelt. Zudem bot sie selbst an, mir Kaffee, Mittagessen, abends Tee und einen *Imbiß* zu bereiten – für anderthalb Taler den Tag. Also habe ich für die Woche mit Wohnung 2½ Taler zu bezahlen. Ich vergaß Dir zu sagen (das Wichtigste), daß Orth die Dauer meiner Kur nicht auf 6 Wochen, sondern nur auf 4 festgesetzt hat. Somit wird das Geld, auch wenn es schrecklich abnimmt, doch reichen. Am Abend bin ich vom Hotel zu der Wirtin umgezogen. Für *alle Fälle* die Adresse des Hauses (»Haus Blücher« Nr. 7), d. h. ich wohne in Nr. 7 (Zimmernummer, nicht Hausnummer). Aber schreibe unbedingt nur *poste restante*, denn wer weiß, ich könnte von hier wegziehen.

Zum Schluß etwas über Ems – hier herrscht großes Gedränge, Publikum aus aller Welt, Kleider und Glanz, und trotzdem ist ein Drittel der Zimmer nicht besetzt. Die Geschäfte sind erbärmlich. Ich wollte mir gern einen Hut kaufen, fand aber nur einen kleinen Laden, in dem es Ware gab wie bei uns auf dem Trödelmarkt. Und all das wird mit Stolz ausgestellt, die Preise sind überhöht, die Kaufleute aber würdigen einen kaum eines Blickes. [...]

Wann soll ich den Roman schreiben – am Tage, bei solchem Glanz und Sonnenschein, wenn es einen zum Spaziergang lockt und die Straßen lärmen? Gott geb's, daß ich den Roman anfangen kann und wenigstens etwas skizzieren. Der Anfang ist schon das halbe Werk. [...]

Brief an Anna Grigorjewna

Ems, den 28. Juni 1874

[...] Und stell Dir vor, Deinen ersten Brief, vom 7. (übrigens, wenn Du auf den Briefen das Datum angibst, dann gib auch den Wochentag an, vergiß das nicht) – habe ich erst gestern erhalten, am *Sonnabend*, während ich ihn am Freitag hätte erhalten können, weil der hiesige Dummkopf von einem Beamten für die poste restante, obgleich ich wohl schon fünfmal da war und gefragt habe, sich einbildete, ich sei nicht Dostoievsky, sondern Tostoevsky, und die Briefe unter dem Buchstaben T durchgesehen hat, so daß der Brief einen ganzen Tag umsonst bei ihm gelegen hatte. Sie haben eine schreckliche Aussprache und stellen sich beim Hören stockdumm an. Ein Deutscher sagte mir unterwegs: upa, upa. Was ist das, upa? fragte ich ihn, und schließlich stellte sich heraus, daß upa Oper heißen soll (wir unterhielten uns über Musik). Heute entschuldigte sich der Postmeister vielmals, aber dafür erhielt ich auch Deinen zweiten Brief heute. Anetschka, mein Liebes, ich danke Dir, daß Du mir pünktlich schreibst. Schreibe bitte öfter als einmal die Woche, schreibe einmal in 5 Tagen; so werde auch ich es halten. [...] Einen Tag nachdem ich Dir geschrieben hatte (d. h. am Donnerstag), bin ich das erste Mal zur Quelle gegangen. Sie ist zwei Schritt von hier entfernt. Das Wetter war schrecklich, es goß in Strömen, so daß ich von der Wirtin einen Schirm borgte, um hinzueilen. Das ganze Gesindel war schon da. Ganz Ems wacht um 6 Uhr morgens auf (ich ebenfalls), und etwa zweitausend Kurgäste drängen sich bereits um ½ 7 an den beiden Quellen: Kränchen und Kesselbrunnen. Eben-

Der Kessel-Brunnen

dort im Garten spielt eine Kapelle und beginnt gewöhnlich mit der sterbenslangweiligen lutherischen Hymne an Gott; ich kenne nichts Sentimentaleres und Unnatürlicheres. Jeder Kurgast muß sich hier ein Glas für die ganze Saison kaufen, auf dem mit kleinen Strichen die Zahl der Unzen markiert ist. Ich trinke 6 Unzen, zwei Glas, und gehe zwischen beiden eine Stunde spazieren, um 8 Uhr kehre ich nach Hause zurück und trinke Kaffee. Das Wasser schmeckt sauer-salzig, es riecht ein wenig nach faulen Eiern und ist warm wie Tee, der 10 Minuten im Glas gestanden hat. [...]

Wenn klares Wetter ist, gehe ich spazieren und abends zum Konzert. Im Kursaal gibt es an russischen Zeitungen nur die *Moskauer Nachrichten*, französische hingegen genug. Alles ist hier erbärmlich und kläglich, die Geschäfte sind miserabel. Einzig die Lage ist berückend, aber nur für einen Augenblick, weil Ems in einer engen Schlucht zwischen zwei Bergketten liegt und man es in einem Augenblick überschaut. Den Garten und den Park kenne ich schon kreuz und quer, und woanders hingehen kann man nicht. Überdies

Der Kursaal

sind hier ewig Massen von Menschen (viel russische Laute, aber vor allem Deutsche). Nach dem Morgenkaffee beschäftige ich mich etwas, bis jetzt habe ich nur Puschkin gelesen und bin hingerissen vor Begeisterung, jeden Tag entdecke ich Neues. Dafür kann ich noch nichts von dem Roman entwerfen. Ich fürchte, die Epilepsie hat bei mir nicht nur das Gedächtnis, sondern auch die Phantasie beeinträchtigt. Ein trauriger Gedanke geht mir durch den Kopf: Was wird, wenn ich nicht mehr fähig bin zu schreiben? Na, wir werden sehen.

Um 12 Uhr gehe ich vor dem Mittagessen eine Stunde spazieren (denn ich esse Punkt eins zu Mittag). Ich dränge mich in der Menge, gehe kurz in den Kursaal Zeitung lesen. [...] Einstweilen lebe ich in materieller Hinsicht recht angenehm: Die Wirtsleute sind höflich, sie verpflegen mich nicht schlecht. Das ganze Haus (aus Stein gebaut und schön, das jetzt einen großen Wert hat) gehört der Wirtin, und sie kocht mir *selbst* das Essen. Ihre Tochter, etwa 17, hübsch und einigermaßen gebildet, bescheiden und offenherzig,

Der Kaiser von Rußland auf der Promenade in Ems

bringt mir manchmal das Mittagessen und den Tee *selbst*, räumt sogar auf und wäscht im Haus. Für alle 12 oder 15 Mieter haben sie *ein* Dienstmädchen, die blatternarbige Minna, um die 35, sie arbeitet wie ein Ochse und bekommt von März bis Oktober insgesamt 7 Taler Lohn, d. h. pro Monat einen Taler; allerdings rechnet sie fest mit dem Trinkgeld von den Mietern. Alles in allem herrscht im Haus Ordnung. In der 1. Etage wohnte ich allein, doch gestern kamen reiche Leute aus Wien (Mann und Frau) und mieteten die ganze Etage, so daß ich plötzlich Nachbarn habe, die jetzt ein wenig Unruhe vor der Tür bringen und mich stören. Nun, das ist vorläufig alles zu meiner Situation. Mein seelischer Zustand ist, wie ich Dir ja schon schrieb – Schwermut und Langeweile, außerdem denke ich jeden Augenblick an Dich, Anka, ich sehne mich qualvoll nach Dir! [...]

Gestern abend beim Spaziergang begegnete ich zum erstenmal Kaiser Wilhelm: ein großgewachsener, hochmütig aussehender alter Herr. Hier erheben sich alle (auch die Damen), ziehen den Hut und verneigen sich; er aber grüßt niemanden, winkt nur hin und wieder mit der Hand. Unser Zar dagegen hat hier alle gegrüßt, und die Deutschen haben das sehr geschätzt. Man erzählte mir, daß Deutsche wie Russen (besonders die Damen unserer höheren Gesellschaft) ganz erpicht darauf waren, dem Zaren unterwegs zu begegnen und vor ihm zu knicksen. Damals waren in Ems noch mehr Russen, jetzt aber ist der eigentliche russische beau monde abgereist. Wilhelm ging und unterhielt sich mit einem jungen Mädchen, ihre Mutter und ihr Vater aber folgten in zwei Schritt Abstand. Das junge Fräulein hatte ein Gesicht wie ein Dienstmädchen, derbe junge Züge, aber recht hübsch, eine Deutsche aus dem grand monde. Mutter und Tochter waren prächtig gekleidet. An Ort und Stelle angekommen, verabschiedete sich der Kaiser von ihnen, sie machten beide einen tiefen Hofknicks und fuhren stolz und beglückt in einer prächtigen Kutsche davon. Während Wilhelm mit dem jungen Mädchen ging, wälzte sich (buchstäblich) hinter ihnen in zehn Schritt Entfernung die Menge aller hiesiger Damen, manche ganz in Spitzen wie auf einem Ball. Waren die wohl neidisch! [...]

Brief an Anna Grigorjewna

Ems, den 5. Juli 1874

[...] Ich berichte von mir: Meine Kur verläuft akkurat, aber Nutzen hat sie bis jetzt noch keinen gebracht. Im Gegenteil, ich huste sogar mehr, und mehr Schleim als im vergangenen Sommer. Habe ich Dir geschrieben, daß der Arzt mir anstatt Kesselbrunnen jetzt doch Kränchen verordnet hat und drei Glas täglich und nicht zwei? Kränchen wirkt, das spüre ich, ein wenig besser; aber ich fühlte nun deutlich (und auch andere Patienten überzeugten mich davon), daß Kränchen mit Milch besser wirkt, sowohl auf den Magen als auch auf den trockenen Husten. Außerdem sind mir drei Glas zu wenig; wenn ich morgens drei Glas zu mir genommen habe, fühle ich mich von 7 Uhr früh bis 4 Uhr nachmittags besser, ab 4 Uhr aber und die ganze Nacht schlechter. Ich hatte endlich beschlossen, zum Arzt zu gehen und ihn dringend zu bitten, daß er mir Milch erlaubt und noch einmal abends Kränchen um 4 Uhr, nach dem Beispiel anderer Patienten. Zu diesem Zweck war ich gestern bei ihm, und schließlich gestattete er sowohl die Milch als auch noch zwei Glas abends. Also ist es am Ende doch darauf hinausgelaufen, wie Koschlakow es verordnet hat. Orth hatte einzig deshalb, weil ich ihm vor zwei Wochen von Koschlakows Verordnung, Kränchen mit Milch zu trinken, erzählt habe, das Kränchen gegen Kesselbrunnen ausgewechselt und Milch verboten, d. h. aus Eigenliebe. Aber so sind sie alle, die Spitzbuben. Und ich habe volle zwei Wochen Kur, wenn nicht ganz verloren, so mir doch verdorben. [...]

Brief an Anna Grigorjewna

Ems, den 6. Juli 1874

[...] Gestern vor 3 Uhr schickte Fürstin Schalikowa plötzlich zu mir, ich solle mit ihnen eine Spazierfahrt nach Stolzenfels unternehmen, da ich mein Wort gegeben hätte. Obgleich ich sehr schlechter Stimmung war, bin ich wohl oder übel mitgefahren. – Es ist eine Vier-

Kränchen in Bad Ems. Foto aus dem Besitz von Anna Grigorjewna.

Burg Stolzenfels am Rhein

telstunde Fahrt, den Rhein entlang, an der Mündung unseres Flüßchens Lahn, an dem Ems liegt. Ein herrlicher Blick. Das Schloß steht auf dem anderen Rheinufer, man setzt mit einem Boot über. Es ist ein altes Schloß aus dem Mittelalter, aber vor etwa 25 Jahren wurden die Ruinen (die übrigens gut erhalten waren) restauriert für unsere nun schon verstorbene Kaiserin Alexandra Fjodorowna, die einige Zeit hier wohnte. Wir besichtigten das ganze Schloß, gingen spazieren, tranken Kaffee und genossen den Anblick der untergehenden Sonne über dem Rhein, der sehr schön ist. Ich habe die Zeit in dieser Damengesellschaft weder langweilig noch gut verbracht. Eine Bekannte der Fürstin war dabei, mit der sie zusammen wohnt und die selbst eine Zeitlang bei Katkow gewohnt hat. Sie ist Witwe, schon um die Vierzig, kränklich, eine einst schöne Frau. Eine Verehrerin von mir. Als die Fürstin vor ihrem Besuch bei mir mich beim Konzert oder an der Quelle gesucht hatte, bemüht, mich am Gesicht zu erkennen, hatte jene alle Augenblicke zu der Fürstin gesagt: »Sehen Sie sich genau um, und sobald sie einen Mann mit einem *ganz tiefen Blick* finden, wie ihn niemand sonst hat, dann treten sie beherzt an ihn heran, das ist er.« [...]

Wie froh bin ich, daß das Wetter bei Euch gut ist. Wie würden sich die Kinder hier, irgendwo im Ausland, erholen! – Aber Ems hat ein seltsames Klima. Heute scheint beispielsweise die Sonne, das Barometer steht ausgezeichnet, zu Mittag werden, nach dem gestrigen Tag und nach allem zu urteilen, bestimmt 24 Grad Reaumur im Schatten sein. Stell Dir aber vor, daß um 7 Uhr morgens dasselbe Thermometer im Schatten nur 11 Grad Reaumur anzeigte. 11 Grad und 25 Grad innerhalb weniger Stunden – was für schroffe Wechsel! Wie soll man sich da nicht unversehens erkälten! Das kommt daher, daß die Schlucht nachts feucht ist, und plötzlich sinkt eine Wolke in die Schlucht: schon sind 11 Grad! Gestern morgen um 7 Uhr waren 18 Grad im Schatten, d. h., die Wolke hatte es vorgezogen, nicht in Ems zu übernachten. [...]

Brief an Anna Grigorjewna

Ems, den 10. Juli 1874

[...] Die Langeweile plagt, zermürbt mich in diesem elenden Nest. Was für ein Publikum, was für Visagen! Was für hundsgemeine Deutsche! Deutsche mit einem »Tick«. Die Hälfte sind hier Russen, da erübrigt sich jedes Wort; es ist immer traurig, Russen zu sehen, die sich im Ausland herumtreiben; Hohlheit, Leere, Müßiggang und Selbstgefälligkeit in jeder erdenklichen Beziehung. Ich würde ihnen keinen Blick schenken, aber hier kann man auch nirgends spazierengehen; entweder muß man sich auf einem für so viel Publikum sehr engen Raum drängen oder in die Berge gehen, doch möglichst weit, denn die nahe gelegenen Pfade sind alle voller Menschen. Weiter weggehen aber kann ich nicht; man sagte mir, mit meiner Brust sei es unbedingt schädlich, auf einem Bergweg weit zu wandern, denn es kostet zu große Anstrengung, dort hinaufzusteigen. Und zu allem Glück haben wir auch noch eine Affenhitze:

Das russische Tischchen in Ems

schon etwa fünf Tage 26 und 27 Grad Reaumur im Schatten. Ich wechsle wie in Florenz dreimal am Tag das Hemd. Jedoch in Florenz konnte man wenigstens den Abend draußen verbringen, hier aber gehen alle Patienten schon um halb 8 Uhr nach Hause, und nur die Gesunden promenieren, die, weiß der Teufel, warum, in ganzen Scharen angereist sind. Sobald die Sonne hinter den Bergen untergeht (es dunkelt früh, um 9 Uhr ist fast Nacht), wird es gleich feucht. Und auch am Tage, wenn ringsum eine Gluthitze herrscht, kommt dann und wann plötzlich ein scheußliches frisches Lüftchen auf, aber durchaus kein heilsames mehr, sondern ein schädliches, wie Zugluft. Alle diese Tausende von Menschen gehen in ausgesprochenen Sommerkleidern; nur ich allein trage zwar eine Sommerweste, aber ein Winterjackett und schwitze schrecklich. Doch ich kann mich nicht entschließen, mir einen Anzug aus Leinen nähen zu lassen; erstens ist es unerschwinglich teuer, und zweitens habe ich bei meiner Ankunft eine weiße Weste bei einem Schneider bestellt, den man mir als den besten empfohlen hatte. Und er hat sie mir doch erst vorgestern (d. h. nach mehr als zwei Wochen) geliefert, obwohl ich jeden Tag hingegangen bin. Überdies ist sie zu kurz, schlägt Falten, und der Stoff ist miserabel (Pikee). Ich habe sie bezahlt, drei Taler, aber tragen werde ich sie kaum. Kann man also hier etwas bestellen? In ganz Ems gibt es nur zwei Schneider, was ist da zu machen. [...] Ein schweinischer, gemeiner Ort, einen gemeineren findet man nicht auf der Welt!

Hier gibt es Russen, mit denen ich mich grüße, und solche, die, wenn sie einen sehen, gleich ankommen und sich vorstellen. Einer von ihnen (er tritt auf wie ein großer Gentleman) versichert, er habe mich bei Polonski gesehen. Montags kommt der Wiesbadener Pope Tatschalow hergefahren, ein anmaßender Kerl, aber ich habe ihn zurechtgewiesen, und er ist sofort verschwunden. Ein Intrigant und Schurke. Er würde auf der Stelle Christus und alles verkaufen. [...]

Brief an Anna Grigorjewna

Ems, den 13. Juli 1874

[...] Mir ist hier eine kleine Geschichte passiert: Ich mußte die Wohnung wechseln. Neben meinen beiden Zimmern hatten reiche Leute aus Wien, ein Ehepaar, drei Zimmer gemietet, sind 2 Wochen geblieben und dann wieder abgefahren. Am selben Morgen reist aus Wien ein österreichischer Graf mit Diener an und sagt, er brauche alle fünf Zimmer der Etage (d. h. auch meine), sonst wisse er nicht, wohin mit seinem Diener. Die Wirtin kommt zu mir und bittet mich flehentlich, mit gefalteten Händen, ich solle doch dem Grafen meine zwei Zimmer abtreten und selbst in die obere Etage ziehen, wo auch zwei Zimmer seien, die sie mir zu ermäßigtem Preis überlassen werde, d. h. nicht für 12, sondern für 8 Taler die Woche. Ich sah, daß ich nicht nein sagen durfte, denn ich würde mir die Wirtsleute zu Feinden machen, sie sind ohnedies schon dazu übergegangen, mich schlechter zu beköstigen und schrecklich zu übervorteilen. Die Zimmer erwiesen sich als furchtbar niedrig und stickig, und die ganze Etage ist von höchst gewöhnlichen deutschen Mietern bevölkert, die schallend lachen, trampeln, singen und schreien, ohne jedes Feingefühl, wie echte grobe Deutsche. Gleich am nächsten Tag habe ich mir eine Wohnung gesucht, und ausgesprochen erfolgreich – auch sehr nahe an der Quelle, auch ein Privathotel, auch 12 Taler wöchentlich und in der Beletage, aber die Zimmer sind noch besser und bequemer möbliert, größer, höher und überdies mit Balkon. [...] Auf diese Weise verbringe ich die zweite Hälfte meines hiesigen Aufenthalts in einer anderen Wohnung. Ich weiß nur nicht, wie lange ich noch hierbleiben muß, ich denke, etwa 12 Tage, mehr nicht, ab heute gerechnet. [...] (Für alle Fälle meine Adresse: Bad Ems, Hôtel Ville d'Alger, Nr. 4-5, schreibe jedoch unbedingt wie bisher poste restante.)

Brief an Anna Grigorjewna

Ems, den 17. Juli 1874

[...] Jedesmal, wenn ein Brief von Dir eintrifft, ist es für mich wie eine »Befreiung«. Am Vortag, zwei Tage vorher werde ich ängstlich und trübsinnig: Ob alles in Ordnung ist bei ihnen, ist auch nichts passiert? Du glaubst nicht, wie überängstlich und reizbar ich geworden bin. Ich freue mich sehr, daß Du alle 5 Tage schreiben willst. Die Nachrichten über die Kinder sind für mich unentbehrlich. Sogar hier kann ich Kinder nicht ungerührt ansehen, und wenn ich irgendwo ein Kind schreien höre, überfallen mich Schwermut und schlimme Vorahnungen. Meine Reizbarkeit schreibe ich der Kur zu: bei allen, heißt es, werden die Nerven ebenso angegriffen, und besonders leidet die Leber. Meiner Meinung nach auch das Gehirn. [...] Glaubst Du, Anja, Ems ist mir schon so zuwider, daß ich am liebsten abreisen würde, ohne die Kur zu beenden. Hier hasse ich jedes Haus, jeden Strauch. Der Anblick des Publikums ist mir unerträglich. Ich bin so reizbar geworden, daß ich (besonders frühmorgens) jeden in dieser chaotischen Menge, die sich am Kränchen drängt, als meinen persönlichen Feind betrachte und vielleicht sogar über einen Streit froh wäre. Man sagt, auch dies sei eine Wirkung des Brunnens (zumal ich an anderen Stunden des Tages weitaus friedfertiger bin), aber mir wird davon nicht leichter; da ist nichts zu machen, ich werde noch aushalten in Erwartung des Erfolges. Glaub mir, manchmal stelle ich in Gedanken Vergleiche an: Wo ging es mir besser: hier oder bei der Zwangsarbeit? Und immer komme ich zu dem Schluß, *buchstäblich* (und ganz unvoreingenommen), daß es bei der Zwangsarbeit trotzdem besser war, *ruhiger*: Ich regte mich nicht so auf, war nicht so gereizt, nicht so überängstlich. [...] Ich lege mich Punkt 10 Uhr hin (schon ins Bett), stehe um 6 Uhr morgens auf, aber nachts werde ich etwa fünfmal wach, obwohl ich gut schlafen würde, wenn das Schwitzen nicht wäre. In der neuen Wohnung fühle ich mich sehr wohl. Die vorige Wirtin hat mich schrecklich übervorteilt. Mittag essen gehe ich jetzt in verschiedene Restaurants. Tee habe ich meinen eigenen. Ich bemühe mich zu sparen. Die Deutschen und das ganze Publikum sind unerträglich. Übrigens wechseln die Gesichter ständig. In der letzten Woche sind schrecklich viele Neue angereist; auch viele Russen. Mit einigen grüße ich mich nur, mit manchen unterhalte ich mich. [...]

Brief an Anna Grigorjewna

Ems, den 21. Juli 1874

[...] Ich bin manchmal so gereizt, daß ich, obwohl ich mir fest vornehme zu schweigen, mitunter nicht an mich halten kann. Das Gedränge am Kränchen, wo der Brunnen in die Gläser eingeschenkt wird (man reicht sein Glas über die Balustrade und erhält es gefüllt zurück), ist schrecklich. Am schlimmsten schubsen und drängeln die Frauen und, wer hätte das gedacht, die bejahrten Deutschen. Da gibt einer sein Glas ab und drängt und strebt nach vorn, und streckt die Hand aus, und zittert am ganzen Leibe. Fast jeden Tag kann ich mich nicht enthalten, einem von diesen Deutschen Belehrungen zu erteilen: »Mein Herr, man muß ruhig sein. Sie werden kriegen. Man wird nicht verzeihen.« [im Original deutsch] Und überhaupt gelte ich (das habe ich gehört) unter gewissen deutschen Kurgästen als ein sehr *galliger Russe* – und was denkst Du, vor allem deshalb, weil ich mich nicht mit Wasser begießen lasse (wie es einmal vorgekommen ist) und überdies nicht gestatte, daß der hinter mir Wartende seine Hand mit dem Glas auf meine Schulter oder meinen Rücken legt. [...] Glaube mir, Anja, wenn man, von dem anderthalbstündigen Spaziergang (beim Brunnentrinken) erschöpft, nach Hause kommt und um 9 Uhr den miserabelsten Kaffee der Welt trinkt, allerdings mit ganz schrecklichem Appetit, dann muß man manchmal bei der Erinnerung an eine morgendliche Begegnung einfach laut lachen. Nun, aber ein andermal ist es schrecklich ärgerlich und ernst: Man kann doch nicht alles der Wirkung des Brunnens zuschreiben – es gibt auch Dinge, die an und für sich sehr ärgerlich sind, unabhängig von der Wirkung des Brunnens.

Ein anderes Mal, vor einigen Tagen, sucht an der Table d'hôte neben mir eine zahlreiche russische Familie, wie ich bemerkte, meine Bekanntschaft zu machen. Nun, laß sie. Aber ich habe noch kein Wort gesagt, da beginnen mich plötzlich alle bei einer Begegnung zu grüßen. Der Familienvater (ein schrecklich unruhiger Mensch) fing an, über Literatur zu reden. Da war nichts zu machen, ich setzte mich am dritten Tag am anderen Ende des Speisesaals zum Mittagessen hin und habe es anscheinend deutlich genug zu verstehen gegeben, da der vorherige Platz schon längst als meiner galt. Und was glaubst Du, er kam doch prompt zu mir an meinen neuen Platz, um sich zu unterhalten. – Es gibt übrigens auch ordentliche Russen. [...]

Brief an Anna Grigorjewna

Ems, den 26. Juli 1874

[...] Gestern ging ich zu Orth und erklärte ihm, daß von der Frist, die er voriges Mal (vor 9 Tagen) selbst für meine Behandlung und Heilung genannt hatte, mit der zusätzlichen Woche u.a. (wovon ich Dir schrieb) nur noch 3 Tage bleiben (die Frist war am Dienstag abgelaufen) und daß ich ihn bitte, mich zu untersuchen. Er untersuchte mich, hörte mich ab, und anscheinend, das schloß ich aus seiner Miene, ist das Ergebnis *nicht ganz* günstig. Er sagte mir, ich solle noch eine Woche in Ems bleiben, so daß ich genau 6 Wochen in Ems bin, und versprach wiederum sehr nachdrücklich ein günstiges Ergebnis. Ich bleibe also etwa bis zum 3. oder 4. August, und dann weiß ich auch nicht, ob er nicht noch eine Woche anhängt. Ich denke, nein. Mit diesem Orth bin ich die ganze Zeit nicht so recht zufrieden; er geht irgendwie leichtsinnig heran und behandelt wie aufs Geratewohl. [...] Man hatte mir schon vor langem gesagt, ich solle doch mal zu Großmann gehen. Und so war ich gestern früh, ehe ich zu Orth ging, bei Großmann. Als er erfuhr, daß ich schon die fünfte Woche in Behandlung bei Orth bin, lehnte er es rundweg ab, mich anzuhören: »Sie haben doch, wie Sie sagen, einen Arzt, warum kommen Sie dann zu mir?« Solche Sitten herrschen hier. Aus Kameraderie, aus seiner Berufsehre weist er einen Kranken ab, während es das gute Recht des Kranken ist, seinem Arzt zu mißtrauen, er jedoch verpflichtet ist, jedem, der kommt, zu helfen. Der Kranke wagt es auf diese Weise nicht einmal, den Arzt zu wechseln. [...] Abschließend zu dem Bericht über mich möchte ich noch sagen, daß sich im allgemeinen meine Gesundheit hier außerordentlich gefestigt hat, obwohl ich überhaupt nicht dicker geworden bin. Alle meine Funktionen (ich schlafe, ich esse usw.) sind vortrefflich, so wie *viele Jahre* nicht mehr, und sogar meine Kräfte haben erheblich zugenommen, seit ich hier bin, ich fühle mich rüstiger, ermüde nicht so schnell. [...]

Brief an Anna Grigorjewna

Ems, den 1. August 1874

[...] Heute ist anscheinend den ersten Tag nach dem Anfall der Kopf wieder ganz frei. Wenn diese Anfälle nicht wären, hätte mir die Kur wahrhaftig mehr geholfen. Eines steht außer Zweifel – daß ich mich in allem übrigen unvergleichlich gesünder fühle als vorher: die Kräfte, der Schlaf, der Appetit – all das ist ausgezeichnet. Wenigstens diesen Gewinn schreibe ich dem Emser Brunnen und der Tatsache zu, daß ich 6 Wochen Punkt 6 Uhr aufgestanden bin. Stakenschneider versichert, er habe mich nie mit einer so frischen Gesichtsfarbe gesehen wie jetzt. – Während der letzten Regenfälle und Nebel haben sich hier viele erkältet. Zweifellos auch ich. Mit gewisser Sorge denke ich daran, wie ich zurückkomme, und vor allem bereitet mir die Fahrt von Petersburg nach Staraja Russa Sorge. [...] Obwohl wir uns bald sehen, denke ich andauernd mit Sorge an Euch; wenn nur nichts Schlimmes geschehen ist. Dann aber, Anja, müssen wir wieder auf gut Glück leben, oder richtiger, wie Gott es fügt. Und was am schlechtesten ist – noch immer haben wir Schulden, können nichts zurücklegen. Wenn meine Gesundheit nur für drei Jährchen reichte, wie würden wir uns dann vielleicht erholen. Doch das alles besprechen und beseufzen wir noch beim Wiedersehen. Was aber wird Orth jetzt sagen. Auf Wiedersehen, mein teurer Freund. Du allein lebst in meiner Seele und in meinen Träumen. Küsse die Kinderchen und paß gut auf sie auf – ich aber bin ganz der Eure, überall, ich umarme Euch fest und innig.

Euer F. Dostojewski

Grüße alle, wie es sich gehört.

PS: Heute morgen wollte schon die Sonne lachen, aber jetzt haben wir wieder Wind und Deutsche und Wolken. Traurig ist es hier.

1875

Brief an Anna Grigorjewna

Ems, den 10. Juni 1875

[...] Von Berlin bin ich am Dienstag um 11 Uhr abends abgefahren. Unterwegs habe ich zwar nicht viel, aber doch etwas geschlafen. Gestern hatten wir einen heißen, hochsommerlichen Tag, heute aber gießt es wie aus Kannen, so daß ich nicht weiß, wie ich hinausgehen soll. Ems ist geradezu widerlich bei Regen. Gestern war mir den ganzen Tag furchtbar traurig und langweilig zumute, und nachts konnte ich wieder nicht richtig schlafen, weil man mich störte. Der erste Blick auf Ems übte auf mich einen abscheulichen, miserablen Eindruck aus. Ich war beim Arzt: Er fand mich unvergleichlich

Amtliche Liste

der

anwesenden Kurgäste und Durchgereisten

zu Bad-Ems.

Das Abonnement für die Kurliste beträgt 5 Mk. Die einzelne General-Liste kostet 20 Pf., die einzelne tägliche Liste 10 Pf.
Insertionsgebühr die einspaltige Garmondzeile oder deren Raum 15 Pf.

№ 28. Dienstag, den 15. Juni 1875.

Die Fremden, deren Namen oder Wohnort entweder gar nicht oder unrichtig in die Kurliste eingetragen sind, werden ersucht, solches in der Expedition anzuzeigen.

Es liegt im Interesse der Fremden, nach Ankunft ihre Wohnung bei der hiesigen Kaiserlichen Telegraphen-Station im Hause Godesberg, gegenüber den 4 Thürmen, und bei dem Kaiserlichen Post-Amte anzugeben.
Bad-Ems, 1875. Die Redaction.

Neu angekommene Kurgäste.

Königliche Kurgebäude.
c. Unterer Flügelbau.
v. Priem, Hr. Lieutn. im Brandenburg Hus.-Reg. Nr. 3 a. Rathenow. Nr. 73
d. Lahnbau.
Bulkeley, Miss m. Bed. a. England. Nr. 151
g. Panorama.
Hipp Schouleeden, Mr. a. Belgien. Nr. 319
de Diest, Messrs. a. Belgien. Nr. 333, 334

Vier Thürme, Badehaus.
Se. Exc. v. Ignatieff, Gen.-Adjutant Sr. Maj. des Kaisers von Russland m. Gem. u. Dusch. a. Petersburg
Engalitscheff, Mad. la Princesse m. 2 Hrn. Söhnen u. Gouvern. a. Petersburg
v. Diakoff, Hr. Capitän m. Frl. Tochter a. Moskau
Leith, Mr. & Mrs. Major m. Bed. a. England

Englischer Hof und Fürstenhof, Gasthaus.
Houghton, Mr. a. Dublin

Hôtel de Flandre, Gasthaus u. Stadt Antwerpen.
Weissker, Hr. Commerzienr. m. Gem. a. Waldheim
Lönnerberg, Hr. Dr. phil. a. Stockholm
Metscher, Fr. Amtsr. u. Rittergutsbes. m. Gesellschafterin
v. Mark, Frl. a. Deichslau

Flora.
Zingler, Mr. u. Mrs. a. London
Miethe, Hr. m. Gem. a. Eisenach

Fortuna.
Schlange, Hr. Landwirth m. Gm. a. Lenthen
de Koschebti, Mad. a. Russland
de Banoff, Mlle. a. Russland
v. Matouchevitsch, Hr. Oberst a. Petersburg
Ofcherenko, Frl. Gutsb. m. Bed. a. Russland

Hôtel de France. Gasthaus.

Stadt Lüttich.
Knoff, Hr. a. Ludwigsburg

Luzern.
Dostoewsky, Hr. Lieutn. en retraite a. Petersburg

Im Mohren.
Hoffmann, Hr. Apotheker a. Strzelno

Monaco.
v. Horn, Hr. Major a. D. a. Berlin

Stadt Moskau.
Richter, Hr. Dr. Königl. Preuss. General- u. Corpsarzt a. D. m. Gesellsch.
Fuits, Frl. a. Düsseldorf

Stadt München.
Neumann, Frl. a. Hannover

Nassauer Hof.
Unger, Hr. Kfm. a. Berlin

Amtliche Kurgastliste vom 15. Juni 1875

wohler als im vergangenen Jahr. Die Kaverne, die noch nicht verheilt war, hat sich vergrößert, doch dafür sind die drei anderen, die im vorigen Jahr verheilt waren, nicht wieder aufgebrochen. Er sagte, ich solle mich ganz entkleiden, und horchte mich aufs sorgfältigste ab. Körperlich hätte ich mich, wie er meinte, den Winter über erstaunlich erholt (natürlich, weil wir nicht in Petersburg gelebt haben). Er erhofft sich einen Erfolg. [...]

Gleich gestern mietete ich eine Wohnung, nicht im »Hôtel d'Alger«, dort war besetzt, sondern zwei Häuser weiter, im »Hôtel Lucerne«. Aber nicht im 1., sondern im 2. Stock, dafür zwei recht gute Zimmer und mit Balkon. Ich habe sie für genau denselben Preis gemietet wie damals im »Hôtel d'Alger« und zu denselben Bedingungen. Madame Bach (aus dem »Hôtel d'Alger«) bot mir im 2. Stock etwas an, ohne Balkon, und obwohl sie im Preis etwas heruntergi ng und sehr gerne wollte, daß ich umziehe, ist doch dieses jet-

zige Quartier im »Hôtel Lucerne« unvergleichlich besser, nur weiß ich nicht, ob es auch ruhiger ist: Ich habe einen Nachbarn, der morgens sehr laut spricht und klopft, und oben eine miserable Klavierschülerin, die mich 1½ Stunden mit miserablem, stümperhaftem Spiel traktiert hat. Im übrigen werde ich sehen, und sollte irgend etwas sein, ziehe ich zur Bach, wenn meine vorjährige Wohnung (bald) bei ihr frei wird. Meine jetzige Wirtin, Madame Moiser, ist eine hochgewachsene spindeldürre rotblonde Deutsche (etwa zehn Zentimeter größer als ich), noch nicht alt, mit einem offiziellen Lächeln. Ich weiß nicht, ob ich mich einleben werde. [...] Anja, Täubchen, sei guten Mutes, Gott ist gnädig, vielleicht wendet sich alles zum Besten. Ich umarme Dich von ganzem Herzen. An die Kinderchen denke ich ununterbrochen. Gib Lilja noch einen Kuß und sage Fedja, daß hier kleine Pferdchen (Esel und Maultiere) an der Brücke stehen, mit roten Sätteln, hübsch anzusehen, sie werden von jungen Mädchen und kleinen Jungen und Mädchen zum Reiten gemietet, und diese hätten mich schon gefragt, warum ich Fedja nicht mitgebracht habe, und ich hätte gesagt, ich würde ihn be-

Foto links: Privathotel Luzern in der Lahnstraße, zwei Häuser weiter »Haus Algier«. Foto aus dem Besitz Anna Grigorjewnas. Foto rechts: Vier Türme. Wohnung des Kaisers Alexander

stimmt nächsten Sommer mitbringen. Sag ihnen, daß ich Naschwerk für sie einkaufe. Schreibe mir ausführlicher, Anja, was Du die ganze Zeit machst.

Das Geld nimmt hier so ab. Die Fahrt ist nicht billig, und das Leben auch nicht. Gestern kaufte ich Erdbeeren und Kirschen, zum letztenmal für die Dauer meines Aufenthalts, denn all das hat mir der Arzt verboten. Mein Magen hat sich unterwegs sehr erholt. Seltsam, daß sich mein Magen auf der Reise stets erholt. Gestern habe ich den Anzug von Scharmer zum erstenmal getragen und mich schon geschämt: Erstaunlich, ich sah plötzlich aus wie einer aus dem Modeheft, bei Gott, so ist's. Er ist tadellos gearbeitet; den Hut habe ich mir in ganz anderer Form gekauft, und ich finde, er steht mir überraschend gut. Ich kann mir vorstellen, als was für ein Geck ich ob dieser Worte jetzt vor Dir erscheine. Ich küsse Deine Augen und schließe Dich fest in die Arme, mein lieber Engel. Du bist mir mehr wert als alles auf Erden, und eine Frau wie Dich gibt es nicht wieder. […]

Der Monarch soll heute von hier abreisen, es ist mir nicht gelungen, ihn zu sehen. Kaiser Wilhelm ist angekommen. Gestern spielte die ganze Zeit eine Kapelle unter seinen Fenstern. Im Garten ist viel Publikum, alles Flegel und Gecken und viele hübsche Damen aller Nationalitäten. [...]

Brief an Anna Grigorjewna

Ems, den 13. Juni 1875

Der Wirt und die Wirtin sind sehr zuvorkommend, und ihre kleinen Kinder (in Liljas und Fedjas Alter) haben mir gestern Blumen geschenkt. Man müßte ihnen etwas zum Naschen kaufen, aber nicht einmal das gibt es hier. Mit einem Wort, es ist langweilig. [...] Heute sah ich Kaiser Wilhelm zum erstenmal. Die Musik hier ist zwar nicht übel, zwei große Orchester, ein Instrumental- und ein Blasorchester. Aber vorherrschend ist doch Langeweile, Langeweile und nochmals Langweile. Ich glaube, ich verliere einfach den Verstand. An die Arbeit habe ich mich immer noch nicht gesetzt. Und wann der Regen einmal aufhört, ist nicht abzusehen. [...]

Brief an Anna Grigorjewna

Ems, den 16. Juni 1875

[...] Volk gibt es hier sehr viel, die Kurliste weist schon 5000 Namen auf. Unwahrscheinlich hochnäsige, affektierte, dreiste und grobe Visagen. Keinerlei Zerstreuungen, nirgends kann man spazierengehen (alles ist ekelhaft). Ich war am zweiten Pfingstfeiertag in der russischen Kirche, dort traf ich viel Volk, mehr, als ich erwartet hatte, aber alle Gott weiß wer. Die Damen benehmen sich geziert, setzen sich auf Stühle und fallen in Ohnmacht. In meiner Gegenwart sanken in der Kirche drei in Ohnmacht (angeblich vom Weihrauch und von der stickigen Luft), aber auf dem Ball tanzt so eine sicherlich die ganze Nacht oder häuft sich zum Mittagessen derart viel auf den Teller, daß zwei Bauern davon satt werden könnten. Ekelhaft. Der Arzt hat mir noch drei Glas morgens zu 6 Unzen und 2 Glas nach dem Mittagessen zu 4 Unzen verordnet. Über die

Die russische Kirche in Bad Ems

Kur kann man bis jetzt nichts sagen. Am schlechtesten ist, daß ich noch nicht einmal daran gedacht habe, mit der Arbeit zu beginnen: die Schwermut, all diese Krankheiten und Schweinereien rauben mir jegliche Lust. Und da denken manche, daß ich zu meinem Vergnügen ins Ausland gefahren bin. [...]

Brief an Anna Grigorjewna

Ems, den 19. Juni 1875

[...] In meiner jetzigen Wohnung fühle ich mich nicht so recht wohl: unter meinem Schlafzimmerfenster befindet sich im Nebenhaus eine Werkstatt, Schlosser und Verzinner, die vor 5 Uhr früh aufstehen und zu hämmern anfangen. Zwei Tage hintereinander bin ich um 5 Uhr früh aufgewacht. Ich beschwerte mich bei den Wirtsleuten, der Wirt ging hin und bat sie, erst um 6 Uhr mit der Arbeit zu beginnen, aber dafür geht es wiederum den ganzen Tag unaufhörlich tick-tick, man wird ganz wirr im Kopf, und die Nerven leiden darunter. In der »Ville d'Alger« nebenan ist eine Wohnung frei geworden – und nun weiß ich nicht, ob ich umziehen soll oder nicht. Ich bin unschlüssig. [...]

Brief an Anna Grigorjewna

Ems, den 22. Juni 1875

[...] Ich lese das Buch Hiob, und es versetzt mich in schmerzliche Begeisterung: Manchmal höre ich auf zu lesen und gehe eine Stunde im Zimmer umher, bin nahe am Weinen, und ohne die niederträchtigen Anmerkungen des Übersetzers wäre ich vielleicht glücklich. Dieses Buch, Anja – das ist merkwürdig –, war eines der ersten im Leben, das mich tief beeindruckt hat, ich war damals fast noch ein kleines Kind! Davon abgesehen gibt es hier keinerlei Zerstreuungen; nicht die geringsten. Einzig und allein, daß zweimal am Tag am Brunnen Musik erklingt, aber auch sie ist schlechter geworden: höchst selten wird etwas Interessantes gespielt, sonst immer nur irgendein Potpourri oder ein »Deutscher Ruhmesmarsch«, Strauß, Offenbach und schließlich sogar eine »Emspastillen-Polka« – man kann es gar nicht mehr anhören. Zudem stört einen die dichte, fünftausendköpfige Menge auf verhältnismäßig engem Raum, sie drängen sich, laufen sinnlos hin und her wie die Hühner. Aber in diesen Regentagen ist es noch enger, alle drängen sich pitschnaß, mit nassen Schirmen unter einer Galerie zusammen, und zwar alle auf einmal, weil sie Brunnen trinken und man unbedingt zu einer bestimmten Zeit dasein muß, und gerade zu dieser Zeit spielt das Orchester die »Emspastillen-Polka«. An russischen Zeitungen werden nur zwei bezogen. Den *Russischen Boten* habe ich bekommen – er enthält nichts als Schund. – Russen sind zwar da, aber doch nicht so viele und alles nach wie vor Unbekannte. [...] Immerfort hoffe ich, daß vielleicht doch noch jemand kommt, aber dann werde ich, so Gott will, schon am Roman sitzen und keine Zeit mehr haben.

[...] Ich habe mir überlegt, daß ich doch nicht ausziehe, und bin im Hotel Luzern geblieben. Übrigens hier für alle Fälle meine Adresse: Bad Ems, Haus Luzern, Logement Nr. 10, à Monsieur Dostoewsky (d. h. schreibe wie bisher immer poste restante, dies hier

Die »Galerie« im Kurpark von Bad Ems. Foto aus dem Besitz von Anna Grigorjewna

gebe ich Dir nur für alle Fälle). Immerhin sind meine Wirtsleute recht feinfühlige Menschen, wie ich mehr und mehr sehe. Unter den Fenstern wird weniger gehämmert, und die Kinder der Wirtsleute, vier und drei Jahre, ein Mädchen und ein Junge, haben mich liebgewonnen und bringen mir Blumen. Dieser Wirt und seine Frau (Moiser) haben Haus und Land, die Wirtin kocht selbst und brüht den Kaffee, er aber ist Lehrer in einer Schule und gibt Stunden. [...] Unten, in der Beletage, direkt unter mir, bewohnt eine zugereiste deutsche Familie drei Zimmer. Die gnädige Frau, Mutter dieser Familie, eine ziemlich dicke Deutsche, ist so zerstreut, daß sie statt der zwei Treppen manchmal vier in die 2. Etage steigt und geradewegs auf meine Tür zusteuert, sie mit Schwung öffnet, dann etwa drei Sekunden dasteht und nicht weiß, wohin sie geraten ist. Danach ein Aufschrei: »Ah, mein Gott!« und sie eilt wieder nach unten; so ging es schon zweimal, einmal morgens, das andere Mal abends. – Im übrigen bin ich selber ebenso zerstreut: erst gestern ging ich statt in mein Hotel Luzern nebenan ins Hotel Genz, nahm meinen Schlüs-

»Kaiserregatta« auf der Lahn

sel vom Brett, d. h. die Nr. 10, stieg in die zweite Etage und will mein Zimmer 10 aufschließen (das ganz genauso gelegen ist wie im Luzern), doch da eilten die Wirtin und das Dienstmädchen herbei und erklärten mir, daß ich nicht hier, sondern nebenan im Luzern wohne. Nur gut, daß sie mich schon von Angesicht kannten, d. h. wußten, daß ich im benachbarten Luzern wohne, sonst hätten sie mich vielleicht noch für einen Dieb gehalten. [...]

Brief an Anna Grigorjewna

Ems, den 25. Juni 1875

[...] Ich bin nach wie vor ganz allein hier, habe keine Bekannten. Russen sind genug gekommen, aber alle aus Reval, aus Livland, irgendwelche Storchs, Borchs, und an russischen Namen – Paschkow, Pantschulidsew u.a. Alles Unbekannte. Aber seltsam: Mich kennt man anscheinend. Neulich, an der Quelle, wandte ich mich mit einer ganz nichtigen Frage auf deutsch an einen gentleman, der mir sofort auf russisch antwortete, dabei wußte ich nicht einmal, daß er Russe ist. Also hatte er über mich schon Bescheid gewußt, denn er konnte doch nicht Gott weiß woran erkennen, daß ich Russe bin. Ich halte mich übrigens allen fern. [...] An der Quelle begegne ich ziemlich oft Kaiser Wilhelm. Er ist sehr schlicht und freundlich, ein gutaussehender alter Herr von 80 Jahren, wirkt aber nicht älter als 60. Er kleidet sich zivil und elegant. Einmal saß in der Menge eine Dame mit einem Glas, groß und hager, etwa 30 Jahre, in einem schwarzen zerknüllten Schal und einem ganz schlichten schwarzen Kleid. Plötzlich begrüßte der Kaiser sie wie eine Bekannte, unterhielt sich fast eine Viertelstunde mit ihr, zog beim Abschied den Hut und gab ihr die Hand, die jene drückte, als sei er ein ganz gewöhnlicher Sterblicher, ohne besondere Etikette und Reverenz. Es war eine Herzogin aus einem ehemals regierenden Geschlecht und schwerreich. Dabei sah sie in der Menge aus wie eine ganz einfache Frau, und unsere russischen vornehmen Schlampen maßen sie wahrscheinlich mit verächtlichen Blicken, wenn sie vorübergingen, jetzt aber rissen plötzlich alle den Mund auf. [...]

Brief an Anna Grigorjewna

Ems, den 27. Juni 1875

[...] An Unterhaltungen gab es bei uns hier einzig eine Regatta, d. h. einfach eine Bootswettfahrt auf dem hiesigen Flüßchen, die Frankfurter kämpften mit Köln um den Preis. Man hatte unser Flüßchen deshalb gewählt, weil der Kaiser hier ist und man ihn unterhalten und an ihm vorüberfahren wollte. Dazu natürlich die disharmonischen deutschen Chöre, die mehr ein Gebrüll sind, und Musik, und das stärkste war, das Ganze fand bei einem Wolkenbruch statt, dennoch war buchstäblich das gesamte Publikum in hellen Scharen zum Ufergelände geströmt und stand dort über zweieinhalb Stunden im prasselnden Regen. Der Kaiser schaute aus einem Fenster des Kurhauses. Das Publikum hier ist stocklangweilig, in der Mehrzahl Deutsche. Von unseren Russen gibt es genug, die Männer mögen noch angehen, aber die russischen Damen sind schrecklich. Sie piepsen, kreischen, lachen, sind unverschämt und zugleich feige. Schon am Lachen hört man, daß so eine nicht von Herzen lacht, sondern um Aufmerksamkeit zu erregen. Die deutschen Frauen sind anders: Da lacht eine laut los, schreit auf, haut ihrem Kavalier fast mit der Faust auf die Schulter, aber man sieht, sie lacht von Herzen und denkt nicht daran, daß man nach ihr sieht. [...]

Brief an Anna Grigorjewna

Ems, den 30. Juni 1875

[...] Was meine Kur betrifft, so kann ich beim besten Willen nichts Genaues über den Erfolg sagen. Anscheinend wird eine Erleichterung eintreten. Ich selbst fühle mich gesund. Schlecht ist hier, daß fast ausschließlich die Quellen behandeln, der Arzt mischt sich nicht ein und erteilt auch keine ordentlichen Hinweise. Obwohl es viele Ärzte gibt, sind sie alle sehr belagert: Wenn man kommt, warten buchstäblich schon 50 Mann. Deshalb sprechen sie mit den Patienten in Eile, fast nachlässig. Ein Beispiel von mir: Vor einer Woche war ich bei Orth und klagte darüber, daß ich andauernd erkältet bin und huste. Er sah mir in den Hals und ordnete an, daß ich selbigen Tags an der Quelle ein Glas Kesselbrunnen (eine andere heiße Quelle) nehme und damit gurgle (das nennt sich gargariser, gargarisation). Ich tat es und verspürte noch am selben Abend Erleichterung. Vorgestern komme ich zum Arzt und sage: Da mir die Gargarisation mit Kesselbrunnen schon einmal geholfen hat, könnte ich doch vielleicht ständig gurgeln, weil mein Hals andauernd gereizt ist, schon mehrere Jahre (als hätte ich eine Fliege im Hals), ob das nicht Erleichterung bringen werde? Er war erstaunt und fragte plötzlich: »Sind Sie denn nur einmal gurgeln gegangen, ich habe Ihnen doch verordnet, es ständig zu tun! Da haben Sie eine Woche verloren! Unbedingt zweimal täglich.« Also habe ich eine Woche verloren, aber die Schuld liegt ganz bei ihm. [...]

Ich wußte auch nicht, daß es im Kurort, gleich bei den Quellen, 2 Kabinette speziell zum Gurgeln gibt, eines für Herren und eines für Damen. In einem Kabinett sind an die 20 Plätze in der Art von Pissoirs, und alle 20 Personen gurgeln gleichzeitig. Das ist ein Konzert! Zum Gurgeln gehen ein paar hundert Patienten.

Brief an Anna Grigorjewna

Ems, den 3. Juli 1875

[...] Ich habe hier ein Büchlein über Ems und seine Quellen gekauft, ein russisches, voriges Jahr in Petersburg erschienen. In diesem Buch werden unter anderem einige Ansichten meines Arztes Orth über die Emser Kur hoch bewertet. Auch über die Schädlichkeit einer allzu langen und übermäßigen Trinkkur wird gesprochen. Aber besonders wird die Meinung der Ärzte erwähnt (wie zahllose Beispiele bezeugen), sehr oft sei es so, daß die Patienten gleich nach Beendigung der Kur keine große oder auch bloß merkliche Erleichterung verspüren, sondern einige sich im Gegenteil sogar schlechter fühlen als bei ihrer Ankunft und nicht selten erst später, nach einigen Monaten, erst im Winter, eine erhebliche Besserung zu spüren beginnen und dem Schicksal danken, das sie nach Ems geführt hat. Ich kann zweifelsfrei bezeugen, daß es mir nach meiner Ems-Reise im vorigen Jahr genauso erging. [...]

In demselben Büchlein las ich etwas Schreckliches – und zwar, daß es unumgänglich ist, während der Kur seine bisherige Lebensweise völlig zu ändern, eine strenge Diät einzuhalten und sich *keinerlei* geistiger Betätigung hinzugeben, sonst hilft die Kur nicht, sondern wird im Gegenteil *unbedingt* schaden, und die Krankheit wird sich erfahrungsgemäß verschlimmern. Die geistigen Betätigungen aber werden *in erster Linie* als schädlich bezeichnet. Sieh an! Dasselbe hatte auch Orth mir schon vergangenes Jahr gesagt, doch ich habe dem wenig Beachtung geschenkt. Aber vergangenes Jahr habe ich gar nicht soviel gearbeitet oder zumindest mich nicht so gesorgt und gesehnt wie in diesem. Soll ich meine Arbeit etwa jetzt, da ich mich gerade erst ernsthaft darangesetzt habe, wieder aufgeben? [...]

Brief an Anna Grigorjewna

Ems, den 9.-10. Juli 1875

[...] Ich habe mich gesundheitlich niemals wohler gefühlt als in diesem scheußlichen Ems: Anfälle hatte ich Gott weiß wie lange nicht mehr, mit der Brust ist es offenbar besser, und körperlich fühle ich mich frisch und munter. [...]

Brief an Anna Grigorjewna

Ems, den 13. Juli 1875

[...] Ich treffe noch immer keine Anstalten zu fahren, habe die Abreise auf übermorgen verschoben, d. h. auf Donnerstag (früh um halb sieben). Verschiedene Kleinigkeiten hindern mich noch. Da bringt die Waschfrau die Wäsche nicht, da plage ich mich mit dem Kofferpacken: die vielen Sachen sind schwer unterzubringen. Außerdem wollte ich mich wenigstens noch einen Tag länger kurieren. Morgen, am Mittwoch, dauert meine Kur genau 5 Wochen weniger einen Tag. Ich glaube, die Wirkung des Brunnens hat sich in der letzten Woche so deutlich gezeigt, daß ich, wenn die Möglichkeit bestünde, bei Gott noch eine Woche oder zumindest bis Sonnabend einschließlich (d. h. bis zum 5. nach unserem Kalender) hierbleiben würde. Besonders gut wirkt das Gurgeln. [...]

1876

Brief an Anna Grigorjewna

Ems, den 21. Juli 1876

Meine liebe Anetschka, gestern um halb zwölf bin ich wohlbehalten in Ems angekommen. In Berlin war ich, nachdem ich Dir geschrieben hatte, bei strömendem Regen mit der Droschke zum Postamt gefahren, und als ich Deinen Brief abgeschickt hatte, begab ich mich, anstatt schlafen zu gehen (immerhin hatte ich zwei Nächte nicht geschlafen), ins Museum, um mir Gemälde, Statuen und Antiquitäten anzusehen; ich verbrachte dort etwa drei Stunden. Als ich herauskam – es regnete noch immer – ging ich ins Berliner Aquarium, wo man eine Mark Eintritt bezahlt und von dem ich auch schon in Petersburg viel gehört hatte; dort hielt ich mich ungefähr zwei Stunden auf, betrachtete verschiedene Wunder, riesige Krokodile, Schlangen, Schildkröten, seltsame Meereslebewesen, Fische, Vögel und schließlich einen echten lebendigen Orang-Utan, den ich zum erstenmal im Leben sah; dann aß ich zu Mittag, anschließend wollte ich mir ein Plaid kaufen, ließ es aber, verschob es auf den Rückweg und fuhr endlich, aus Langeweile und um nicht zu spät zu kommen, zwei Stunden vor der Zeit zum Bahnhof. Unterwegs im Zug bin ich auch etwas eingenickt, die Deutschen waren wieder höflich, aber dann stieg ein Russe mit Tochter zu – Inbegriff all dessen, was es an Bürokratischem, Abgeschmacktem, Aufgeblasenem bei unseren im Ausland Umherreisenden gibt, die Tochter aber ein Trampel und eine dumme Trine, sie brachte mich sogar in Zorn. Bei Tagesanbruch sah ich kurz vor Gießen ein Bildchen von Cham in natura. Wir hatten zehn Minuten Aufenthalt, nach langer Zeit, und alle eilten natürlich auf ein gewisses Örtchen pour Hommes, und da, als alles in vollem Gange war, *rannte* in das Örtchen pour Hommes, wo sich zwei Dutzend Besucher drängten, eine schön gekleidete Dame, allem Anschein nach eine Engländerin. Sie mußte es wohl sehr *nötig* haben, denn sie lief fast bis zur Mitte des Raumes, ehe sie ihren Irrtum bemerkte, d. h. erkannte, daß sie zu den Männern geraten war, statt nebenan in die Abteilung für die Frauen zu gehen. Sie blieb plötzlich stehen, wie vom Donner gerührt, mit dem Ausdruck tiefster und erschrockener Verwunderung, die nicht länger als eine Sekunde währte, dann stieß sie einen lauten Schrei aus, oder richtiger, sie kreischte los, genauso, wie Du manchmal kreischst, wenn Du plötzlich erschrickst, und schlug weit ausholend die Hände über dem Kopf zusammen, daß man es klatschen hörte. Ich muß erwähnen, daß sie alles sah, d. h. buchstäblich *alles* und in aller Blöße, weil niemand dazu gekommen war, etwas zu verstecken, und im Gegenteil alle in ebensolcher Erstarrung auf sie blickten. Dann, nach dem Klatschen, bedeckte sie plötzlich mit beiden Händen das Gesicht und machte ziemlich langsam kehrt (alles war verloren, alles vorbei, sie brauchte sich nicht mehr zu beeilen!), und ganz nach vorn gebeugt, ohne Hast und nicht ohne Würde verließ sie den *Raum*. Ich weiß nicht, ob sie noch in für die Frauen gegangen ist; wenn es eine Engländerin war, ist sie vermutlich auf der Stelle vor Keuschheit gestorben. Bemerkenswert ist jedoch, daß niemand lachte, die Deutschen verharrten alle in finsterem Schweigen, während man bei uns bestimmt vor Begeisterung losgegrölt und gebrüllt hätte. [...]

Dann ging ich eine Wohnung suchen: im »Luzern« ist alles besetzt, aber sie begrüßten mich nahezu überschwenglich und empfahlen mir gleich zwei oder drei Wohnungen; doch unterwegs fing mich Madame Bach, die Besitzerin des Hotels »Ville d'Alger«, in dem ich vorvoriges Jahr gewohnt hatte, an ihrem Tor ab (sie wohnt fast neben dem Luzern) und lockte mich zu sich herein. Ich erklärte ihr freiheraus, es sei bei ihr sehr teuer, obwohl ich es sehr ruhig gehabt hätte, aber nach einem kleinen Handel senkte sie bereitwillig alle Preise, so daß sie für ein Zimmer mit Schlafraum, das sehr schön möbliert ist und ihr vorvoriges Jahr (daran erinnere ich mich) 14 Taler die Woche eingebracht hat, jetzt von mir nur zehn Taler nahm. Gleichermaßen verbilligte sie Frühstück, Tee und Abendbrot, und sogar das Mittagessen werden sie mir nach Hause bringen für nur 1,50 Mark anstatt 2 wie vorvoriges Jahr. Nachdem wir uns einig geworden waren, zog ich sofort um. Mein Zimmer liegt neben dem völlig gleichartigen Zimmer, in dem ich vorvoriges Jahr gewohnt habe. Aber nach dem Umzug stellte sich auch schon eine Unannehmlichkeit heraus: Dieses Zimmer nebenan (meins vom vorvorigen Jahr), von meinem jetzigen nur durch eine verschlossene Tür getrennt, belegten zwei soeben angereiste Damen, Mutter und Tochter, anscheinend aus Griechenland; sie sprechen griechisch und französisch, aber, kannst Du Dir das vorstellen, sie reden ohne Unterlaß, besonders die Mutter; und wenn sie nur sprechen würden, aber sie schreien buchstäblich, und vor allem ununterbrochen, verstummen nicht für eine Sekunde. Im ganzen Leben ist mir so eine unermüdliche Geschwätzigkeit noch nicht begegnet, ich je-

Promenade

doch werde arbeiten, lesen, schreiben müssen – wie soll ich das bei so pausenlosem Geschwätz anstellen? [...]

Brief an Anna Grigorjewna

Ems, den 25. Juli 1876

[...] Wahrscheinlich sah ich gestern auf der Post sehr verzweifelt aus, denn, stell Dir vor, der Postmeister schickte mir Deinen Brief in die Wohnung, nachdem er anhand der Adressen in der Kurliste erfahren hatte, wo ich wohne, um 10 Uhr morgens, als die Post gerade erst gekommen und das Postamt für das übrige Publikum noch geschlossen war. Wie liebenswürdig! Vor allem tat er das von sich aus, denn ich hatte natürlich kein Recht, ihn darum zu bitten. Würde das einer von unseren ... Beamten tun! [...] Vorgestern zeigte sich bei mir plötzlich eine gewisse Wirkung des Brunnens (was in den vergangenen Jahren nicht auftrat) in einer Art Ohnmacht (éblouissement), aber nur für eine Sekunde, als ich gerade eine Allee entlangging, ich hielt mich an einem Baum fest. Danach bekam ich

Herzklopfen, das bis zur Nacht andauerte, und starken Blutandrang zum Kopf. Aber ich regte mich kein bißchen auf: Das alles steht in dem Buch über die Emser Heilquellen, nur mit dem Unterschied, daß sich bei mir die Wirkung des Brunnens sehr schnell, d. h. gleich in den ersten drei Tagen einstellte. Orth sagte mir gestern, das sei vortrefflich, und erhöhte die Einnahme des Kränchens auf drei Glas morgens. Ich stehe früh um 6 Uhr auf, um 7 trinke ich Brunnen, was 1½ Stunden in Anspruch nimmt. Dabei spielt die Musikkapelle, und eine sechstausendköpfige Menge quirlt durcheinander. Dann nehme ich um ½ 9 Uhr Kaffee mit Zwieback zu mir – einen miserablen Kaffee, aber mit schrecklichem Appetit. Übrigens trinke nicht ich allein solchen Kaffee, ganz Deutschland tut das. In ganz Deutschland kennt man ihn nicht besser. Dann esse ich um ein Uhr zu Mittag – zwei höchst einfache Gerichte: Suppe und Rindfleisch mit Kartoffeln, Kompott (2 Mark) – aber von dem Brunnen bekommt man mehr Appetit, und ich esse, als sei es ein Diner von Dussot. Abends gegen 5 Uhr trinke ich wieder Brunnen und höre Musik, dann gehe ich spazieren, und um 8 Uhr trinke ich Tee, esse ein Stückchen Rindfleisch und lege mich um 10 Uhr schlafen. Schlimm ist nur, daß ich nie ausschlafen kann, gestern zum Beispiel und vorgestern weckten mich zudem meine Nachbarn, vor allem sehr früh am Morgen. Ich konnte meine griechischen geschwätzigen Elstern nebenan nicht mehr ertragen (es war ganz unmöglich), und Madame Bach gab mir jetzt oben die beiden Zimmer, die etwas niedriger und schlechter möbliert, aber billiger sind. Nur weiß ich nicht, ob dieses »Ville d'Alger« überhaupt das Richtige für mich sein wird, obwohl Madame Bach sehr aufmerksam ist. Sie ist verwitwet und, wie sich herausstellte, Französin, aber aus Algier; ich wußte das gar nicht, zumindest spreche ich jetzt mit ihr französisch. Sie ist dreiunddreißig Jahre und hat einen Bräutigam, einen sehr gesetzten vierzigjährigen Emser, auch Gutsbesitzer, den sie aber nicht in den Zimmern empfängt, sondern mit dem sie nur auf der Bank am Tor sitzt, aber dafür Tag und Nacht. Wenn ich hinausgehe, wird sie ganz rot, wie schuldbewußt. Ich habe ihr gesagt, daß es das allerbeste für sie wäre, recht bald zu heiraten, obwohl sie drei Kinder hat und im

Gesicht schon ältlich wirkt. Danach kaufte ich Krawatten, schrieb mich für die Bibliothek ein, legte meine Sachen zurecht, gab die Wäsche zum Waschen, spendete für blödige Kinder usw. usw. An Bekannten habe ich niemanden, Russen sind eine Unmenge hier, im Kursaal gibt es vier russische Zeitungen, die *Neue Zeit* ist nicht dabei. Zwei Russen kamen mir zufällig auf der Promenade entgegen, und der eine sagte zum anderen (ich hörte es): »Weißt du, das ist doch Dostojewski.« Aber Bekannte sind keine hier.

Viele Gedanken quälen mich, sie quälen mich buchstäblich und schrecklich. Vor allem, daß ich das *Tagebuch* schreiben muß, aber gar keine Ideen habe, und wann ich anfange, weiß ich nicht – als ich Orth nach literarischer Betätigung fragte, hat er sie mir strikt untersagt. Natürlich höre ich nicht auf ihn, doch nun sind schon 5 Tage vergangen, und ich habe noch nichts getan. [...]

Brief an Anna Grigorjewna

Ems, den 30. Juli 1876

[...] Was Du über Ljoscha berichtest und darüber, wie er schon klüger wird, hat mich sehr belustigt. Küsse auch Lilja von mir, weil sie sich »für Gott mühen« will; Fedja gib einen Kuß und sage ihm, daß hier alle Großen und Kinder auf Eseln reiten, daß sehr viele kleine Hunde kleine Wagen ziehen und daß ich ihn bestimmt irgendwann zusammen mit Lilja ins Ausland mitnehme und sie sie anschauen und mit ihnen fahren können. Ich langweile mich hier nach wie vor schrecklich, obwohl die Nerven sich erholt haben; ich schlafe gut und bin allmählich zu Kräften gekommen. Orth behauptet, alles sei die ganz normale Wirkung des Brunnens, die bei allen zu beobachten sei, und ferner sagt er, daß meine Kur richtig und erfolgreich verläuft und die Brust sich erweitert und gereinigt hat, so daß ich tiefer und leichter Luft holen kann. Dem ist auch wirklich so. Ich wohne im zweiten Stock, 4 Treppen, und ich steige sie hinauf, ohne die geringste Atemnot zu verspüren. Zu Orth gehe ich alle 6 Tage und gebe ihm jedesmal 10 Mark, d. h. 3 Taler und 10 Groschen (ein kleines Goldstück), damit er aufmerksamer ist. Ich gedenke Ems im

Tagebuch zu beschreiben, aber ich bin erst beim Zusammenstellen des *Tagebuchs* und habe noch immer nicht begonnen, und das beunruhigt mich schrecklich. Wenn ich spazierengehe, bleibe ich immerfort bei Kindern stehen und sehe ihnen mit Vergnügen zu oder spreche sie an. [...]

Brief an Anna Grigorjewna

Ems, den 5. August 1876

Mein kostbares Frauchen Anetschka, leidenschaftlich küsse ich Dich für Dein engelhaftes Briefchen vom 18. Juli. Du meine liebe Freude, wie kommst Du darauf, daß Du nur »goldenes Mittelmaß« seist? Eine ungewöhnliche Frau bist Du und zudem besser als alle anderen. Du hast ja selbst keine Ahnung von Deinen Fähigkeiten. Du führst nicht nur den ganzen Haushalt, nicht nur meine Geschäfte, sondern leitest auch uns alle, die wir launenhaft und strapaziös sind, angefangen von mir bis zu Ljoscha. [...] Du schreibst mir Deine ständige Redensart, daß wir seltsame Menschen sind: zehn Jahre liegen nun schon hinter uns, und wir lieben einander immer mehr. Aber auch wenn wir zwanzig Jahre erleben, sage ich Dir voraus, daß Du dann wiederum schreiben wirst: »Seltsam sind wir, 20 Jahre liegen hinter uns, und wir lieben einander immer mehr.« Ich jedenfalls bürge für mich, aber ob ich noch 10 Jahre lebe, dafür verbürge ich mich nicht. Im übrigen ist mein Gesundheitszustand gut, aber ich weiß nicht, ob die Kur anschlagen wird. Nervlich habe ich mich unvergleichlich erholt; wenn ich spazierengehe, muß ich zweimal soviel laufen wie vorher, um müde zu werden. Im übrigen wird anscheinend auch die Kur Erfolg haben. [...] Aber was wirklich ein Unglück ist, Anka: das *Tagebuch*, das *Tagebuch*! Ich habe mich gerade erst ans Schreiben gesetzt und sehe bei allem, daß ich unglaublich im Verzug bin. [...]

Brief an Anna Grigorjewna

Ems, den 18. August 1876

[...] Die Kur hier noch länger auszudehnen war ganz unmöglich, sonst wäre das *Tagebuch* auf keinen Fall fertig geworden, jetzt aber besteht noch Hoffnung, daß ich es in Staraja Russa zu Ende schreiben kann. Wenn ich komme, erzähle ich meine Berechnungen. Gestern habe ich mich von Orth verabschiedet: Er untersuchte mich gründlich und sagte mir mit Bestimmtheit: »Vous aurez un bon hiver.« Auf mein Bedauern, daß es unmöglich sei, länger zu bleiben, antwortete er mir, ich brauche überhaupt nicht länger als 4 Wochen zu bleiben, weil für diejenigen, die jeden Sommer kommen, vier Wochen vollauf genügen. Doch genug, Täubchen, ich bin in Eile: tausend kleine Dinge sind noch zu erledigen. Ich umarme Dich fest und küsse Dich, die Kinderchen auch, und ich segne sie. [...]

1879

Brief an Anna Grigorjewna

Ems, den 6. August 1879

Mein lieber Engel und kleiner Freund Anja, gestern war ich bei Orth; er erinnerte sich sofort an mich und empfing mich überaus freundlich. Er untersuchte mich sehr sorgfältig und erkundigte sich eingehend (drei Jahre Zwischenzeit!). Wie er sagte, habe ich ein Emphysem, aber erst im Anfangsstadium, und obgleich es nicht mehr zu beseitigen sei, könne man es doch mit großem und wahrscheinlichem Erfolg bekämpfen. »Daß sie drei Jahre nicht gekommen sind, wird die Wirkung des Kränchens erhöhen, und das Kränchen wird Sie stärken. Aber zuerst Kränchen, und danach probieren wir Kesselbrunnen.« [...] Jetzt haben wir 12 Uhr mittags, ich bin soeben in die »Villa d'Alger« umgezogen und nicht ins »Luzern«. Erstens ist es nicht so hoch, in der Beletage, zweitens sind die Zimmer schöner, größer und heller, der Preis aber ist derselbe; 30 Mark für die Woche. Wegen des Essens habe ich vereinbart, daß sie – wie die vorigen Male – aus dem benachbarten Hotel ein komplettes Mittagessen für 3 Mark täglich bringen; von diesem Mittagessen will ich etwas fürs Abendbrot zurücklegen. Morgens Kaffee mit Brot für 80 Pfennig, der Tee am Abend ist von mir, und für das heiße Wasser, Geschirr u.a. nimmt die Wirtin nichts, im »Luzern« hingegen würden sie etwas nehmen, das weiß ich. Orth fragte mich sofort, ob ich nicht ein Nachlassen der Kräfte spüre, und als ich ihm sagte, daß mich manchmal sogar Schläfrigkeit überkommt, nahm er dies, ich sah es an seinem Gesicht, sehr ernst und verordnete mir für die Dauer der Kur reichliche und nahrhafte Fleischkost und unbedingt Wein, doch nur roten. »Im Luzern« verlangen sie für den Wein viel Geld, diese Wirtin aber bezieht ihn von irgendwo sehr billig, daran erinnere ich mich.

Übrigens gibt es in Ems viele neue Bauten, über die Lahn wurden 2 neue Brücken geschlagen. Viel Obst – herrliche Kirschen, Pflaumen und Aprikosen, aber alles ist mir verboten. An Publikum 11½tausend Menschen, ein Gedränge, doch bald reisen viele ab. Ich erwarte kalte Tage, besonders am Ende der Kur, und in meinem Sommermantel ist das Seidenfutter zerfetzt.[...]

Brief an Anna Grigorjewna

Ems, den 9. August 1879

[...] Die Sachen hier sind schrecklich teuer, nichts kann man kaufen, alles Juden. Ich habe Papier gekauft (Schreibpapier) und ganz widerliche Schreibfedern, gezahlt habe ich der Teufel weiß was, als ob wir irgendwo auf einer unbewohnten Insel wären. Hier sind alles Juden! Sogar von dem angereisten Publikum sind fast ein Drittel reich gewordene Juden aus allen Ecken und Enden der Welt. Russische Namen gibt es (nach der Kurliste) nur dreißig, aber alles unbekannte Namen, irgendein Semjonow aus Petersburg, irgendein Fürst Meschtscherski (aber nicht unser). Es scheint, daß Tschitscherin hier ist. Da sind ein paar Fürstinnen und Gräfinnen mit ihren Familien (Dolgorukaja, Obolenskaja, Radziwil) – aber alle mir unbekannt. Alle übrigen russischen Namen sind in der Mehrzahl die von reichen russischen Juden.

Neben meinem Zimmer »d'Alger«, Tür an Tür, wohnen zwei reiche Juden, Mutter und Sohn, ein 25jähriger Judenlümmel, und vergiften mir das Leben: Von morgens bis in die Nacht reden sie miteinander, laut, lange, ununterbrochen, lassen mich nicht lesen und nicht schreiben. Man sollte meinen, daß sie sich in den 25 Jahren, seit sie ihn geboren hat, Zeit gefunden hätten sich auszuschwatzen, aber nein, sie reden Tag und Nacht, und nicht wie Menschen, sondern in ganzen Seiten (auf deutsch oder auf jiddisch), als ob sie ein Buch läsen. Und all das mit dieser gräßlichen jüdischen Intonation, so daß mich das in meinem gereizten Zustand völlig zerquält hat. Vor allem, sie machen keine Umstände, reden und schreien fast als ob sie allein im Hotel wären. [...]

Brief an Anna Grigorjewna

Ems, den 11. August 1879

[...] Das zweite Erlebnis ist, daß ich mir einen Regenschirm gekauft habe. Vorgestern, am Sonnabend, war ich nachmittags zum Gurgeln gegangen. In dem Raum, in dem 50 Plätze für die Gurgelnden eingerichtet sind, hatte ich den Schirm in die Ecke gestellt und ihn, als ich wieder hinausging, vergessen. Eine Viertelstunde später erinnere ich mich plötzlich, kehre zurück und finde ihn nicht mehr: man hat ihn schon weggenommen. An diesem Tag hatte es nachts und den ganzen Morgen geregnet, ich dachte bei mir, morgen ist Sonntag, da sind die Läden geschlossen, und wenn es morgen regnet, was soll ich dann machen. Also kaufte ich mir einen Schirm, anscheinend einen abscheulichen, natürlich aus Seide, für 14 Mark (nach unserem Geld an die 6 Rubel). Als das Geschäft getätigt war, sagte der Kaufmann (ein jüdischer Schurke) zu mir: »Haben Sie schon bei der Polizei nach Ihrem Schirm gefragt?« – »Wo ist denn im Kurhaus Polizei?« – »Dort gibt es eine Polizeiwache.« Das hatte ich nicht gewußt. Ich ging hin, fragte nach, und prompt geben sie mir meinen verlorenen Schirm zurück, sie hatten ihn längst verwahrt. Wie ärgerlich. Ich bot dem Schuft von Kaufmann 2 Mark, damit er den Schirm zurücknimmt und mir 12 Mark wieder herausgibt, aber er ging nicht darauf ein. Entschieden Pech, nur schwindet das Geld. [...]

Das dritte Erlebnis ist das mit den Juden, meinen Nachbarn im »Hotel d'Alger«. Vier Tage und Nächte habe ich gesessen und ihr Gerede hinter der Tür (Mutter und Sohn) erduldet; sie reden seitenweise, ganze Bände von Gesprächen, ununterbrochen, ohne die kleinste Pause, und vor allem – nicht nur, daß sie schreien, sondern sie kreischen wie im Kahal, wie im Bethaus, ohne auch nur die geringste Rücksicht darauf zu nehmen, daß sie nicht allein im Hause sind. Es sind zwar (reiche) russische Juden, aber sie kommen irgendwoher aus dem westlichen Gebiet, aus Kowno. Weil es schon 10 Uhr und Zeit zu schlafen war, habe ich, *als ich mich ins Bett legte*, geschrien: »Ach, diese verdammten Jidden, wann werden sie mich wohl schlafen lassen!« Am anderen Tag kommt meine Wirtin, Mme Bach, zu mir und sagt, daß die Juden sie zu sich gerufen und ihr erklärt hätten, daß sie sehr gekränkt seien, daß ich sie *Jidden* genannt habe und daß sie aus der Wohnung ausziehen werden. Ich antwortete der Wirtin, daß auch ich ausziehen wollte, weil mich ihre Juden zu Tode quälen: ich könne weder lesen noch schreiben noch über irgend etwas nachdenken. Die Wirtin erschrak furchtbar über meine

Straße am Kursaal

Drohung und sagte, daß sie lieber die Juden hinauswerfen wird, machte mir aber den Vorschlag nach oben umzuziehen, dort wird in einer Woche bei ihr eine schöne Wohnung frei. Ich kenne diese Wohnung, sie ist wirklich schön, und dazu sogar noch um zwei Taler in der Woche billiger. Ich stimmte zu, die Juden aber haben zwar nicht aufgehört zu reden und reden weiterhin laut, aber dafür haben sie aufgehört zu schreien, und es ist jetzt erträglich. Das sind also meine Erlebnisse. [...]

Brief an Anna Grigorjewna

Ems, den 16. August 1879

[...] Appetit habe ich, aber die Nerven sind schrecklich gereizt. Orth versichert, das sei die Wirkung des Kränchens. Nachts schlafe ich furchtbar schlecht, kann lange nicht einschlafen und schwitze jede Nacht wohl dreimal. Der krampfartige Husten ist schrecklich, es geht eine halbe Stunde und länger hintereinander, vor dem Einschlafen und wenn ich aufwache, stärker als im letzten Winter. Ich war bei Orth, er sagte, dieser Husten sei ein gutes Zeichen, es sei die Wirkung des Brunnens (bei ihm ist alles die Wirkung des Brunnens), der Husten komme daher, daß das Kränchen ungeachtet des Emphysems die Lungen reinigt, die erneut in die Lage versetzt werden, weitaus mehr Luft als vorher aufzunehmen, und daß diese Luft, in solcher Menge, die Lungen reizt, die an so eine Menge nicht mehr gewöhnt seien. Wer weiß, vielleicht liegt darin ein Körnchen Wahrheit, und mag er auch ein stumpfsinniger Doktor sein, so hat ihm die unendlich lange Praxis hier am Ort doch eine gewisse Erfahrung eingebracht. Allerdings ist mir so, als atmete ich tatsächlich tiefer durch. Aber wie's kommt, so kommt's. [...]

Brief an Anna Grigorjewna

Ems, den 19. August 1879

[...] Ich trinke keinen Wodka, und das Arsen, das ich 6 Monate hintereinander getrunken habe, nehme ich nicht mehr, indes kommt es mir so vor, als sei ich hier physisch stärker geworden, von der Kur natürlich. Ich gehe 8 Werst am Tag (keinesfalls weniger) und verspüre keine Müdigkeit, Appetit habe ich auch. Aber der Husten ist wie vorher, besonders in den letzten drei Tagen. Die ganzen drei Tage hatten wir Regen und eine schreckliche Feuchtigkeit in unserer elenden Schlucht, heute zeigte sich zum erstenmal wieder die Sonne. Ach, mein Täubchen, die Landschaft hier ist entzückend, aber wenn Du wüßtest, wie sie mich anödet und wie ich sie hasse! Es hat den Anschein, als begännen sie hier schon abzureisen. Die Juden, meine Nachbarn fahren nächste Woche, und ich werde die Wohnung nicht wechseln. Die Musik hier ist zwar gut, aber sie spielen selten Beethoven, Mozart, sondern immer nur Wagner (die höchst langweilige deutsche Kanaille, ungeachtet seines Ruhms) und allen möglichen Plunder [...].

Brief an Konstantin Pobjedonoszew

Ems, den 21. August 1879

[...] Übrigens bin ich hier überhaupt in der düstersten Geistesverfassung: Die enge Schlucht, die, zugegeben, als Landschaft malerisch ist, die ich aber nun schon den vierten Sommer besuche und in der ich jeden Stein hasse, weil es schwer ist, sich auch nur vorzustellen, wieviel Schwermut ich hier bei diesen vier Aufenthalten ertragen habe. Der jetzige Aufenthalt ist der allerschlimmste: eine zahllose Menge von allerlei Gesindel aus ganz Europa (Russen sind wenige da und alles irgendwelche Unbekannten aus den Randgebieten Rußlands) auf engstem Raum (eine Schlucht), keiner, mit dem man ein Wort sprechen kann, und vor allem – alles ist fremd, alles ist ganz fremd, – das ist unerträglich. Und das noch bis zu unserem September, das heißt ganze 5 Wochen. Und merken Sie auf: buchstäblich die Hälfte sind Juden. Schon auf der Durchreise in Berlin habe ich gegenüber Puzykowitsch angemerkt, daß nach meiner Beobachtung Deutschland, zumindest Berlin, schrecklich verjudet. Und hier habe ich nun in den *Moskauer Nachrichten* ein Zitat aus einer gerade eben in Deutschland erschienenen Broschüre »Wo ist denn hier der Jude?« gelesen. Das ist die Antwort eines Juden an einen Deutschen, der es gewagt hat zu schreiben, daß Deutschland in jeder Beziehung schrecklich verjudet sei. Kein Jude sei da, antwortet die Broschüre, und überall sei der Deutsche, aber wenn auch kein Jude da sei, so gebe es doch überall den Einfluß des Juden. Denn, der jüdische Geist und seine Nationalität sei höher als der deutsche und sie hätten in der Tat den »Geist des spekulativen Realismus« nach Deutschland eingeführt usw., usf.

Auf diese Weise hat sich meine Ansicht bewahrheitet: die Deutschen und die Juden bezeugen das selbst. Aber abgesehen von dem spekulativen Realismus, der auch bei uns einreißt, können Sie sich nicht vorstellen, wie hier alles ehrlos ist, das heißt zumindest im Handel usw. Nicht nur daß der heutige deutsche Kaufmann den Ausländer betrügt (das wäre noch entschuldbar), sondern er *bestiehlt* ihn buchstäblich. Als ich mich hier darüber beklagte, hat man mir lachend geantwortet, daß sie mit den eigenen Leuten genau so umsprängen. [...]

Brief an Anna Grigorjewna

Ems, den 22. August 1879

[...] Meine einzige Zerstreuung ist, den Kindern zuzusehen, deren hier viele sind, und mich mit ihnen zu unterhalten. Aber auch da gibt es Gemeinheiten: Heute begegne ich einem Kind von fünf Jahren, das inmitten einer Schar anderer in die Schule geht, es hat beim Gehen die Hände vor die Augen geschlagen und weint. Ich frage, was mit ihm sei, und erfahre von vorüberkommenden Deutschen, es habe bereits einen ganzen Monat eine Augenentzündung (eine große Qual), sein Vater aber, ein Schuster, *wolle es nicht* zum Doktor bringen, um nicht die paar Pfennige für Medizin ausgeben zu müssen. Das hat mich schrecklich aufgebracht, und überhaupt bin ich nervös und sehr verdrossen. Nein, Anja, Langeweile macht schon etwas. Bei Langeweile ist auch die Arbeit eine Qual. Da ist Zwangsarbeit noch besser, nein, die Zwangsarbeit war besser! Du lachst, Du hast es gut. [...] Der einzige Trost ist die Hoffnung, daß der Brunnen wirkt, da ich offenbar furchtbar empfänglich dafür bin. Zu Kräften komme ich anscheinend, auch habe ich großen Appetit, aber der Magen verdaut schwer. Überall gibt es Stände mit Obst; wunderbare Pfirsiche, Weintrauben, Birnen, und alles recht billig, aber alles ist mir verboten, iß du nur Rindfleisch. Man bringt mir ein sättigendes, aber derbes Mittagessen. Fisch nur einmal in der Woche. Höchst primitive Puddings jedesmal und drei Fleischgerichte, von denen sie wenigstens bei einem mogeln. Zum Beispiel schickten sie mir ein deutsches Gericht: Schweineschwarte, mit dem Fleisch abgezogen und so gebraten. Hier beköstigt man damit das Dienstpersonal, und die Bedienstete sagte mir, daß ihr jedesmal davon übel wird. Sie sagte es, weil ich mich einmal in ihrer Gegenwart übergeben mußte. Man schickte mir das oft, jedesmal wurde mir übel, und ich mußte mich schließlich übergeben. Ich verbat mir, es weiterhin zu bringen. Und gestern schickten sie ein gebratenes Huhn. Ich fing an zu essen, und kannst Du dir so einen Trick vorstellen: Sie hatten das Huhn genommen und das ganze Fleisch abgemacht, alles, bis zum letzten Atom, so daß die bloßen Knochen wie poliert waren, und dann alles mit der vorzüglich gebratenen Hühnerhaut bedeckt, so daß es wie ein ganzes Huhn aussah, doch kaum hatte man es mit der Gabel berührt, da entdeckte man unter der Haut ein Gerippe. Ich verbot, künftig so ein deutsches Gericht aufzutragen, ebenso auch Eis: Wir haben 24 Grad im Schatten, das Mädchen bringt es aus dem »Hotel Goedeke«, von wo ich das Mittagessen kommen lasse, und trägt es 200 Schritt bis zu unserem »Hotel d'Alger«. Derweil ist das Eis bis zur Hälfte aufgetaut. Dann setze ich mich hin und esse die Suppe, den Braten, die Soße und sehe die ganze Zeit, wie das letzte bißchen Eis schmilzt. Zum Schluß bleibt nur noch säuerliches rotes Wasser. [...]

Brief an Anna Grigorjewna

Ems, den 28. August 1879

[...] Deine reizenden Worte, daß Du mich liebst, habe ich mit Entzücken gelesen. Du schreibst: »Liebe mich«, aber liebe ich Dich denn nicht? Mir widerstrebt es nur, mich in Worten zu äußern, doch vieles könntest Du auch selber sehen, nur schade, daß Du nicht zu sehen verstehst. Allein meine ständige (mehr noch: mit jedem Jahr wachsende) eheliche Begeisterung für Dich könnte Dir vieles sagen, aber entweder willst Du es nicht verstehen, oder Du verstehst es in Deiner Unerfahrenheit wirklich nicht. Zeige mir eine andere Ehe, nimm, welche Du willst, wo diese Erscheinung in gleicher Stärke auftritt wie in unserer nun schon 12 Jahre währende Ehe. Meine Begeisterung und mein Entzücken sind unerschöpflich. Du wirst sagen, dies sei nur die eine Seite und die gröbste. Nein, keine grobe, denn von ihr hängt im Grunde auch alles übrige ab. Aber das willst Du ja nicht verstehen. Um diese Tirade abzuschließen, bezeuge ich, daß es mich leidenschaftlich danach verlangt, jedes Zehchen an Euren Füßchen zu küssen, und ich erreiche mein Ziel, das wirst Du sehen. Du schreibst: Wenn nun jemand unsere Briefe liest? Natürlich, aber mögen sie doch; sollen sie uns beneiden. [...]

Aus »Tagebuch eines Schriftstellers« Juli bis August 1876
Die Deutschen und die Arbeit

Ems ist ein glanzvoller Modeort. Hierher kommen Kranke, vor allem Brustkranke mit »Katarrhen der Atemwege« aus der ganzen Welt und werden an seinen Quellen überaus erfolgreich behandelt. In einem Sommer sind 14 bis 15 Tausend Besucher hier, alles natürlich reiche Leute oder zumindest solche, die sich die Sorge um die eigene Gesundheit nicht versagen müssen. Aber es gibt auch Arme, die ebenfalls hierher kommen, um sich zu kurieren. Es sind bis zu hundert Menschen, und vielleicht ist es so, daß sie nicht hierher kommen, sondern hierher fahren. Mich haben die vier Klassen sehr interessiert, die es in den deutschen Eisenbahnen gibt, ich weiß nur nicht, ob in allen.

Während eines Aufenthalts unterwegs bat ich den Schaffner darum – fast alle Schaffner in den deutschen Eisenbahnen sind nicht nur sehr umsichtig, sondern auch aufmerksam und liebenswürdig dem Reisenden gegenüber –, mir zu erklären, was denn die vierte Klasse sei. Er zeigte mir einen leeren Waggon, das heißt ganz ohne Bänke, in dem es nur die Wände und den Fußboden gab. Es stellte sich heraus, daß die Reisenden stehen müssen.

»Setzen sie sich vielleicht auf den Fußboden?«

»Oh ja, natürlich, jeder wie er will.«

»Und wieviel Plätze kommen da auf den Waggon?«

»Fünfundzwanzig Plätze.«

Nachdem ich die Maße dieses leeren Waggons im Kopf für fünfundzwanzig Personen überschlagen hatte, kam ich zu dem Schluß, daß sie auf jeden Fall stehen müssen, und zwar Schulter an Schulter. Falls also in der Tat fünfundzwanzig Menschen, also die komplette Anzahl, den Wagen füllen sollten, dann könnte nicht einer von ihnen irgendwie sitzen, von wegen »jeder, wie er will«. Sein Gepäck muß er selbstverständlich in den Händen halten; übrigens, sie werden wohl nur irgendwelche Bündel haben.

»Ja, aber dafür sind die Preise hier genau um die Hälfte niedriger als in der dritten Klasse, und das ist schon eine außerordentliche Hilfe für die Armen.«

Nun, das mag sich tatsächlich lohnen. Und so können diese »Armen«, die nach Ems kommen, nicht nur hier kuren, sondern auch ihren Unterhalt bestreiten…, allerdings weiß ich nicht, auf wessen Kosten.

Sobald Sie in Ems angekommen und Quartier in Ihrem Hotel genommen haben (und in Ems sind alle Häuser Hotels), tauchen unbedingt am zweiten und dritten Tag nacheinander zwei Spendensammler mit kleinen Büchern bei Ihnen auf, Menschen von demütigem und duldsamem Aussehen, jedoch mit einer gewissen eigenen Würde. Einer von ihnen sammelt für den Unterhalt dieser ärmsten Kranken. Dem Büchlein ist eine gedruckte Aufforderung der Emser Ärzte an die Emser Patienten beigelegt, an die Armen zu denken. Man spendet, je nachdem, was man kann und trägt seinen Namen ein. Ich habe das Buch durchgesehen, und die Spenden haben mich wegen ihrer Dürftigkeit erschüttert: eine Mark, fünfzig Pfennig, selten 3 Mark, furchtbar selten fünf Mark. Dabei scheint man das Publikum mit Bitten um Spenden nicht gerade besonders zu belästigen. Außer diesen beiden »Sammlern« kamen keine weiteren mehr. Während man spendet und sich in das Buch einträgt, steht der Beamte (ich werde ihn Beamter nennen) demütig bei Ihnen mitten im Zimmer.

»Und haben Sie viel gesammelt in der ganzen Saison?« fragte ich.

»Bis zu tausend Taler, mein Herr, das ist aber indessen eine viel zu kleine Summe im Vergleich zu dem, was gebraucht wird. Es sind viele, bis zu hundert Menschen, und wir sorgen für ihren Unterhalt, wir lassen sie behandeln, ernähren sie und geben ihnen Unterkunft.«

Wirklich zu wenig; tausend Taler – das sind dreitausend Mark; wenn bis zu 14Tausend Kurgäste hier sind, wieviel Spendenanteil kommt da auf jeden? Folglich gibt es welche, die überhaupt nichts spenden, die es ablehnen und die Spendensammler hinausjagen (auch das gibt es, und zwar wirklich *hinausjagen*, das habe ich später erfahren). Dabei ist hier ein glänzendes Publikum, sogar ausgesprochen glänzend. Gehen Sie hin und schauen Sie sich diese Menschenmasse an, wenn sie Brunnen trinkt oder Musik hört. [...] Ein anderer Beamter, das heißt ein Emser Spendensammler, der jedesmal nach dem ersten auftaucht, sammelt für »blödige Kinder«, das heißt für kleine Idioten. Das ist eine hiesige Anstalt. Es versteht sich, daß in diese Anstalt nicht nur Idioten aus Ems kommen, das wäre denn doch anstößig, wenn in einer so kleinen Stadt so viele Idioten geboren würden. Für diese Anstalt wird eine Summe vom Staat bereitgestellt, aber offensichtlich muß man auch um Spenden nachsuchen. Ein glanzvoller Herr oder eine prächtige Dame werden geheilt, erhalten ihre Gesundheit eben dank der hiesigen Quellen und – weniger aus Dankbarkeit für den Ort, sondern als Erinnerung, lassen sie zwei-drei Mark für die armen, verlassenen, unglücklichen kleinen Geschöpfe hier. In diesem zweiten Spendenbuch genauso: eine Mark, zwei Mark, manchmal, schrecklich selten, tauchen sogar 10 Mark auf.

Dieser zweite Beamte sammelt in der Saison bis zu 1500 Taler: »aber früher war es besser, früher hat man mehr gegeben«, fügte er voll Bitterkeit hinzu. [...]

Schon bei meinem ersten Aufenthalt in Ems, vor drei Jahren, und zwar gleich am ersten Tag, interessierte mich ein Umstand, der, sooft ich herkomme, mein Interesse von neuem weckt. Die beiden gebräuchlichsten Quellen in Ems sind neben einigen anderen der Kränchen- und der Kesselbrunnen. Über den Quellen ist ein Bau errichtet, und die Quellen selbst sind vom Publikum durch eine Balustrade getrennt. Hinter dieser Balustrade stehen mehrere Mädchen, je drei bei jeder Quelle, und alle sind freundlich, jung und sauber gekleidet. Man reicht ihnen sein Glas, und sie füllen es sofort mit Wasser. Während der zwei Stunden, die für die Morgenkur bestimmt sind, kommen an dieser Balustrade Tausende von Kranken vorbei; jeder Kranke trinkt während dieser Stunden mehrere Glas, zwei, drei oder vier, soviel ihm eben verordnet sind; dasselbe wiederholt sich bei der Abendkur. So muß jedes der drei Mädchen während dieser zwei Stunden eine ganze Menge von Gläsern füllen und verteilen. Das geschieht aber nicht nur in vollkommener Ordnung, ohne Hast, ruhig, methodisch, so daß man keinen Augenblick aufgehalten wird. Das Wunderbarste ist, daß jedes dieser Mädchen meiner Ansicht nach ein übernatürliches Gedächtnis haben muß. Man braucht ihr nur einmal, gleich nach der Ankunft zu sagen: »Das ist mein Glas, ich bekomme soundso viel Unzen Kränchen und soundso viel Milch« – und sie wird sich während der ganzen, einen Monat dauernden Kur dann kein einziges Mal irren. Außerdem kennt sie Sie genau und unterscheidet Sie in der Menge. Das Publikum drängt sich in mehreren Reihen, und alle halten ihre Gläser hin; das Mädchen ergreift sechs und sieben zugleich, füllt sie alle zugleich in etwa einer Viertelminute, ohne zu verschütten, ohne auch nur ein einziges zu zerschlagen, und gibt jedem das richtige zurück. Sie reicht Ihnen selbst Ihr Glas, sie weiß, daß unter tausend Gläsern dieses das Ihrige ist, jenes aber wem anders gehört, und erinnert sich, wieviel Unzen Wasser und wieviel Milch Sie bekommen und wieviel Glas Ihnen vorgeschrieben sind. Niemals kommt nur der geringste Fehler vor; ich habe aufgepaßt und mich erkundigt. Dabei sind es einige Tausend Kurgäste. Möglicherweise ist es die gewöhnlichste Sache und nichts Erstaunliches daran, aber für mich ist es, schon seit Jahren, unfaßbar, und ich sehe es immer noch als ein unbegreifliches Kunststück an. Es ist zwar lächerlich, über alles zu staunen, aber dieses Problem kann ich unmöglich lösen. Man müßte annehmen, daß diesen deutschen Mädchen ein außergewöhnliches Gedächtnis und ein blitzschnelles Auffassungsvermögen eigen seien; vielleicht ist es aber nur Gewöhnung an die Arbeit, Erfassung der Arbeit von der frühesten Kindheit an, sozusagen *ein Sieg über die Arbeit*. Auch was die *eigentliche* Arbeit betrifft, so sieht der aufmerksam beobachtende Russe dort vieles, was er nicht begreifen kann. Ich wohnte einen Monat in einem Hotel (in keinem eigentlichen Hotel; jedes Haus nennt sich hier Hotel, und die meisten dieser Hotels sind, mit Ausnahme einiger ganz großer, einfach Wohnungen mit Bedienung und Verpflegung, je nach Vereinbarung) und mußte über das Dienstmädchen staunen. In meinem Hotel gab es zwölf Wohnungen, und alle waren besetzt, einige sogar von ganzen Familien. Ein jeder läutet, ein jeder will etwas haben; man muß alle bedienen, allen servieren, den ganzen Tag die Treppe hinauf- und herunterlaufen, – und dazu gab es im ganzen Hotel nur ein einziges Mädchen von neunzehn Jahren. Und überdies: sie muß auch für alle und für die Wirtin Besorgungen machen, dem einen Wein zum Mittagessen holen, für den andern in die Apotheke laufen, für den dritten zur Wäscherin, und dann für die Wirtin selbst in den Kaufladen. Die Wirtin ist Witwe und hat drei kleine Kinder; auf diese Kinder muß sie aufpassen, sie bedienen und morgens, bevor sie zur Schule gehen, anziehen. Jeden Sonnabend muß sie im ganzen Hause die Fußböden scheuern, jeden Tag jedes Zimmer aufräumen, jedem Mieter die Bett- und Tischwäsche wechseln und, sobald einer auszieht, sofort, ohne erst den Sonnabend abzuwarten, die ganze frei gewordene Wohnung putzen und scheuern. Das Mädchen kommt erst um halb zwölf Uhr nachts ins Bett, und die Wirtin weckt sie um Punkt fünf mit einer Schelle. Es ist buchstäblich so wie ich sage, ich übertreibe auch nicht ein bißchen. Man bedenke noch, daß sie einen sehr bescheidenen Lohn bekommt, wie er bei uns in Petersburg undenkbar wäre, und daß von ihr außerdem stets saubere Kleidung verlangt wird. Man beachte, daß an ihr nichts Gedrücktes, Erniedrigtes ist: Sie ist lustig, keck, gesund, sieht sehr zufrieden aus und zeigt eine unerschütterliche Ruhe. Nein, bei uns arbeitet man nicht so; bei uns wird sich keine Dienstmagd und für kein Geld zu einem solchen Galeerendienst hergeben; außerdem wird die alles falsch machen, hundertmal vergessen, verschütten, zerschlagen, sich irren, außer sich geraten, »grob werden«; hier konnte ich mich aber den ganzen Monat über nichts beklagen. Mir erscheint das erstaunlich, und ich weiß als Russe gar nicht, ob ich es loben oder tadeln soll. Ich will übrigens wagen, es zu loben, obwohl es auch manches zu denken gibt. Hier hat sich ein jeder mit seiner Lage, so wie sie ist, abgefunden und sich beruhigt, ohne jemand zu beneiden und wohl auch ohne etwas anderes zu ahnen – jedenfalls in den allermeisten Fällen. Aber die Arbeit hat immerhin einen Reiz, die Arbeit, die seit Jahrhunderten ihre endgültige Form angenommen hat, mit den feststehenden Kunstgriffen und Methoden, die jeder fast bei seiner Geburt mitbekommt; darum ist jeder imstande, seine Arbeit ohne weiteres anzupacken und ganz zu *beherrschen*. Hier kennt jeder seine Sache; übrigens kennt jeder nur *seine* Sache. Ich sage das, weil hier alle so arbeiten, nicht nur die Dienstmädchen, sondern auch ihre Wirtinnen.

Sehen Sie sich nur einen deutschen Beamten an, zum Beispiel einen Postbeamten. Jedermann weiß, was ein russischer Beamter ist, besonders einer, der täglich mit dem Publikum zu tun hat: Er ist etwas Böses und Gereiztes, und wenn die Gereiztheit manchmal auch nicht zutage tritt, so kann man sie doch immer im Gesicht lesen. Er ist hochmütig und stolz wie ein Jupiter. Das sieht man besonders bei den allerkleinsten Beamten, zum Beispiel solchen, die dem Publikum Auskünfte erteilen, Geld in Empfang nehmen, Fahrkarten ausfolgen usw. Sehen Sie ihn sich nur an, er ist gerade beschäftigt, ist »bei seiner Tätigkeit«: Das Publikum drängt sich in einer Polonaise, ein jeder will möglichst schnell seine Auskunft, Antwort, Quittung, Fahrkarte bekommen. Er aber schenkt ihnen nicht die geringste Beachtung. Endlich kommen Sie dran, Sie stehen vor ihm, Sie sprechen zu ihm – er hört Ihnen gar nicht zu, er sieht Sie nicht an, er hat den Kopf weggewandt und spricht mit einem hinter ihm sitzenden Beamten; er nimmt irgendein Papier in die Hand und sieht etwas nach, obwohl Sie den sicheren Verdacht haben, daß er bloß so tut und gar nichts nachzusehen braucht. Sie sind jedoch bereit zu warten, da erhebt er sich und geht weg. Plötzlich schlägt die Uhr, die Amtsstunden sind zu Ende. Publikum, scher dich! Unser Beamter hat im Vergleich mit dem deutschen viel weniger Stunden am Tage zu tun. Grobheit, Unaufmerksamkeit, Mißachtung, *Feindseligkeit* gegen das Publikum, nur weil es das Publikum ist, und vor allem ein kleinliches Jupitertum! Er muß Ihnen unbedingt zeigen, daß Sie von ihm abhängen: »So einer bin ich halt! Wenn ich hier hinter dieser Balustrade sitze, können Sie mir nichts tun; ich aber kann Ihnen alles antun, und wenn Sie böse werden, rufe ich den Diener und lasse Sie entfernen.« Er muß anscheinend an jemand Rache wegen einer Kränkung nehmen, sich an Ihnen wegen seiner Nichtigkeit rächen.

Hier in Ems sitzen auf der Post gewöhnlich zwei, höchstens drei Beamte. In gewissen Monaten während der Saison (besonders im Juni und Juli), wenn die Fremden sich zu Tausenden ansammeln, wie viele Briefe laufen da täglich ein, und wieviel hat das Postamt zu tun! Mit einer Unterbrechung von etwa zwei Stunden zum Mittagessen usw. sind sie den ganzen Tag ununterbrochen beschäftigt. Sie müssen die Post in Empfang nehmen und abfertigen, tausend Menschen kommen, um postlagernde Briefe zu holen oder Erkundigungen einzuziehen. So ein Beamter sieht für jeden ganze Stöße von Briefen durch, hört einen jeden an, gibt einem jeden Auskunft und Antwort und macht das alles geduldig, freundlich, höflich, zugleich aber unter Wahrung seiner eigenen Würde. Er wird aus einem Wurm zu einem Menschen, und nicht aus einem Menschen zum Wurm ... Nach meiner Ankunft in Ems wartete ich lange Zeit vergebens und mit Ungeduld auf einen gewissen Brief und erkundigte mich jeden Tag am Schalter für postlagernde Briefe. Wie ich eines Morgens vom Brunnen heimkomme, finde ich diesen Brief auf meinem Tisch liegen. Er war soeben eingelaufen, und der Beamte, der sich meinen Namen gemerkt hatte, aber nicht wußte, wo ich wohnte, hatte eigens für mich die gedruckte Liste durchgesehen, in der die Fremden mit ihren Absteigquartieren verzeichnet sind, und hatte mir den Brief ins Haus geschickt, obwohl er postlagernd adressiert war. Das tat er aber einzig deshalb, weil er tags zuvor, als ich mich nach dem Brief erkundigte, meine große Unruhe bemerkt hatte. Wer von unseren Beamten würde das tun?

[...]

Aus »Tagebuch eines Schriftstellers« (Juli - August 1876)
Kindergeheimnisse

Ich muß nebenbei einfügen, daß dieser Mensch eine ganz unerwartete Eigenart hat: er liebt Kinder, ist ein Freund der Kinder und besonders der ganz kleinen Krümel, die »noch im Engelsrang« sind. Er liebt sie so, daß er hinter ihnen herläuft. In Ems war er dafür sogar bekannt. Am liebsten ging er in den Alleen spazieren, wo die Kinder ausgeführt oder herumgetragen werden. Er machte sich mit ihnen bekannt, sogar mit den erst Einjährigen, und erreichte es, daß viele von den Kindern ihn erkannten, auf ihn warteten, ihm zulächelten, ihm die Händchen entgegenstreckten. Die deutsche Amme fragt er unbedingt, wieviel Jahre oder Monate das Kind alt ist, überhäuft es mit Lob, lobt indirekt auch die Amme, wodurch er ihr schmeichelt. Mit einem Wort, das ist bei ihm so eine Art Leidenschaft. Er war immer besonders begeistert, wenn jeden Morgen an den Brunnen, in den Alleen, mitten im Publikum plötzlich in ganzen Haufen die Kinder auftauchten, die zur Schule gingen, angekleidet, herausgeputzt, mit Butterbroten in den Händen und den Ranzen auf den Rücken. Man muß zugeben, daß diese Massen von Kindern wirklich wunderschön waren, besonders die vier-, fünf- und sechsjährigen, das heißt die allerkleinsten.

»Tel que vous me voyez, ich habe heute zwei Pfeifchen gekauft«, teilte er mir eines Morgens mit einem ausgesprochen zufriedenen Ausdruck mit, »nicht diesen, nicht den Schülern, das sind die großen, und ich hatte gerade gestern das Vergnügen, ihren Schullehrer kennenzulernen, einen ausgesprochen würdigen Mann, wie man ihn sich nur wünschen kann. Nein, das waren zwei kleine

Dickerchen, zwei Brüder, der eine drei, der andere zwei Jahre alt. Der Dreijährige führt den Zweijährigen, beide schon so verständig. Und beide blieben an der Bude mit den Spielsachen stehen, den Mund weit offen, mit dieser törichten und entzückenden kindlichen Begeisterung, wie es nichts Entzückenderes auf der Welt gibt. Die schlaue deutsche Händlerin hat sofort begriffen, wie ich schaue und ihnen augenblicklich die Pfeifchen aufgeschwatzt: ich mußte also die zwei Mark bezahlen. Die Begeisterung war unbeschreiblich, sie laufen und pfeifen. Das war vor einer Stunde, aber jetzt bin ich wieder dorthin gegangen und sie pfeifen immer noch.«

Ich habe Ihnen einmal mit Blick auf die hiesige Gesellschaft gesagt, daß die Welt bisher noch nichts Besseres als dies zu bieten hat. Ich habe gelogen, aber Sie haben mir geglaubt, streiten Sie es nicht ab, Sie haben mir geglaubt. Dagegen, das hier ist das Beste, das ist das Vollkommene: die Massen dieser Emser Kinder, die zur Schule gehen, mit ihren Butterbroten in den Händen und ihren Ranzen auf den Rücken ... Wirklich, die Sonne, der Taunus, die Kinder, das Lachen der Kinder, die Butterbrote und die erlesene Menge all dieser Mylords und Marquisen in der Welt, die sich an diesen Kindern erfreuen – all das zusammen ist wunderbar.

Anhang

Anmerkungen:

11 *Bruder Michail* Dostojewski, Michail Michailowitsch (1820-1864) russischer Schriftsteller, Kritiker, Journalist, Übersetzer, älterer Bruder Dostojewskis, mit dem er von 1861 bis 1864 gemeinsam die Zeitschriften *Die Zeit* und *Unsere Epoche* herausgab.

13 *Chomjakow*, Alexej Stepanowitsch (1804-1860), russischer Dichter und Philosoph, einer der führenden Denker des Slawophilentums.

14 *Herzen*, Alexander Iwanowitsch (1812-1870), russischer Schriftsteller, Publizist und revolutionärer Denker; lebte seit 1847 in der Emigration in Westeuropa.

18 *Kaulbachsche Fresken*, gemeint sind die 1845-1865 entstandenen monumentalen, historisch-mythologischen Fresken Wilhelm von Kaulbachs (1805-1874) im Neuen Museum in Berlin.

19 *Karamsin*, Nikolai Michailowitsch (1828-1896), russischer Schriftsteller und Historiker. Seine Reise nach Westeuropa beschrieb er in seinen *Briefen eines russischen Reisenden.*

26 *Strachow*, Nikolai Nikolajewitsch (1828-1896), russischer Literaturkritiker und Publizist; von 1861-1864 Mitarbeiter an Dostojewskis Zeitschriften *Die Zeit* und *Unsere Epoche*. Autor von »Erinnerungen an F. M. Dostojewski«.

31 *Suslowa*, Apollinarija Prokofjewna (1839-1918), Geliebte Dostojewskis, engagiert in der demokratischen Bewegung, heiratete später den russischen Schriftsteller Wassili Rosanow.

32 Der Termin seiner Ankunft in Wiesbaden am 3. August 1865 liegt eine Woche früher als in der Akademie-Ausgabe angegeben.

33 *Turgenjew*, Iwan Sergejewitsch (1818-1883), bedeutender russischer Schriftsteller (*Aufzeichnungen eines Jägers, Väter und Söhne* u.a.)
Wrangel, Alexander Jegorowitsch, Baron (1833 bis nach 1912), Jurist und Diplomat, Freund Dostojewskis aus der Zeit im sibirischen Semipalatinsk. Wrangel schrieb *Erinnerungen an Dostojewski in Sibirien 1854-1856.*

34 *Katkow*, Michail Nikiforowitsch (1818-1887), russischer Publizist, Redakteur, Herausgeber der Zeitschrift »Der russische Bote«, in der die bedeutendsten Romane Dostojewskis zuerst veröffentlicht wurden.

37 *Pascha* Gemeint ist Dostojewskis Stiefsohn Pawel Alexandrowitsch Is-

sajew (1848-1900) aus der ersten Ehe mit Marja Dmitrijewna Isajewa (1828-1864), die er 1857 in Kuznezk/Sibirien geheiratet hatte.

41 *»auf den Namen deiner Schwester«* Die Schwester Polinas, Nadeshda Prokofjewna Suslowa (1843-1918), studierte in Zürich Medizin und wurde die erste russische Ärztin.

43 *Chlestakowerie* hochstaplerisches Rollenspiel, so genannt nach Chlestakow, der Hauptgestalt aus Gogols Drama »Der Revisor«.

45 *Woskoboinikow*, Nikolaj Nikolajewitsch (1838-1882), russischer Journalist, publizierte in Dostojewskis Zeitschrift *Die Zeit*.

51 *Anja* = Anna Grigorjewna Dostojewskaja, geb. Snitkina (1846-1918), zweite Ehefrau Dostojewskis.

93 *Iwan Grigorjewitsch Snitkin* (1849-1887), Schwager Dostojewskis, der zu jener Zeit ebenfalls in Dresden lebte.

99 *Wjasemski*, Petr Andrejewitsch (1792-1878), russischer Dichter und Kritiker, starb in Baden-Baden.

Gogol, Nikolai Wassiljewitsch (1809-1852), bedeutender russischer Schriftsteller (*Der Revisor, Die toten Seelen*). Er besuchte Baden-Baden 1836 und 1837.

Shukowski, Wassili Andrejewitsch (1783-1852), russischer romantischer Dichter und bedeutender Übersetzer deutscher Balladen, starb in Baden-Baden.

Tolstoj, Lew Nikolajewitsch (1828-1910), bedeutender russischer Romancier (*Krieg und Frieden, Anna Karenina*), in Baden-Baden 1857.

Gontscharow, Iwan Alexandrowitsch (1812-1891), bedeutender russischer Romancier (*Oblomow*), besuchte Baden-Baden 1867.

107 *Maikow*, Apollon Nikolajewitsch (1821-1897), russischer Dichter, enger Freund und während der Jahre im Ausland von 1867-1871 wichtigster Briefpartner Dostojewskis.

122 *Aksakow*, Iwan Sergejewitsch (1823-1886), Dichter und Publizist, Chefredakteur der slawophilen Zeitung *Moskau*.

Krajewski, Andrej Alexandrowitsch (1810-1899), russischer Journalist, Chefredakteur der Zeitschrift *Die Stimme*.

144 *Utin*, Nikolai Isaakowitsch (1841-1883), Vertreter der revolutionär demokratischen Bewegung, lebte als Emigrant in London und Genf.

Tschernyschewski, Nikolai Gawrilowitsch (1828-1889), russischer Schriftsteller und Kritiker der revolutionärdemokratischen Richtung (Roman *Was tun?*), gegen dessen politische und ästhetische Ansichten Dostojewski heftig polemisierte.

145 *Belinski*, Wissarion Grigorjewitsch (1811-1848), einflußreicher russischer Literaturkritiker, der das Talent des jungen Dostojewski (Roman *Arme Leute*) entdeckt hatte und in den 40er Jahren eng mit ihm verbunden war. Später bekämpfte Dostojewski die revolutionär-demokratisch geprägten politischen und philosophischen Ideen Belinskis mit aller Schärfe.

147 *Bartenjew*, Petr Iwanowitsch (1829-1912), russischer Historiker und Bibliograph, Herausgeber der Zeitschrift »Das russische Archiv«, sowie des »Katalogs der Tschertkow-Bibliothek«.

159 *Netschajew*, Sergej Gennadijewitsch (1847-1882), russischer Revolutionär, Autor der Kampfschrift »Katechismus des Revolutionärs«; Prototyp des Petr Werchowenski in Dostojewskis Roman *Die Dämonen*.

161 *Krestowski*, Wsewolod Wladimirowitsch (1840-1895), russischer Dichter, dessen Werke in Dostojewskis Zeitschriften *Die Zeit* und *Unsere Epoche* veröffentlicht wurden.

162 *Janowski*, Stepan Dmitrijewitsch (1815-1897), Arzt, Freund Dostojewskis; er schrieb »Erinnerungen an Dostojewski«.

179 *Stimmen aus Rußland*, von A. Herzen und N. Ogarjow in London herausgegebene Sammelbände.

189 14. September. Das Datum der Geburt der Tochter Ljubow am 26. September ist hier nach dem in Rußland üblichen Julianischen Kalender angegeben.

190 *Kaschpirjow*, Wassili Wladimirowitsch (1836-1872), Literat, Redakteur der Zeitschrift *Die Morgenröte*, in der Dostojewski seinen Roman *Der ewige Gatte* veröffentlichte.

196 *Serno-Solowjewitsch*, Nikolai Alexandrowitsch (1834-1866), russischer Revolutionär.

220 *Pobjedonoszew*, Konstantin Petrowitsch (1827-1907), Publizist und führender Politiker der Reaktion, Mitglied des Staatsrats, Oberprokuror des Synod.

228 *Puschkin*, Alexander Sergejewitsch (1799-1837), genialer russischer Dichter. Begründer der klassischen russischen Literatur (Versroman *Jewgeni Onegin*, Drama *Boris Godunow, Die Erzählungen Belkins*). Dostojewski beschäftigte sich sein Leben lang mit diesem Schriftsteller. 1880 hielt er seine berühmte Rede bei der Enthüllung des Puschkindenkmals.

235 *Polonski*, Jakov Petrowitsch (1819-1889), russischer Dichter, gehörte zum literarischen Kreis der Brüder Dostojewski.

239 *Stakenschneider*, Adrian Andrejewitsch (1841 bis nach 1916), Jurist, Bekannter Dostojewskis, den er in juristischen Fragen, etwa bei den *Brüder Karamasow*, zu Rate zog.

264 *Puzykowitsch*, Viktor Feofilowitsch (1843 bis nach 1912), Publizist, Nachfolger Dostojewskis als Chefredakteur der konservativen Zeitschrift *Der Staatsbürger*.

Zeittafel zu Leben und Werk Fjodor Michailowitsch Dostojewskis

1821 11. November (30.10.). Geburt in Moskau als zweites von sieben Kindern der Familie eines Armenarztes

1834-37 Nach Hausunterricht Besuch einer privaten Internatsschule

1837-43 Besuch der Petersburger Ingenieurschule der Militärakademie mit dem Abschluß »Ingenieurleutnant«
Beginn des Lebens als freier Schriftsteller

1845 Mit dem Roman *Arme Leute* (erschienen 1846) schlagartig berühmt. Bekanntschaft mit Nekrassow, Belinski, Turgenjew

1846 *Der Doppelgänger*

1848 Erzählung *Weiße Nächte*

1847-49 Kontakte zum revolutionären Zirkel um Michail Petraschewski

1949 April – Verhaftung und Gefangenschaft in der Peter-Pauls-Festung
November – Verurteilung zum Tode durch Erschießen
Dezember – Begnadigung auf dem Schafott

1850-54 Zwangsarbeit in der sibirischen Festung Omsk

1854-59 Militärdienst als einfacher Soldat in Semipalatinsk

1857 Hochzeit mit Marja Dmitrijewna Issajewa

1859 Rückkehr über Twer nach Petersburg

1860 Gründung der Zeitschrift *Die Zeit* zusammen mit seinem Bruder Michail
Beginn der Veröffentlichung von *Aufzeichnungen aus einem Totenhaus*

1861 *Die Erniedrigten und Beleidigten*

1862 u.63 Reisen nach Westeuropa (Deutschland, Frankreich, England, u. Schweiz, Italien)

1863 Reiseessay *Winteraufzeichnungen über Sommereindrücke*

1864 Herausgabe der Zeitschrift *Unsere Epoche* (nach Verbot von *Die Zeit*)
April – Tod seiner Frau Maria Dmitrijewna
Juni – Tod des Bruders Michail
Aufzeichnungen aus dem Untergrund

1865 Reise nach Westeuropa (Wiesbaden, Kopenhagen)

1866 *Verbrechen und Strafe*

	Der Spieler
1867	Februar – Hochzeit mit Anna Grigorjewna Snitkina
1867-71	Leben mit ihr im Ausland (Deutschland, Schweiz, Italien)
1868	Geburt und Tod der Tochter Sonja in Genf
1868	*Der Idiot*
1869	September – Geburt der Tochter Ljubow in Dresden
	Der ewige Gatte
1871	Juli – Rückkehr nach Petersburg
	Geburt des Sohnes Fjodor
1871/72	*Die Dämonen*
1872 ff.	Sommeraufenthalte mit der Familie in Staraja Russa
1873-80	Arbeit am *Tagebuch eines Schriftstellers*
1874, 75, 76, 79	Kuraufenthalte in Bad Ems
1875	*Der Jüngling*
	August – Geburt des Sohnes Aljoscha
1876	*Die Sanfte*
1877	*Traum eines lächerlichen Menschen*
	Mai – Tod des Sohnes Aljoscha
	Juni – Pilgerreise ins Kloster Optina Pustyn mit dem Philosophen W. Solowjow
1879-80	Erscheinen der *Brüder Karamasow*
1880	Juni – Puschkin-Rede in Moskau
1881	9. Februar (28.1.) Tod in Petersburg

Datierung der Aufenthalte Dostojewskis in Deutschland (Angaben nach neuem Stil)

1862
Berlin: 21./22. Juni
Dresden: 22./23. Juni
Wiesbaden: 24. Juni
Fahrt: Frankfurt, Heidelberg, Baden-Baden und zurück
Köln: 26. Juni
Reise Paris – London – Paris
Köln/Düsseldorf: Ende Juli
Schiffsreise auf dem Rhein nach Mainz
Reise durch die Schweiz und Italien
Rückreise über Wien, Dresden, Berlin Ende August/Anfang September

1863
Berlin: 18. August
Wiesbaden: 21.-25. August
Schiffsreise auf dem Rhein / dann über Köln nach Paris
Baden-Baden: 4.- 8. September
Reise durch Italien
Homburg: 20.- 26. Oktober
Rückreise über Dresden und Berlin

1865
Wiesbaden: 2. August – Ende September

1867
Berlin: 29./30. April
Dresden: 1. Mai - 3. Juli
von Dresden aus Reise nach Homburg
Homburg: 17.–26. Mai
Reise über Leipzig, Frankfurt/Main nach Baden-Baden
Baden-Baden: 4. Juli – 23. August

1869-1871
Dresden: 17. August 1869 – 18. Juli 1871
von Dresden aus:
Homburg: Ende April – Anfang Mai 1870
Wiesbaden: Mitte April – 1. Mai 1871

1874
Bad Ems: 23. Juni – 8. August
(Hin- und Rückreise jeweils über Berlin)

1875
Bad Ems: 9. Juni – 15. Juli

1876
Bad Ems: 20. Juli – 19. August

1879
Bad Ems: 5. August – 10. September

Literaturverzeichnis

Primärliteratur:

F. M. Dostoevskij, Polnoe sobranie sočinenij v tridcati tomach (Gesamtausgabe der Werke und Briefe in dreißig Bänden), Leningrad (Nauka) 1872-1990. (Alle neu übersetzten Textausschnitte)

Dostojewski. Briefe, herausg. und mit einem Nachwort von Rolf Schröder, Insel Verlag, Frankfurt am Main 1990.

Fjodor Dostojewski. Die Briefe an Anna 1866-1880. Aus dem Russ. von Brigitta Schröder, Athenäum, Königstein/Ts. o.,J.

Anna Grigorjewna Dostojewskaja, Tagebücher. Die Reise in den Westen, Athenäum, Königstein/Ts. 1985.

Anna Grigorjewna Dostojewski, Erinnerungen. Das Leben Dostojewskis in den Aufzeichnungen seiner Frau, hg. v. Rene Fülöp-Miller u. F. Eckstein, Neuausgabe, Piper, München/Zürich 1980.

Fjodor M. Dostojewski, Über Literatur, Reclam, Leipzig 1971 (Zitate aus »Winteraufzeichnungen über Sommereindrücke«).

Fjodor Michailowitsch Dostojewski, Sämtliche Romane und Erzählungen. Aus dem Russ. von Herman Röhl, Insel Verlag, Frankfurt am Main.

Dostojewski, Sämtliche Werke in zehn Bänden. Piper, München/Zürich (Zitate aus »Tagebuch eines Schriftstellers«, »Die Dämonen« und »Der Spieler«).

Polina Suslowa. Dostojewskis ewige Freundin – Mein intimes Tagebuch, aus dem Russ. übers. v. Rosa Symchowitsch, Ullstein, Berlin 1996.

I.S. Turgenev, Polnoe sobranie sočinenij i pisem v dvadcati tomach (Gesamtausgabe der Werke und Briefe in zwanzig Bänden), Band 7, Moskva/Leningrad 1964 (Brief Turgenjews an Bartenjew).

Sekundärliteratur:

Wichtigste Quelle auch für die Rekonstruktion aller Daten und Fakten ist die russische dreißigbändige historisch-kritische Akademie-Ausgabe (insbesondere die Bände 28 bis 30 mit den Briefen, Leningrad 1985-1990).

Letopis žizni i tvorčestva F. M. Dostoevskogo v trech tomach (Chronik des Lebens und Schaffens von F. M. Dostojewski in drei Bänden), Sankt Petersburg 1993-1995.

Belov, S.V. (Hg.): Dve ljubvi Dostoevskogo (Zwei Lieben Dostojewskis), Sankt Petersburg (Andreev i synov'ja) 1992.

Brusovani, M. I., Galperina, R. G.: Zagraničnye putešestvija F. M. Dostoevskogo 1862 i 1863 gg. (Die Auslandsreisen Dostojewskis 1862 und 1863), in: Dostoevskij. Materialy i issledovanija 8, Leningrad 1988, S. 272-292.

Dolinin, A. S.: Dostoevskij i Suslova (Dostojewski und die Suslowa), in: F.M.D. Stat'i i materialy II, Leningrad-Moskva 1924, S. 153-283.

Dolinin, A. S.: Dostoevskij, Materialy i issledovanija, Leningrad 1935.

Dölemeyer, Barbara: »Kurbäder und Hazardspiele. Kur- und Spielbankgesellschaften in Hessen im 19. Jahrhundert«, in: Verein für Geschichte und Landeskunde, Heft 36, Bad Homburg 1984, S. 63-75.

Effern, Renate: Der dreiköpfige Adler. Rußland zu Gast in Baden-Baden, Nomos Verlag, Baden-Baden 1997.

Homburger Badebote 1835-1914, Begleitschrift zur Ausstellung Homburg. Kur- und Spielbad im 19. Jahrhundert, Museum um Gotischen Haus, Bad Homburg 1987.

Hessische Landesbibliothek Wiesbaden / Dieter Wolf (Hrg.): Vom Römerbad zur Weltkurstadt. Geschichte der heißen Quellen und Bäder in Wiesbaden, Katalog zur Ausstellung Wiesbaden 1997.

Hübner, Rolf: Fjodor M. Dostojewski in Bad Ems, Bad Emser Hefte Nr. 19.2, 1988.

Kulturamt der Stadt Baden-Baden, Reimann, Ute (Hrg): Fjodor M. Dostojewski, Katalog zur Ausstellung im Herbst 1995, Baden-Baden 1995.

Müller, Ludolf: Dostojewski und Deutschland, in: Setzer/Müller/Kluge (Hg.): Fjodor Michailowitsch Dostojewski – Dichter. Denker. Visionär, Attempo Verlag, Tübingen 1998, S. 235 - 254.

Natova, N. A.: F. M. Dostoevskij v Bad Emse (F. M. Dostojewski in Bad Ems), Possev-Verlag, Frankfurt/Main 1971.

Nikol' skij, Jurij: Turgenev i Dostoevskij. Istorija odnoj vraždy. (Turgenjew und Dostojewskij. Die Geschichte einer Feindschaft), Sofija 1921.

Thomä, Helmut: Dostojewskis Wiesbadener Tage. In: Wiesbaden international. Zeitschrift der Landeshauptstadt Wiesbaden 1/1976.

Walsh, Gerta: Russen und Homburger. Kontakte über 250 Jahre. Begleitschrift zur Ausstellung von Dr. R. Mattausch-Schirmbeck und G. Walsh, Museum im Gotischen Haus, Bad Homburg 1989.

Zil' berštejn, I.S.: Vstreča Dostoevskogo s Turgenevym v Badene v 1867 (Das Treffen Dostojewskis mit Turgenjew in Baden 1867). In: F. M. Dostoevskij i I.S. Turgenev. Perepiska, Leningrad 1928, S. 143-153.

Als einführende Biographie mit ausführlichen Literaturhinweisen ist zu empfehlen: Geir Kjetsaa, Dostojewskij. Sträfling – Spieler – Dichterfürst, Casimir Katz Verlag, Gernsbach 1986.

Bildnachweis

Literaturmuseum Moskau: S. 13, 150/151, 190, 210/211, 225, 231, 242, 247
Rheinisches Bildarchiv: S. 18, 19, 20, 232
Stadtarchiv Bad Ems: S. 229, 234, 241, 243, 245, 248, 262
Stadtarchiv Bad Homburg: S. 56/57, 64, 65, 66, 68, 69, 70, 73, 75, 77, 78, 82, 87, 93
Stadtarchiv Wiesbaden: S. 22/23, 27, 34, 35, 36, 38, 41, 43, 44, 45, 47, 48, 227, 228, 255
Stadtmuseum Baden-Baden: S. 96/97, 99, 103, 109, 117, 118, 119, 122, 124, 129, 131, 132, 137
Stadtmuseum Dresden: S. 163, 164, 166, 169, 170, 171, 173, 174, 176, 177, 178, 179, 180, 182, 183, 192, 193
Folgende Abbildungen stammen aus dem Privatbesitz der Autorin bzw. aus dem Verlagsarchiv: S. 4, 17, 26, 29, 30, 40, 60, 105, 115, 120, 127, 135, 139, 142, 156, 160, 217, 221

Für die engagierte Hilfe und Unterstützung bei der Suche nach den Illustrationen danke ich: den Mitarbeitern der Stadtarchive von Bad Homburg, Wiesbaden und Bad Ems, der Stadtmuseen in Dresden und Baden-Baden, des Rheinischen Bildarchivs sowie Dr. Oleg Smola und Dr. Pawel Fokin vom Literaturmuseum in Moskau.

Szenen einer Ehe

Lew Tolstoj und seine Frau Sofja führten während ihrer fünfzigjährigen Ehe einen ausgedehnten Briefwechsel. Diese Briefe geben Einblicke in das Alltags- und Familienleben der Tolstojs und in die Entstehung von Tolstojs großen Werken wie *Krieg und Frieden*, *Anna Karenina*, *Die Auferstehung* oder *Die Kreutzersonate*. Vor allem aber sind sie Dokument einer großen und zugleich schwierigen Liebe.

»Die Briefe der Tolstojs können wie ein packender Roman gelesen werden. Zwei höchst intelligente Menschen streiten über die Liebe, die Politik und das Leben. Kein Wort hat hier an Aktualität oder Dringlichkeit eingebüßt. Man leidet mit und lernt.« *ORF*

»Die Briefe lesen sich wie eine innere Biographie dieses Paares. Sehnsucht, Streit: Es war was los in dieser Ehe.« *Die Tageszeitung*

Lew Tolstoj – Sofja Tolstaja, Eine Ehe in Briefen.
Herausgegeben und aus dem Russischen übersetzt von Ursula Keller und Natalja Sharandak. insel taschenbuch 4086. 493 Seiten

NF 106/1/11.11

NF 200/1/07.14

Es war eine wundervolle Nacht …

»Es war eine wundervolle Nacht, eine solche Nacht, wie sie vielleicht nur vorkommen kann, wenn wir jung sind.« Ein einsamer Spaziergänger trifft auf eine verzweifelte junge Frau. Aus der zufälligen Begegnung entwickelt sich eine zarte Liebe … Dostojewskis Novelle *Weiße Nächte* gehört zu den schönsten Liebesgeschichten der Weltliteratur.

Fjodor M. Dostojewski, Weiße Nächte. Roman. Aus dem Russischen von Hermann Röhl. insel taschenbuch 4505. 109 Seiten

NF 201/1/07.14

NF 514/1/06.21

Ein Roman um Liebe, Hass, Eifersucht und Geldgier – und die Geschichte eines (fast) perfekten Verbrechens

Wer hat den alten Karamasow umgebracht? Jeder seiner drei Söhne hat ihn gehasst und ihm den Tod gewünscht. Als er eines Tages ermordet wird, fällt der Verdacht auf Dimitrij, den ältesten der Söhne. Der Offizier und Lebemann war Rivale des Vaters bei der schönen Gruschenka. Er wird unschuldig verurteilt, während der wahre Täter unentdeckt bleibt.
Eine meisterhafte Inszenierung im Dickicht von Verbrechen und Strafe, Schuld und Sühne.

Die blauen insel taschenbücher: Große Klassiker der Weltliteratur zum kleinen Preis

Fjodor M. Dostojewski, Die Brüder Karamasow. Roman. Aus dem Russischen von Karl Nötzel. insel taschenbuch 3520. 1323 Seiten. Auch als eBook erhältlich.

NF 515/1/06.21

NF 516/1/06.21

NF 517/1/06.21

Die jungen Wilden

Der junge Medizinstudent Basarow und sein Freund Arkadi sind »Nihilisten« erster Güte – von den bestehenden Traditionen ihrer Väter wollen sie nichts wissen, und auch Liebe und Romantik sind ihnen zuwider. Doch ihrer radikalen Gesinnung zum Trotz, werden sie von ihren Gefühlen eingeholt und verlieben sich beide in die junge Gutsbesitzerin Anna. Dies stellt nicht nur ihre revolutionären Ideen, sondern auch ihre Freundschaft auf eine schwere Probe …

Die Namen Tolstoj, Dostojewski, Turgenjew, Gogol, Puschkin, Lermontow und Gontscharow stehen für die wichtigste Epoche innerhalb der russischen Literatur; die großen Romane des 19. Jahrhunderts sind Teil der Weltliteratur und bis heute lebendig.

Iwan Turgenjew, Väter und Söhne. Roman. Vom Autor autorisierte Übertragung revidiert von Marianne Bühnert. insel taschenbuch 3512. 298 Seiten

NF 202/1/07.14

Eine schicksalhafte Begegnung im Schnee …

Russland im 18. Jahrhundert, zur Zeit der Bauernaufstände. Der junge Adlige Grinjow versieht seinen Dienst als Offizier in der tiefsten Provinz – und verliebt sich in Mala, die Tochter des örtlichen Kommandanten. Als er in einem heftigen Schneesturm einem Mann das Leben rettet, ahnt er nicht, dass es sich um Pugatschow, den Anführer der Aufständischen, handelt und dass schon bald sein eigenes Schicksal und das seiner großen Liebe in dessen Händen liegen werden.

Die Hauptmannstochter (1836) ist Puschkins berühmtestes Prosawerk und gilt als wichtigster Vorläufer für Tolstojs *Krieg und Frieden.*

Alexander Puschkin, Die Hauptmannstochter. Roman. Aus dem Russischen von Arthur Luther. insel taschenbuch 4318. 171 Seiten

NF 203/1/07.14